KRIEG DER BOMBER

KRIEG DER BOMBER

Jochen von Lang

Dokumentation einer deutschen Katastrophe
Unter Mitarbeit von Claus Sibyll
Mit 36 Abbildungen

BECHTERMÜNZ VERLAG

Genehmigte Lizenzausgabe für
Weltbild Verlag GmbH, Augsburg 1999

Umschlaggestaltung: ARTELIER für Grafik & Werbung, München
Umschlagmotiv: Viermotoriger amerikanischer B17-Bomber mit
Begleitjägern und deutschen Angreifern im Hintergrund/
Bilderdienst Süddeutscher Verlag, München
Gesamtherstellung: Clausen & Bosse, Leck
Printed in Germany
ISBN 3-8289-0341-X

Die Interviews mit Arthur Harris, Noble Frankland, Haywood Hensell, Don Bennett, Peter Purnell und weiteren, nicht namentlich genannten ehemaligen amerikanischen und englischen Militärangehörigen wurden für die Fernsehdokumentation des Südwestfunks »Krieg der Bomber« aufgenommen. Wörtliche Zitate aus diesen Interviews werden hier mit freundlicher Genehmigung des Südwestfunks wiedergegeben.

Den Opfern

Inhalt

Vorwort

Als der Zweite Weltkrieg im Mai 1945 endete, waren in der Millionenstadt Hamburg nach 213 Luftangriffen fast zwei Drittel aller Gebäude zertrümmert. Ein weiteres Fünftel aller Bauten war schwer beschädigt. Die 17 000 Flugzeuge der westlichen Alliierten hatten mehr als hunderttausend Sprengbomben mit einem Gesamtgewicht von 40 000 Tonnen und eine Million Brandbomben über dem Stadtgebiet abgeworfen. Noch heute, nach mehr als vierzig Jahren, werden bei Bodenarbeiten immer wieder schwergewichtige Blindgänger gefunden, und ehe sie entschärft und abtransportiert werden können, müssen ganze Häuserblocks vorübergehend von den Bewohnern geräumt werden. Allein in Hamburg starben im Bombenkrieg 55 000 Menschen, nahezu ausschließlich Zivilisten. Beim herkömmlichen Kriegsgeschehen an den Fronten und in der Gefangenschaft starben 68 000 Hamburger. Was man noch während der ersten Jahrzehnte unseres Jahrhunderts die »sichere« Heimat nennen konnte, war durch die Bomberwaffe zur Heimatfront geworden – auch gemessen an der Zahl der Opfer.

Wie sich der »Krieg der Bomber« zwischen 1939 und 1945 entwickelte – vom »legalen« Einsatz gegen aktive Kriegsteilnehmer bis zum totalen Einsatz auch gegen Greise, Frauen und Kinder – schilderte im Januar 1985 auf unseren Bildschirmen eine zeitgeschichtliche Dokumentation des Südwestfunks im Ersten Deutschen Fernsehen in fünf Folgen. Autor Jochen von Lang benutzte darin sein in jahrelangen Recherchen zusammengetragenes Material, um nicht nur den Luftkrieg in seinen wichtigsten Phasen zu schildern, sondern auch völkerrechtliche und moralische Gesichtspunkte dieses tragischen Geschehens zu erörtern.

Sieht man einmal davon ab, wie problematisch es ist, moralische Maßstäbe anzulegen, wenn sich Menschen unterschiedlicher Staatsangehörigkeit in Massen gegenseitig umbringen – durchaus legal und verdienstvoll obendrein –, so gab es bei Beginn des Krieges doch eine Anzahl von Rechtsgrundsätzen, Abkommen, Vorschriften und Verpflichtungen führender Staatslenker, die den Bombenkrieg »humanisieren« sollten. Die Regierenden und die zuständigen Militärs schienen anfänglich auch entschlossen, sich an diese Richtlinien zu halten. Man tut jedoch keinem von ihnen Unrecht, wenn man rückblickend feststellt, daß sie ausnahmslos den unausgesprochenen Vorbehalt in Anspruch nahmen, daß Not kein Gebot kenne. Weil die Not des Krieges stets die Niederlage des Gegners notwendig macht, waren nahezu alle Staatsmänner und Schlachtenlenker bereit, jedes Mittel einzusetzen, wenn es nur den Sieg bringen konnte. Gebremst wurden sie dabei einzig durch die Furcht vor der Vergeltung.

Als schließlich nach zögerlichem Beginn, sobald sich die Mächte dazu hinlänglich gerüstet glaubten, die Geschwader aus der Luft über das feindliche Hinterland herfielen, wurden diese Operationen meist mit der Erklärung bemäntelt, damit werde Vergeltung für Gemeinheiten der Gegenseite geübt. So mag es Hitler nicht unwillkommen gewesen sein, als die Royal Air Force im Mai 1940 im Aufmarschraum des deutschen Heeres, also im frontnahen Hinterland des Feindes, die Stadt Mönchengladbach mit drei Dutzend Flugzeugen angriff, wobei sie auch in einem Wohngebiet Schaden anrichtete und eine Handvoll Menschen tötete. Denn nun brauchten sich Görings Bomber – an Zahl und Schlagkraft vermeintlich dem Feind überlegen – bei ihren Einsätzen gegen die Städte Englands keine Zurückhaltung aufzuerlegen.

Hitlers Rezept aus der Zeit vor 1933 war, daß Terror nur durch stärkeren Gegenterror gebrochen werden könne. Wie dieses Rezept angewendet wurde, verrät ein Brief, den Hitlers Sekretärin Christa Schroeder aus dem Hauptquartier an eine Freundin schrieb.* In für die Mentalität des Kreises um Hitler charakteristischer Weise schildert sie dort den Bericht einer amerikanischen Wochenschau, die Hitler sich eines Abends vorführen ließ, in der »die grauenhaften Verwüstungen ganzer Straßenzüge Londons« nach einem deutschen Luftangriff gezeigt wurden. Verglichen damit – so schrieb Christa Schroeder – seien die von den Engländern in Berlin angerichteten Schäden »nur Lappalien«. Bereits nach dem Frankreichfeldzug hatte Hitler zu Speer gesagt: »London wird in drei Monaten ein Trümmerhaufen sein. Mit der englischen Zivilbevölkerung habe ich nicht das geringste Mitleid.«

Wie man weiß, kam es dann anders, und so wenig diese Lappalien etwa für den britischen Premierminister Winston Churchill ein Grund sein konnten, den Krieg aufzugeben, so wenig war auch Hitler bereit, einzulenken, als die feindlichen Geschwader mit Hunderten von Flugzeugen Tag und Nacht über Deutschland ihre Ziele suchten und fanden. Nicht nur im Haß gegeneinander und in ihrer Hartnäckigkeit waren sich diese beiden Männer gleich: Beide hatten keine Hemmungen, Hunderttausende sterben zu lassen, wenn sie damit durchsetzen konnten, was sie für notwendig und richtig hielten.

Nachdem die Fernsehfolge über die Bildschirme gelaufen war, wurde ihr Autor in Zuschriften an den Südwestfunk und in einer geistig im Nationalsozialismus zurückgebliebenen Wochenzeitung als Nestbeschmutzer beschimpft. So habe er zum Beispiel verschwiegen, daß die Royal Air Force und ihr Luftmarschall Arthur Harris damit angefangen hätten, Wohnbezirke in Städten zu bombardieren. Völlig unmotiviert habe Jochen von Lang die Massenmorde an Juden durch die Nazis erwähnt. Außerdem habe nicht Hitler diesen Krieg gewollt, sondern die westlichen Staatsmänner hätten ihn vom Zaun gebrochen.

* Siehe Christa Schroeder, *Er war mein Chef,* München 1985.

Allein schon der letztgenannte »Einwand« zeigt, aus welcher rechten Ecke diese Proteste kamen. Nach dem »Anschluß« Österreichs an das Reich, der »Heimkehr« des Sudetenlandes und der »Rückgliederung« von Böhmen und Mähren in den »Großdeutschen Raum« konnten die demokratisch regierten Mächte nicht untätig zusehen, als Hitler sich anschickte, Polen zu zerstückeln. Wer zur Charakterisierung des Zeitgeschehens zeigen will, wie skrupellos der »Führer des deutschen Volkes« die Menschen seinen Plänen opferte, kommt nicht umhin, an die Judenvernichtung zu erinnern. Der Streit schließlich, welche Seite mit dem Luftterror begonnen habe und welche daraufhin berechtigt gewesen sei, ihn vergeltend zu erwidern, erinnert an die Diskussion, ob der Ursprung unseres Geflügels ein Ei oder eine Henne gewesen sei. Daß Hitler die viermotorigen Flugzeuge für Bombardements im großen Stil fehlten, war nicht auf seine Menschenfreundlichkeit zurückzuführen; ihm fehlten die Rohstoffe, um sowohl die erforderlichen Luftflotten zur Unterstützung der kämpfenden Infanteristen als auch jene Riesenvögel zu bauen, wie sie für strategische Großeinsätze gegen das feindliche Hinterland gebraucht wurden.

Nach vielen friedlichen Jahrzehnten können die Europäer ihrem Schicksal danken, daß sie von einem neuen Krieg der Bomber verschont geblieben sind. Bekanntlich ist jedoch diese Form der Auseinandersetzung längst überholt. Sollten sich Saatsmänner und Militärs jemals wieder entschließen, ihr Recht (oder was sie dafür halten) mit den Waffen durchzusetzen, käme es wohl eher zu einem »Krieg der Raketen«. Man darf bezweifeln, daß es dabei so etwas wie einen Sieger geben würde, aber unstrittig ist, daß es hinterher weder einen Autor für einen Bericht noch eine Leserschaft geben würde.

Claus Sibyll

»Der Führer braucht viele Bomber«

Als sich nach dem Ende des Zweiten Weltkrieges herausstellte, daß er rund fünfzig Millionen Menschen das Leben gekostet hatte, waren sich die Überlebenden wieder einmal einig, daß sich derart Schreckliches nie wiederholen dürfe. Doch schon bald stellte sich heraus, daß man über den Weg, wie dies zu erreichen sei, sehr unterschiedlicher Meinung sein konnte. Angesichts der Tatsache, daß die österreichische Schriftstellerin Bertha von Suttner schon 1889 einen Wegweiser aufgestellt hatte mit ihrem pazifistischen Roman *Die Waffen nieder!*, der in der ganzen Welt gelesen wurde, mutet es wie eine Ironie der Weltgeschichte an, daß im gleichen Jahr und gleichfalls in Österreich jener Mann geboren wurde, der ein halbes Jahrhundert später den Zweiten Weltkrieg entfesselte.

Der Glaube jener Idealistin, daß die Menschheit durch ein Buch von einem ihrer größten Übel kuriert werden könnte, trug ihr zwar 1905 den Friedensnobelpreis ein, aber damit wurden die Völker und Staaten nicht gehindert, ihre Arsenale mit Waffen vollzustopfen. Überall geschah dies mit der gleichen Begründung: Weil der Nachbar rüste, könne der Frieden nur erhalten werden, wenn man selber gewappnet sei. Soweit sie alt genug sind, hören die Deutschen dieses Argument derzeit zum dritten Mal in unserem Jahrhundert – vor 1914, vor 1939 und seit 1950. Mit jedem Mal sind die Waffen mörderischer, ist der Krieg allgemeiner geworden in dem

Sinn, daß die Trennung zwischen Front und Heimat, zwischen Soldaten und Zivilisten schwerer fällt.

Es war die Tinte noch nicht trocken, mit der im Jahre 1919 die mächtigsten Männer jener Epoche einen Vertrag unterzeichnet und damit einen mehr als vierjährigen, weltweiten Krieg beendet hatten, als Militärs und Politiker sich schon wieder damit beschäftigten, wie der nächste Krieg vorteilhafter geführt und ganz sicher gewonnen werden könnte. Obschon die ganze Welt kriegsmüde schien, waren viele Menschen überzeugt, daß der Friede nicht von langer Dauer sein könnte. Was die Sieger befürchteten, war die Hoffnung der Besiegten.

Die Deutschen hatten verloren und einen Vertrag unterschreiben müssen, den sie mit Recht ein Diktat nannten – wobei sie vergaßen, daß fast jeder Waffengang zwischen Völkern damit endet, daß der Sieger dem Unterlegenen seinen Willen diktiert. Mit am lautesten protestierte der in der Nähe von München lebende General a. D. Erich Ludendorff. Bis kurz vor Kriegsende war er Generalquartiermeister der Obersten Heeresleitung und damit deren eigentlicher Motor gewesen. Nun enthüllte er, es sei bei der Niederlage nicht mit rechten Dingen zugegangen; »überstaatliche Mächte« hätten den von ihm vorgeschlagenen »totalen Krieg« verhindert, der den Sieg an die schwarz-weiß-rote Fahne geheftet haben würde, indem Front und Heimat, Soldaten und Zivilisten, Männer und Frauen gleichermaßen Gut und Blut dem Vaterland geweiht hätten. Mit dem General a. D. verbündet und eines Sinnes war ein damals noch unbekannter Parteiredner, ein Gefreiter a. D., der später, nach einer abenteuerlichen Karriere als Politiker die Theorie des totalen Krieges zum Unheil aller Deutschen praktizieren sollte.

Zuvor hatten die Franzosen zweimal innerhalb eines Jahrhunderts mit den Deutschen Krieg geführt, und jedes Mal hatten die Kämpfe ihr Land verheert. Nun verlangten sie Sicherheiten, totale Sicherheit vor dem »furor teutonicus«. Der Versailler Vertrag machte die Deutschen nahezu waffenlos; sie durften weder Panzer noch Flugzeuge besitzen, nur 100 000 langdienende Berufssoldaten rekrutieren und keinen einzigen Mann in einem breiten Streifen entlang der deutschen Westgrenze stationieren. Dort mußten sie jahrelang eine Besatzung durch Soldaten der Siegermächte dulden. Von Osten her wurden sie durch zwei junge, ambitiöse Staaten in Schach gehalten, die infolge deutschstämmiger Minderheiten potentielle Gegner des Reiches waren – Polen und die Tschechoslowakische Republik. Und falls es ihnen dennoch einfallen sollte, gegen diese neue Ordnung gewaltsam aufzubegehren, mußten sie sich am stärksten Festungswerk Europas, der Maginot-Linie, die lückenlos von Basel bis Metz gebaut werden sollte, die Schädel einrennen.

Die Engländer hatten aus diesem Krieg die Lehre gezogen, daß ihre Flotte – obwohl die stärkste der Welt – ihre Insel nicht mehr unangreifbar machte; deutsche Unterseeboote hatten mit ihrer Jagd auf Frachter die Briten mit dem Gespenst einer Hungersnot erschreckt und die Regierung fürchten lassen, es könnte zu einem Mangel an Rohstoffen für die Rüstungsproduktion kommen. Ziemlich überraschend war dazu noch die Bedrohung aus der Luft gekommen. Erst waren es Zeppeline gewesen. Anfänglich waren sie nur einzeln und nachts aufgetaucht und hatten lediglich unbedeutende Schäden angerichtet, mit jeweils drei Sprengbomben zu je fünfzig Kilo und zwanzig Brandbomben zu je 3,2 Kilo Gewicht. Doch bald waren gleich fünf oder gar neun dieser silberglänzenden, riesigen Zigarren übers Meer gekommen, und jede hatte bis zu drei Tonnen Bomben in ihren Gondeln. Die schwerste wog hundert Kilo; sie konnte etliche Häuser zertrümmern, sofern sie nicht gerade auf einem Acker landete. Das geschah jedoch häufig, denn die Zeppeline mußten wegen der Abwehrgeschütze 5000 Meter hoch fliegen und besaßen so gut wie keine Zielgeräte. Einmal hatten sogar siebzehn Luftschiffe gleichzeitig England heimgesucht. Das versetzte den deutschen Kaiser Wilhelm II. derart in Euphorie, daß er seinem englischen Vetter den »totalen Luftkrieg« erklärte. Die Bedeutung dieser hohenzollernschen Wortschöpfung sollte die Welt erst Jahre später begreifen. Aber auch damals schon hieß sie, daß Krieg nun auch gegen die Zivilbevölkerung geführt wurde, gegen Frauen, Kinder und alte Menschen.

Doch mit der zunehmenden Bedrohung war die englische Abwehr wirksamer geworden. Im Scheinwerferlicht war der Zeppelin ein leichtes Ziel für die Kanoniere, und ein Treffer genügte, um die Wasserstoffüllung in Sekundenschnelle in einen Feuerball zu verwandeln, in dem Menschen und Material verglühten. Als in der Nacht vom 19. zum 20. Oktober 1917 elf Zeppeline das Industriegebiet von Sheffield und Liverpool angriffen und dabei fünf von ihnen verlorengingen, mußten die Deutschen einsehen, daß Luftschiffe kriegsuntauglich waren.

Doch ein anderes Instrument war inzwischen für den Angriff aus der Luft brauchbar geworden. Bereits am 13. Juli 1917, also schon ein Vierteljahr zuvor, hatten vierzehn mehrmotorige Flugzeuge vom Typ »Gotha« die Hauptstadt London angegriffen. Sie waren schneller und wendiger als ihre aufgeblasene Konkurrenz, und der britischen Abwehr war es nicht gelungen, auch nur eine dieser Maschinen vom Himmel zu holen, obwohl der Verband in geringer Höhe flog. Es wurden 118 Bomben auf die Londoner Innenstadt geworfen. Getroffen wurde unter anderem der Bahnhof »Liverpool Street«. 160 Menschen kamen ums Leben. Diese Attacke alarmierte die Regierung unter Premierminister David Lloyd George so sehr, daß sie zur Abwehr weiterer Angriffe eine von Heer und Marine unabhängige Luftstreitmacht aufstellte, die erste dieser Art in der Welt. Um sie kümmerte sich bevorzugt der Munitionsminister, der zugleich für den größten Teil der Rüstungsproduktion zuständig war. Es war dies der im ganzen Land für seine Extravaganzen bekannte Winston Churchill; er war gerade dabei, die Entwicklung von Panzerkampfwagen voranzutreiben. Es war ihm ein Vergnügen, auch das neuentstandene Royal Air Corps zu fördern.

Dessen Befehlshaber wurde der Generalmajor Hugh Trenchard, der schon damals überzeugt war, daß es gegen Angriffe mit Bombern kein besseres Mittel als eine noch stärkere Vergeltung gebe. Diese würde nicht nur den Feind in seinem Willen lähmen, Bomben und Flugzeuge zu produzieren, sondern auch mit einem sich steigernden Terror gegen die Zivilbevölkerung deren Moral untergraben. Schon damals entwickelte Trenchard eine Strategie, die nahezu unverändert von seinem Nachfolger im Zweiten Weltkrieg übernommen wurde. Zu einem verbündeten Mitstreiter, dem amerikanischen Oberst William Mitchell, sagte er: »Häufige und schwere Bombenangriffe auf das Ruhrgebiet« – damals Deutschlands wichtigste Waffenschmiede – »müssen dort die Industrie lahmlegen... Das geht aber nur, wenn alles, was fliegt, einem Kommando untersteht« – eine Wunschvorstellung, die selbst im Zweiten Weltkrieg nur selten verwirklicht werden konnte.

Am Ende des Ersten Weltkrieges zogen die Militärs aus ihren Erfahrungen den Schluß, daß sich bei künftigen Waffengängen die Heere in einem verbissenen Stellungskrieg gegenüberliegen würden, bis eines von ihnen verblutet wäre. Falls es nicht gelänge, eine neue Strategie zu entwickeln, werde der nächste Krieg zu einem gigantischen Verdun. Man erinnerte sich mit Grauen jener französischen Festung, um deren Besitz 1916 erbittert gekämpft worden war und in deren Vorfeld Hunderttausende gefallen waren, ohne daß es zu einer Entscheidung gekommen wäre.

Die radikalste Absage gegenüber dieser Kriegskunst formulierte der italienische General Giulio Douhet, Angehöriger einer Nation, der es stets schwergefallen war, Sieger auf dem Schlachtfeld zu werden, die es aber verstanden hat, sich immer noch rechtzeitig unter die Gewinner zu mischen. Douhet hatte bei Kriegsende die italienischen Luftstreitkräfte kommandiert und sich dann 1919 in den Ruhestand versetzen lassen. Er veröffentlichte 1921 seine Theorie unter dem Titel »Il dominio dell' aria«. In der deutschen Übersetzung bekam das Buch viele Jahre später den Titel »Luftherrschaft«. Darin lautet der zweite Satz: »Wo Menschen aufeinandertreffen, ist Kampf unvermeidlich.« Das Leitmotiv verrät die Philosophie des Generals; sie deckt sich mit derjenigen Hitlers. Douhet ging von der Überlegung aus, daß der nächste Krieg sich nicht mehr nur in der horizontalen, sondern entscheidend in der vertikalen Dimension abspielen werde. Es werde deshalb künftig keinen Unterschied mehr zwischen dem Bürger im Hinterland und dem Soldaten an der Front geben. Der Kampf werde durch das Flugzeug allgegenwärtig sein. »Der Krieg kann seine Wirkung nunmehr fast unbeschränkt über das ganze feindliche Gebiet hinaustragen. Das stärkste Landheer, die stärkste Flotte können selbst bei dem gegenwärtigen Stand der Flugtechnik nichts wirklich Wirksames unternehmen, um einen entsprechend gerüsteten Gegner zu hindern, die Lebenszentren, die sozialen, staatlichen und wirtschaftlichen Stützpunkte der Nation ungehindert zu verwüsten und in unverhältnismäßig kurzer Zeit einen entscheidenden Sieg bis zur völligen Unterwerfung des derart bekämpften Volkes unter jedes Diktat zu erzielen.«

Voraussetzung für einen solchen Sieg sei freilich die Luftherrschaft, die möglichst gleich zu Beginn des Krieges mit der Zerschlagung der feindlichen Luftwaffe errungen werden müsse, und zwar mit Hilfe von Bombern. So könne die Luftwaffe »schnell und unvermutet schon mit dem ersten Schlag den Todesstoß bis ins Herz des Gegners führen«. Auf der Erde braucht nach Douhet der Angreifer dann nur noch seine Grenze gegen das feindliche Heer zu verteidigen, das nach Meinung der damaligen Experten mit mindestens vierfacher Übermacht angreifen müßte, wenn es Aussicht auf Erfolg haben sollte. Unterdessen aber könne die siegreiche Luftwaffe die feindliche Streitmacht auf der Erde zerschlagen, sie von jedem Nachschub an Menschen, Waffen und Nahrung abschneiden und die Zivilbevölkerung so demoralisieren, daß diese revoltiere und eine Kapitulation fordere.

Es habe schon etliche Versuche gegeben, den Krieg zu »humanisieren«, etwa durch internationale Verträge, aber ebensowenig, wie man Zyankali genußfähig machen könne, lasse Krieg sich humanisieren. Welche Strategie auch immer man verfolge, der Feind müsse getötet werden, damit er nicht mehr in der Lage sei, Feind zu sein. Douhet versprach, dies in kürzerer Zeit zu schaffen, und meinte, diese Methode sei deshalb die humanere. Andererseits versäumte er nicht, auf zusätzliche Tötungschancen hinzuweisen, die nur der »Raumkrieg« aus der Luft biete: Eine Luftwaffe

»kann außer Sprengstoffen auch chemisches und bakteriologisches Gift an jeden beliebigen Punkt des Feindgebietes befördern – bereits heute technisch gelöste Möglichkeiten, welche die Zukunft nur vervollkommnen kann«. Das klingt so, als habe er bereits an die Atombombe gedacht.

Diese allgemein gehaltenen Lehrsätze ergänzte Douhet noch mit praktischen Winken, etwa indem er ausrechnete, daß ein kreisrundes Stück Erde von tausend Meter Durchmesser mit zehn Tonnen »Zerstörungsmaterial« umgepflügt werden könne und daß »bei einer Nutzlast von zwei Tonnen pro Flugzeug ... eine Staffel von zehn Flugzeugen für diese Zerstörungsaufgabe genügen« würde. Dabei hat er anscheinend noch Fehlwürfe und Blindgänger einkalkuliert. Gewissenhaft malte er aus, »welche Wirkung sowohl materiell wie moralisch die vollständige Zerstörung von 2, 3 oder 4 Wohnflächen im Herzen einer Großstadt wie London, Berlin oder Paris erzielen würde«. Was würden, so gibt Douhet zu bedenken, erst tausend Flugzeuge im Feindesland anrichten? »Was könnte gegen eine derartige Angriffsmacht eine Armee ausrichten, deren Verbindungslinien unterbrochen sind, deren Depots brennen und deren Produktions- und Versorgungsgebiete verwüstet sind? Wie könnte unter der dauernden Bedrohung einer baldigen und restlosen Vernichtung die Zivilbevölkerung eines Landes die staatliche und wirtschaftliche Ordnung aufrechterhalten und den ungebeugten Willen zum Durchhalten besitzen?«

Diese unverhohlene Aufforderung zum Terror wurde in Mailand 1921 gedruckt. Damals terrorisierten die Faschisten bereits Oberitalien durch jene gewalttätigen Stoßtrupps, mit deren Hilfe wenig später ihr Anführer Benito Mussolini die Macht in Rom übernahm. Kampf und Terror waren wesentliche Elemente des Faschismus, und er bekannte sich offen dazu, weil er damit jenen Schrecken verbreitete, der ein fester Bestandteil in seinem politischen Kalkül war. Der pensionierte General Douhet stand um diese Zeit erst im fünften Jahrzehnt seines Lebens. Es war keine Frage, daß dieser Prediger des militärischen Terrors sich den politischen Terroristen in ihren schwarzen Hemden anschloß. Die praktische Erprobung seiner Kriegstheorie erlebte er jedoch nicht mehr; er starb 1930. Als Mussolini im Oktober 1935 seinen Eroberungskrieg gegen das noch tief in einer mittelalterlichen Feudalordnung lebende Kaiserreich Abessinien begann, ging einer seiner Söhne mit einem Maschinengewehr im Flugzeug auf Menschenjagd. Weil das italienische Heer trotz waffentechnischer Überlegenheit den Widerstand der zum Teil noch mit Speeren bewaffneten Stammeskrieger nur sehr langsam brechen konnte, blieb es der Luftwaffe überlassen, den Krieg zu entscheiden.

Als dieser Kampf ausbrach, war Douhets Buch gerade in deutscher Sprache erschienen. Übersetzt hatte es der Rittmeister a. D. Roland Strunk, ein Militärschriftsteller, der sowohl Hitlers als auch Mussolinis Wohlwollen genoß. Seine Beziehungen zu den Nationalsozialisten waren nicht nur ideologischer Art; seine Ehefrau verband mit einem höheren Führer der Hitlerjugend ein mehr als freundschaftliches Verhältnis. Gemäß soldatischem Brauchtum forderte ihn der betrogene Ehemann auf Pistolen. Bei dem Schußwechsel kam Strunk ums Leben. Für Hitler war der Tod dieses hochgeschätzten Informanten der Anlaß, Duelle unter Parteigenossen zu verbieten.

Schon als der spätere Führer des deutschen Volkes im September 1919 in München in die Deutsche Arbeiterpartei des Schlossers Anton Drexler eingetreten war, als Agent einer im Entstehen begriffenen Reichswehr, hatte er die Wiederbewaffnung des besiegten und wehrlos gewordenen Reiches gefordert. Es hat dann weit länger als ein Jahrzehnt gedauert, ehe er als Reichskanzler seinen Ministern mitteilen konnte, daß er sich an die Verbote des Versailler Vertrags nicht gebunden fühle. Er bediente sich dieses Vertrags nur noch, um die Siegermächte daran zu erinnern, daß auch sie sich durch ihn zur Abrüstung verpflichtet hatten. Weil sie dazu nicht die geringsten Anstalten machten, nutzte er diesen Vertragsbruch, um zunächst heimlich und dann in aller Offenheit die Wiederbewaffnung zu betreiben.

Wie eilig es Hitler hatte, neben dem schon vorhandenen Hunderttausend-Mann-Heer der Reichswehr auch eine Luftwaffe zu besitzen, geht daraus hervor, daß er bei seiner Machtergreifung am 30. Januar 1933 in scheinbarer Bescheidenheit zwar nur zwei seiner Parteigenossen in die Regierung berief, daß aber einer von ihnen als Reichsminister ohne Geschäftsbereich im Nebenamt Reichskommissar für die Luftfahrt wurde. Dieser war Hermann Göring, der als Hauptmann und Jagdflieger im Ersten Weltkrieg für zehn Feindabschüsse mit dem Orden Pour le mérite ausgezeichnet worden und dann in den ersten Nachkriegsjahren zeitweilig Verkäufer von Flugzeugzubehör sowie Führer der damals noch auf Süddeutschland beschränkten Sturmabteilungen (SA) von Hitlers Partei gewesen war. Er war beim Münchener Putsch am 9. November 1923 durch eine Kugel aus einem Polizeikarabiner vor der Feldherrnhalle schwer verwundet worden. Vor 1933 hatte er als Reichstagsabgeordneter der NSDAP in Berlin die Interessen Hitlers als dessen ständiger Beauftragter vertreten und als Reichstagspräsident erheblichen Einfluß gewonnen.

Am 14. März 1946 schilderte der Angeklagte Göring im Nürnberger Prozeß gegen die Hauptkriegsverbrecher rückblickend die Anfänge der Luftwaffe. »Ich ging sofort an die Verbreiterung der fabrikatorischen Basis, erweiterte den Luftverkehr über das verkehrsmäßig notwendige Maß hinaus, um eine größere Anzahl von Fliegern ausbilden zu können ... Ich hatte zunächst geglaubt, mit einer Abwehrluftwaffe, das heißt mit einer Jägerwaffe vielleicht auszukommen. Bei Überlegung aber erkannte ich ..., daß man allein mit einer Jagdwaffe zur Abwehr verloren ist, sondern daß auch zu einer defensiven Waffe Bombenflugzeuge gehören, um sie offensiv gegen die feindliche Luftwaffe auf dem Boden bereits einsetzen zu können.«

So zahm und bescheiden waren Görings und Hitlers Absichten im Jahre 1933 keineswegs. Nur am Rande jener Aussage Görings tauchte ein Gedanke von Douhet auf: seine Empfehlung, die gegnerische Luftwaffe mit Bomben zu vernichten, ehe sie starten konnte. Ins gleiche Horn blies Erhard Milch, im Ersten Weltkrieg Geschwaderkamerad von Göring, der seine Stellung als Direktor bei der Lufthansa aufgegeben und eine Karriere begonnen hatte, die ihn bis zum Generalfeldmarschall und Generalinspekteur der Luftwaffe emportrug. Er bezeugte im Nürnberger Prozeß, daß »die Stärke der Luftwaffe, so wie sie aufgebaut wurde, für einen Angriffskrieg oder für einen größeren Krieg nicht geplant« gewesen sei. Angestrebt habe man eine »Risiko-Luftwaffe«, die vor einem Angriff auf Deutschland abschrecken sollte.

Nahezu unerwähnt blieb in jenem Prozeß, daß der schnelle Aufbau der Luftwaffe nur möglich war, weil die Reichswehr aufgrund eines Geheimabkommens mit dem Kreml schon einige Jahre vor Hitler deutsche Jagd- und Bombenflieger in der Sowjetunion ausbilden und Flugzeugtypen erproben konnte. Die Vertreter der Sowjetunion am Internationalen Militärgerichtshof wollten 1946 begreiflicherweise von dieser Hilfestellung für die deutschen »Revanchisten« nichts hören, aber nur dank dieser illegalen Nachhilfestunden konnte es sich Göring schon 1934 leisten, vor Offizieren zu tönen: »Mir schwebt eine Luftwaffe vor, die, wenn einmal die Stunde schlagen sollte, wie ein Chor der Rache über den Gegner hereinbricht. Der Gegner muß das Gefühl haben, schon verloren zu sein, bevor er überhaupt mit euch gefochten hat!«

Solche großmäuligen Sprüche verbargen zugleich der Welt, daß zu dieser Zeit nur eine Mini-Luftflotte vorhanden war. Dem gleichen Zweck der Abschreckung diente es, als Ende Juni 1935 die Reichsregierung ein Luftschutzgesetz beschloß. Damit wurde ein eigens gegründeter Reichsluftschutzbund bevollmächtigt, den Schutz der Zivilbevölkerung vor feindlichen Bombern zu organisieren. Bald mußten die Bewohner jedes Hauses für den Selbstschutz ausgebildet und ausgerüstet sein. Der Sprengbomben wegen sollte ein Kellerraum für stundenlangen Aufenthalt halbwegs wohnlich eingerichtet sein. Die Kellerdecke mußte nötigenfalls durch Stützen versteift werden. Schaufel und Hacke hatten für den Fall bereitzuliegen, daß die Treppe nach oben verschüttet werden würde. Gegen Giftgas gab es eine Volksmaske; sie wurde jedoch nie gebraucht. Zu Recht fürchteten die Luftschützer am meisten die leichtgewichtige Brandbombe; sie rechneten damit, daß dieses Kampfmittel in Massen abgeworfen werden würde, so daß es in einer Stadt gleichzeitig an tausend Stellen zu Bränden käme. Da die Feuerwehr nicht überall eingreifen konnte, mußte der Luftschutzwart eines jeden Hauses auf dem Dachboden eine Kiste mit Sand und eine Schaufel bereithalten, um damit Brandsätze zu ersticken, ferner einen Zuber voll Wasser, eine handbetriebene Spritze und große Lappen an langen Stangen als »Feuerpatschen«.

Hitlers Aufrüstung war ein Hochseilakt. Hätten England oder Frankreich gleich zu Beginn scharfen Protest eingelegt, so wäre er in das politische Nichts gestürzt und als der Hasardeur entlarvt worden, der er immer war. Also mußte er sich mit Tricks durch die Gefahren mogeln. Es kam ihm dabei zugute, daß sich die französische Luftwaffe in einem desolaten Zustand befand, weil ihr wegen des Baus der Maginot-Linie nur geringe Mittel zur Verfügung standen, und daß sich wiederum die englische Luftwaffe an der stärksten Luftflotte des Kontinents orientierte, und das war damals eben die französische.

Als Hitler am 7. Mai 1936 die Reichswehr in die entmilitarisierte Zone entlang des Rheins einmarschieren ließ, bezogen auch Flieger dort neue Standorte, aber ihr Einzug spielte sich ab wie der Vorbeimarsch der siegreichen ägyptischen Krieger während einer »Aida«-Inszenierung auf der Opernbühne. Kaum war eine Staffel auf dem Flugplatz eines künftigen Horstes gelandet, wurden auch schon andere Nummern an die Maschinen gepinselt, damit sie sich noch in einem zweiten oder gar dritten Standort begrüßen lassen konnten. Kamen ausländische Militärs auf Besuch, so wurde ihnen bereitwillig vorgeführt, wie stark die Luftwaffe schon geworden sei. Bei den Wehrmachtsmanövern 1937 durfte eine Abordnung englischer Offiziere unter dem General Ironside die Leistungen der deutschen Soldaten bewundern; im gleichen Jahr bekam Englands Luftwaffenchef Marschall Hugh Trenchard vorgeführt, was der Luftschutz zu leisten vermochte.

Während des Aufbaus der Luftwaffe ließ sich Hitler mehrmals in Berlin und auf dem Obersalzberg von Roland Strunk über den

Stand der europäischen Luftrüstung und über die Weiterentwicklung des Douhet-Systems informieren, wie es denn kaum ein militärisches Gebiet gab, das er nicht mit blitzschneller Auffassung und hervorragendem Gedächtnis beackerte. Der Chef des Oberkommandos der Wehrmacht, Generalfeldmarschall Wilhelm Keitel, sagte nach dem Krieg, es sei geradezu unvorstellbar, wie sein früherer Führer »Generalstabswerke, Militärliteratur, taktische, operative und strategische Studien studiert hat und ein Wissen auf militärischem Gebiet besessen hat, das nur als staunenswert betrachtet werden kann«. Deswegen verstand es sich von selbst, daß es bei der zunächst primitiven Ausrüstung der Luftwaffe nicht bleiben würde, die nach den Worten des späteren Generalfeldmarschalls Albert Kesselring anfangs nur leichte Maschinen besaß – Jagdflugzeuge, Sturzkampfflugzeuge, Aufklärungsflugzeuge und »alte Schlitten« wie die Verkehrsmaschine Ju 52.

Das änderte sich rasch, als Hitler von Roland Strunk über den Einsatz deutscher Piloten und Maschinen in Spanien auf seiten des Generals Francisco Franco unterrichtet worden war. Daß Hitler den Putsch Francos gegen die spanische Republik unterstützte, lag weniger daran, daß auf deren Seite zunehmend Anarchisten und Kommunisten den Kurs bestimmten. Wesentlicher war, daß die junge Luftwaffe in Spanien Gelegenheit hatte, ihre Soldaten, ihre Taktik und ihr Material zu erproben. Bei der »Legion Condor« – so hieß die Truppe deutscher Freiwilliger – bewährte sich vor allem die Me 109 (von Messerschmitt), eine Jagdmaschine. Sie war nicht nur den britischen Maschinen auf der Gegenseite überlegen, sondern auch den von Moskau gelieferten Ratas. Dagegen war als Bomber zunächst noch die Ju 52 (auch »Tante Ju« genannt) im Dienst; sie war für diese Aufgabe nur bedingt tauglich.

Einige dieser Staffeln hatten den Befehl bekommen, eine Straßenbrücke im baskischen Städtchen Guernica zu zerstören und damit den Nachschub für die republikanische Besatzung der Hafenstadt Bilbao zu blockieren. Zwar konnten diese Maschinen größere Mengen Bomben tragen, aber schwieriger war es, sie gut zu plazieren, denn die Zielvorrichtung war überaus primitiv. So kam es, daß nach dem Bombenabwurf die Brücke noch immer benutzbar, ein Teil der Stadt jedoch zerstört war und etwa hundert ihrer Einwohner tot unter den Trümmern lagen.

Es war dies wohl der erste konzentrierte Bombenabwurf auf ein Wohngebiet – nur eine Kostprobe dessen, was im nächsten Krieg zwischen stärkeren Gegnern zum Alltagsgeschehen werden würde. Sie bestätigte jedoch im kleinen Maßstab alle Befürchtungen, die seit Jahr und Tag in Wort und Schrift als Folge der Douhet-Strategie geäußert worden waren. Intellektuelle in der ganzen Welt protestierten gegen diese Tat deutscher Soldaten, ohne zu ahnen, daß sie innerhalb weniger Jahre noch viel bedeutsamere Anlässe zu Protesten bekommen würden. Niemand nahm zur Kenntnis, daß es sich dabei nicht um einen absichtlichen Terrorangriff, sondern um einen fliegerischen Betriebsunfall gehandelt hatte. Der in Paris lebende spanische Maler Pablo Picasso, damals schon der berühmteste unter den Modernen seiner Kunst, verewigte den Protest mit seinem Wandbild »Guernica«. Als Jahre später die Großstädte Köln, Hamburg und Dresden durch Bomben zum großen Teil vernichtet und jeweils Zehntausende von Zivilisten getötet wurden, protestierte kaum einer dieser Intellektuellen.

Die Erfahrungen in Spanien, die Diskussionen um Douhet und Hitlers Eroberungspläne mögen die Zusammensetzung der Bomberwaffe bestimmt haben. Ernst Udet, ebenfalls aus Görings Jagdgeschwader im Ersten Weltkrieg, war vor 1933 jahrelang als Flugakrobat durch die Welt gezogen und hatte dabei mit einer amerikanischen Maschine Sturzflüge aus mehreren tausend Metern Höhe vorgeführt, bei denen er sein Flugzeug immer erst kurz vor dem Erdboden abgefangen hatte. Ein Nervenkitzel für die Zuschauer. Auf diese Weise ließen sich natürlich auch Bomben werfen, und zwar ziemlich präzise ins Ziel. Als Chef des technischen Amtes der Luftwaffe setzte sich Ernst Udet nun für die Sturzflugtaktik ein. Er bevorzugte dafür den Typ Ju 87 (entwickelt von Junkers in Dessau). Auch Hitler begeisterte sich für diese Art von Luftangriffen;

sie versprach einige Treffsicherheit und damit die stärkste Wirkung bei sparsamstem Einsatz von Material. Wann immer ihm ein neuer Flugzeugtyp für die Bomberverbände vorgeschlagen wurde, war eine seiner ersten Fragen, ob diese Konstruktion auch einen Sturzflug erlaube.

Damit beschränkte Hitler die Rüstung von vornherein auf die sogenannten leichten Bomber mit nicht mehr als zwei Motoren. Sie entsprachen auch insoweit der wirtschaftlichen Situation des Reiches, als sie mit verhältnismäßig geringem Aufwand an Material gebaut und mit weniger Treibstoff als die großen Maschinen geflogen werden konnten. Zudem waren sie geradezu maßgeschneidert für Hitlers erste Einsatzpläne. Wohin er sie zuerst schicken wollte, verriet er am 5. November 1937 einem Kreis von nur wenigen Eingeweihten. Es waren dies die Oberbefehlshaber von Heer, Marine, Luftwaffe, der Reichsaußenminister Konstantin Freiherr von Neurath und ein Adjutant Hitlers, der das Protokoll zu schreiben hatte. Es sei, so sagte Hitler, sein »unabänderlicher Entschluß«, bei passender Gelegenheit Österreich und die Tschechoslowakei dem Reich einzugliedern, notfalls mit Gewalt. Nachdem dann ein halbes Jahr später die Wehrmacht in einem unblutigen Blumenkrieg allseits umjubelt in Österreich einmarschiert war, konnte Hitler sich in einer Besprechung mit General Wilhelm Keitel darauf beschränken, die Eroberung der Tschechoslowakei vorzusehen. Er ordnete an, daß Vorstöße mit »blitzschnellem Zupacken« vorbereitet würden, bei denen die Luftwaffe die einzelnen Kolonnen des Heeres zu unterstützen habe.

Sowohl beim Konflikt mit dem österreichischen Bundeskanzler Dr. Kurt von Schuschnigg im Frühjahr 1938 als auch bei den Viermächte-Verhandlungen in München Ende September konnte Hitler bereits erfolgreich mit seiner Luftwaffe drohen. Schon am 8. Juli 1938 hatte Göring in einer Konferenz deutscher Flugzeughersteller renommiert, die Luftwaffe sei an Güte und Stärke der englischen bereits überlegen. Nach dem Einmarsch in die tschechoslowakischen Randgebiete verkündete er dann, Hitler habe ihm befohlen, die Luftmacht noch fünfmal stärker zu machen.

Zwar dürfte er dabei teilweise geblufft, im Hinblick auf die nächsten politischen Abenteuer aber auch gehofft haben, daß niemand die Probe aufs Exempel machen würde. So hielten es denn auch der Staatspräsident des tschechischen Reststaates Dr. Emil Hacha und sein Außenminister Dr. Franz Chvalkowsky für besser, ihren Staat dem Schutz Hitlers zu unterstellen, als dieser ihnen am 15. März 1939 die Unterwerfung mit der Drohung abpreßte, er würde Prag in den nächsten Stunden durch seine Bomber in Trümmer legen.

Abermals marschierten deutsche Regimenter über Grenzen hinweg, und die Luftwaffe konnte die Flugplätze des Landes übernehmen, das Hitler kurz zuvor noch als Flugzeugmutterschiff im Herzen Europas für die Bomberflotten der Franzosen und der Sowjetunion bezeichnet hatte. Doch mit diesem Einmarsch war das Maß bei den Engländern voll. Sie fühlten sich übertölpelt, da doch ihr Premierminister Neville Chamberlain von der Münchener Konferenz ein halbes Jahr zuvor mit einem Blatt Papier heimgekehrt war, das »Frieden für unsere Zeit« und die Absage Hitlers an weitere Aggressionen enthalten hatte. Sie sahen auch die Fundamente des Empire bedroht, denn Hitler strebte nunmehr unverhohlen die Herrschaft über den europäischen Kontinent an. Soviel Macht hatten die Engländer bisher keiner Nation gestattet, mit Napoleon hatten sie deswegen zehn Jahre lang Krieg geführt. Zudem hatten sie Gründe, sich moralisch zu entrüsten und den von den Nazis verfolgten Juden, Christen und politisch Andersdenkenden beizustehen. Sie waren nun überzeugt, daß der Krieg auf die Dauer nicht zu vermeiden sei.

Der gleichen Überzeugung war auch Hitler – mit dem Unterschied, daß er den Krieg wollte und dabei die Angelsachsen als »Rassenverwandte« gern an seiner Seite gehabt hätte. Bis 1943 – so rechnete er – werde er mit seiner hochmodernen Rüstung noch im Vorteil gegenüber allen von ihm anvisierten Gegnern sein. An wen er dabei im besonderen dachte, ließ er offen, auch gegenüber seiner nächsten Umgebung. Zum Oberbefehlshaber der Marine, dem Großadmiral Erich Raeder, sagte er einmal, er habe drei

Stufen der Geheimhaltung. »Die erste, wenn wir beide unter vier Augen sprechen. Die zweite, wenn ich etwas für mich behalte. Die dritte gilt für Probleme, die ich noch gar nicht zu Ende denke.« Als ihn Raeder warnte, es werde wegen der aggressiven Politik gegenüber Polen zum Krieg mit England kommen, versuchte Hitler, ihn mit einem Gleichnis zu beruhigen. Die Situation, so sagte er, sei so, »als ob wir beide um einen Vergleich verhandelten. In ihm geht es um eine Mark. Ich habe bereits 99 Pfennige. Würden Sie wegen des fehlenden Pfennigs mit mir noch vor Gericht gehen?«

Dies ist die Art, wie Hasardeure sich selber belügen. Der Konflikt ging nicht um eine Mark und schon gar nicht um einen Pfennig. Wohl aber waren 99 Prozent der Engländer wütend genug für den Versuch, Hitlers nächste Gewalttat mit Waffeneinsatz zu stoppen. Daß sie sich nicht gegen das Empire richten würde, sondern gegen den Osten, und daß dabei möglicherweise die Sowjetunion angegriffen würde – die schon der Autor von »Mein Kampf« als Opfer ausersehen hatte –, reichte nicht aus für mildernde Umstände, obwohl die Briten die bolschewistische Revolution mit einer Invasionsarmee bekämpft hatten. Sie fragten sich nun, wie weit ihr Land bereits für einen offenbar unvermeidlich gewordenen Krieg gerüstet war.

Die britische Luftwaffe, als selbständiger Truppenteil inzwischen in Royal Air Force (RAF) umbenannt, war es unstreitig nicht. Länger als ein Jahrzehnt hatte ihr Chef Trenchard sich abgemüht, sie überhaupt am Leben zu erhalten. Sowohl die Armee als auch die Marine hatten in mehreren Anläufen versucht, die Bestände dieser dritten Waffengattung unter sich aufzuteilen. Deshalb hatte Trenchard in einer Rede in Cambridge wieder einmal auf ihre Besonderheit hingewiesen: »Das Flugzeug ist die offensivste Waffe, die je erfunden wurde.« Also sei es notwendig, eine Luftverteidigung aufzubauen, aber es werde noch »sehr viel notwendiger, die Stimmung im gegnerischen Volk zu untergraben, indem man es mit Bomben angreift«. Dazu aber sei nur eine starke und selbständige Bomberwaffe fähig.

Damit hatte er jedoch einem Kodex widersprochen, den der

Vertreter Großbritanniens 1923, bei einer internationalen Konferenz in Den Haag, für den Luftkrieg vorgeschlagen hatte. Bombenwürfe auf zivile Ziele, die sich nicht in unmittelbarer Nachbarschaft von Streitkräften befänden, sollten danach verboten sein. Selbst militärische Ziele dürften nicht bombardiert werden, falls dadurch die Zivilbevölkerung gefährdet würde. Allerdings waren diese Vorschriften von keiner der beteiligten Mächte ratifiziert worden; sie stellten nur einen moralischen Anspruch dar. Trenchard hatte im Gegenteil verlangt, es müsse bei Angriffen stets die denkbar größte Bombenladung abgeworfen werden. Es sei Aufgabe der Army, das feindliche Heer zu vernichten, aber der Royal Air Force obliege es, das feindliche Land zu besiegen.

Jahre hindurch hatte Trenchard mit solchen Parolen seine Landsleute geschockt, die moralisch strenge Maßstäbe einzuhalten wünschten. So konnte auch Winston Churchill als Unterhausabgeordneter nicht umhin, Trenchards Forderungen abzulehnen, worauf dieser seine rigorosen Empfehlungen damit rechtfertigte, daß militärische Ziele wie Bahnhöfe, Kasernen, Rüstungsbetriebe oder Verwaltungszentren gemeinhin mitten in Wohngebieten lägen und somit Opfer unter den Nichtkombattanten unvermeidlich würden. Er erklärte des weiteren, daß trotz verringerter Treffsicherheit vor allem nächtliche Angriffe zweckmäßig seien, weil damit die arbeitende städtische Bevölkerung um den Schlaf gebracht würde. Es bedürfe dann nur noch täglicher Störangriffe auf die Städte, um die Industrieproduktion zum Stillstand zu bringen.

War für Trenchard noch Frankreich als stärkste Macht des Kontinents der mögliche Gegner, so wurden für seine Amtsnachfolger ab 1933 die Deutschen der potentielle Feind. Die Nachrichten über das neue Regime in Berlin waren nicht dazu angetan, Sympathien zu wecken, und damit wechselten im öffentlichen Bewußtsein auch schnell die moralischen Maßstäbe, die für den Kriegsfall gelten sollten. Noch im Juni 1935 hatte Winston Churchill – zu dieser Zeit noch ohne Amt und Einfluß – Bombenangriffe auf Frauen und Kinder verabscheuungswürdig genannt, aber bereits im Juli regte er an, die Royal Air Force möge Bombenangriffe auf die Ruhrstädte vorbereiten. Er war inzwischen Mitglied des Empire-Ausschusses zur Untersuchung der Luftverteidigung geworden und hielt es jetzt mit Douhet. Falls die Luftwaffe einen entscheidenden Erstschlag gegen England plante, so Churchill, »könnte dies durchaus dazu führen, daß wir die Feindseligkeiten allein mit dem Einsatz der Royal Air Force beginnen müssen«. Wie der ganze Ausschuß malte auch er die Zukunft schwarz in schwarz. Falls die Luftwaffe den Krieg unangekündigt mit einem K.-o.-Schlag eröffne, würde es in England über hunderttausend Tote geben, würden die Häfen zerstört und müßte London geräumt werden. Die Luftstreitkräfte müßten deshalb umgehend verstärkt und es müßten Pläne für einen viermotorigen Bomber entwickelt werden. Er überzeugte damit sogar Clement Attlee, den Führer der oppositionellen Labour Party, der die Aufrüstung befürwortete, weil die einzige Verteidigung gegen Bomber darin bestehe, daß man selber Frauen und Kinder töte, und zwar mehr noch als dem Gegner möglich sei.

In jenem Jahr erfuhr die Royal Air Force, daß in den Fabriken von Heinkel und Dornier die deutschen Bomber fast schon vom Fließband rollten. Sie forderte deshalb die Verstärkung der eigenen Bomberflotte auf 90 Staffeln (= 1400 Flugzeuge). Doch der Luftfahrtminister bezweifelte die These, daß allein eine Drohung mit stärkerer Vergeltung genüge, um Angriffe zu verhindern. Notwendiger erschien ihm, die Abwehr zu stärken und vermehrt Jagdflugzeuge in Auftrag zu geben. Zwei neue Typen waren vielversprechend: die »Hurricane« und die »Spitfire«. Weil sie billiger und schneller zu bauen waren, blieben die Pläne für die kostspieligen Viermotorigen liegen. Inwieweit diese Entscheidung richtig war, mußte sich in den folgenden Jahren zeigen – mit der Einschränkung freilich, daß Was-wäre-wenn-Rechnungen bei jedem Krieg viele Faktoren der Unsicherheit enthalten.

Aus dem gleichen Grund wäre es auch vermessen zu behaupten, Hitler hätte England spätestens im Herbst 1940 durch Bomben zu einem Frieden zwingen können, wenn nicht der Generalstabschef der Luftwaffe, General Walther Wewer, am 3. Juni 1936 mit einer

He 70 beim Start auf dem Flugplatz Dresden tödlich abgestürzt wäre. Er hatte energisch den Bau einer strategischen Bomberflotte gefordert, und Hitler hatte ihm nicht widersprochen. Es sollten viermotorige, schwerbewaffnete Maschinen mit großer Reichweite und Tragfähigkeit sein. Zwei Typen waren nahezu zur Erprobung fertig; die Ju 89 und die Do 19. Sie wurden nun nicht weiterentwickelt. Wewers Nachfolger wurde General Albert Kesselring. Zu Göring sagte er: »Wir können wählen; statt drei Viermotorigen können wir vier Zweimotorige bauen.« Göring entschied: »Der Führer braucht keine großen Bomber. Er braucht viele Bomber.«

Er bekam sie, und sie sollten entscheidend zu den Siegen in den ersten drei Kriegsjahren beitragen. Erst im vierten Jahr sollte es sich herausstellen, daß man die falschen Modelle gewählt hatte. Allein schon die große Zahl hatte genügt, um Schuschnigg und Hacha zur Kapitulation zu zwingen. Göring war überzeugt, keinen Fehler begangen zu haben. Zu Flugzeugherstellern sagte er: »Wenn wir den Kampf gewinnen, ist Deutschland die erste Macht der Welt... Aber man muß etwas riskieren, man muß etwas einsetzen.« Daß Göring und Hitler mit der Luftwaffe zuviel riskiert hatten, stellte nachträglich Görings Vertreter im Führerhauptquartier, General Karl Bodenschatz, im Nürnberger Kriegsverbrecherprozeß fest. Nach seiner Überzeugung war »die Luftwaffe zu Beginn des polnischen Feldzugs weder führungsmäßig noch richtungsmäßig auf der Höhe«. Erhard Milch, bei Kriegsausbruch Generaloberst und Generalinspekteur der Luftwaffe, urteilte: »Die Luftwaffe war im Jahr 1939... für einen größeren Krieg nicht vorbereitet.«

Den »größeren Krieg« hatte Hitler allerdings nicht einkalkuliert, als er seine Streitmacht gegen die Polen aufmarschieren ließ. Am liebsten hätte er die Sache mit ihnen allein ausgetragen, also seine Salamitaktik im Osten fortgesetzt, aber die Regierung Chamberlain hoffte, ihn daran hindern zu können, indem sie Polen ihre Hilfe für den Fall eines deutschen Angriffs garantierte. Hitler behauptete, die Polen hätten damit eine Blanko-Vollmacht bekommen, den großen Krieg auszulösen – und das stimmte wohl auch ein wenig. Doch er sorgte selber dafür, daß der Krieg zu einem Termin begann, den er bestimmte. Er ließ durch den Chef des SD, den SS-Gruppenführer Reinhard Heydrich, die üble Farce eines angeblichen Überfalls auf den Gleiwitzer Rundfunksender als Kriegsgrund aufführen. Als er dann am 1. September 1939 den in Berlin versammelten Reichstagsabgeordneten verkündete, an den Grenzen werde »seit 5.45 Uhr... zurückgeschossen« und es werde dort »Bombe mit Bombe vergolten«, war diese Zeitangabe insofern ungenau, als die Luftwaffe früher gestartet war, um schon beim Morgengrauen die polnischen Flugplätze mit Bomben und Bordwaffen anzugreifen, ehe dort die Maschinen aufsteigen konnten.

Die Deutschen gewannen so auf Anhieb die Luftherrschaft. Mit über 2000 im Osten eingesetzten Maschinen waren sie den Polen mehr als vierfach überlegen. Es waren vorwiegend Bomber, während die Mehrzahl der Jäger für den Fall, daß englische oder französische Flieger ins Reichsgebiet vordringen würden, im Westen geblieben war. Die Luftwaffe war im Osten auch ohne sie hinreichend stark, um Massierungen der polnischen Bodenstreitkräfte wirkungsvoll anzugreifen. Wo immer die rasch vordringenden deutschen Panzer-Stoßkeile auf starken Widerstand stießen, wurden Bomber eingesetzt, vor allem Sturzkampfflugzeuge. Wenn sie mit donnernden Motoren und heulender Sirene auf die polnischen Abwehrstellungen herabstießen wie Bussarde auf Mäuse, wurden sie zum Schrecken der polnischen Soldaten.

Die Hauptstadt Warschau wurde schon am 1. September mit Bomben beworfen. Der Militärattaché an der französischen Botschaft unterrichtete Paris, daß nur militärische Ziele attackiert worden seien, wobei es sich wohl kaum hatte vermeiden lassen, daß auch Zivilisten zu Schaden kamen. Am gleichen Tag forderte US-Präsident Franklin D. Roosevelt alle Kriegführenden auf, öffentlich zu erklären, daß sie unbefestigte Städte und die Zivilbevölkerung nicht aus der Luft angreifen würden. Hitler stimmte sofort zu; er verwies auf seine Reichstagsrede zum Kriegsbeginn, in der er versichert hatte, er werde den Kampf nicht gegen Frauen und Kinder führen, und dann hinzugefügt hatte: »Ich habe meiner Luftwaffe den Auftrag gegeben, sich bei den Angriffen auf militärische Ziele zu beschränken.« Ebenso beteuerten tags darauf die Regierungen Englands und Frankreichs »feierlich und öffentlich den Vorsatz«, den Krieg so zu führen, daß die Zivilbevölkerung und die Kulturdenkmäler geschont würden.

Das galt nicht für immer und ewig. Hitler hatte in seiner Reichstagsrede darauf hingewiesen, daß ein Feind, der sich nicht an diese Regel halte, eine Antwort bekomme, »daß ihm Hören und Sehen vergeht«. Die Royal Air Force konnte ihre Einwände für sich behalten und brauchte nur darauf hinzuweisen, daß entsprechende Vorschriften sogar in den Dienstanweisungen des Luftfahrtministeriums enthalten waren. Doch obgleich ihr geistiger Vater, Sir Hugh Trenchard, längst nicht mehr Chef des Air Staff war, galten in der RAF noch immer seine Thesen, als seien sie biblische Gebote. Er hatte gelehrt, daß die moralische Wirkung eines Luftangriffs zwanzigmal stärker sein würde als die militärische, aber diese Rechnung stimmte nur, wenn auch die Nichtkombattanten von Bomben getroffen wurden.

Der Verdacht, die Engländer hätten ihr Wohlverhalten als Meineid geschworen, liegt nahe. Noch allerdings paßte ein Bombenkrieg keiner Seite ins Konzept. Deshalb begnügten sich die Gegner Deutschlands während der ersten Monate damit, wenige Bomben im Nordseeküstenbereich abzuwerfen – gewissermaßen als militärisches Alibi gegenüber dem schon geschlagenen Verbündeten im Osten. Außerdem warfen sie Flugblätter ab, mit denen die Bevölkerung zum Aufruhr gegen das NS-Regime ermuntert werden sollte – ein Beweis, wie schlecht man in London und Paris die Verhältnisse im Feindesland kannte. Es war pure Papierverschwendung.

An der deutsch-französischen Grenze wurde aus den beiderseitigen Befestigungen heraus gelegentlich geschossen, aber ohne Effekt. Hitler hätte zwar am liebsten gleich nach dem Sieg über Polen auch im Westen angegriffen, aber seine Generale waren dagegen, und – was ihn stärker beeindruckte – das Wetter machte ihm mehrmals einen Strich durch die Rechnung. So kehrten die anfänglich aus dem Frontgebiet evakuierten Einwohner still und heimlich wieder in ihre Dörfer zurück. Es war so ruhig, daß die Franzosen von einem »drôle de guerre« sprachen. In Paris riet man von Luftangriffen gegen Deutschland ab; die eigene Abwehr sei zu schwach, die Luftwaffe aber so stark, daß die Vergeltung schlimm ausfallen könnte. Die eigenen Städte lägen alle in bequemer Reichweite der Deutschen, und grundsätzlich seien die meisten Franzosen nicht gerade begeistert, »für Danzig« zu sterben. Wenn schon der Krieg forciert werden müßte, dann möchten das doch bitte die Engländer auf eigene Rechnung tun.

Als er begonnen hatte – es war an einem Freitag –, hatte man in London Hitlers gewohnten Wochenendspielplan erwartet, diesmal mit einem Großangriff aus der Luft auf London. Tatsächlich heulten an diesem 3. September in der britischen Hauptstadt die Sirenen, aber es war nur ein technisch bedingter Fehlalarm. Als Premierminister Chamberlain am 14. September im Unterhaus verkündete, »die Regierung Seiner Majestät« werde »niemals absichtlich Frauen und Kinder... zum Zweck des bloßen Terrorismus angreifen«, hoffte man, daß damit auch dem feindlichen Tatendrang eine Grenze gezogen worden sei. Bei dieser Erklärung mag mitgespielt haben, daß die RAF in jenen Tagen nur über 280 Bomber verfügte. Es waren fast ausschließlich zweimotorige Maschinen, die mit Bomben und Treibstoff beladen nur deutsche Städte an der Nordseeküste erreichen konnten. Zum Ruhrgebiet, dem Wunschziel seit Jahren, konnten sie nur gelangen, wenn sie den Weg über Belgien oder die Niederlande wählten und damit deren Neutralität mißachteten – was dann übrigens bald geschah. Die Viermotorigen waren noch lange nicht fertig. Von den Zweimotorigen hatte man eine Anzahl nach Frankreich verlegt; es waren vorwiegend Typen, die von der RAF wegen unzureichender Leistungen ohnehin zum Aussterben verurteilt waren und die dann auch eine leichte Beute deutscher Jäger wurden.

Hitler hatte am 19. September 1939 in Danzig triumphierend seinen Sieg und das Ende des Polenfeldzugs verkündet. »Mit

Mann und Roß und Wagen hat sie der Herr geschlagen!« zitierte er ein Lied, das Napoleon verhöhnte, als er mit den Resten seiner Armeen besiegt aus Rußland zurückkehrte. Dabei überging er, daß Warschau dem deutschen Angriff noch standhielt. Seit dem 16. September hatte er die Bewohner der eingeschlossenen Stadt auffordern lassen, aus Warschau zu fliehen, wenn sie den Bomben und Granaten entgehen wollten. Weil die Stadt nicht übergeben wurde, legten Luftwaffe und Artillerie große Teile in Trümmer. Das war international rechtens, obwohl es auch möglich gewesen wäre, Warschau zu belagern und auszuhungern. Doch Hitler hatte es eilig, weil inzwischen die Rote Armee begonnen hatte, jene Teile Polens zu besetzen, die den Moskauer Abmachungen zufolge an die Sowjetunion fallen sollten. England und die neutrale Welt waren entrüstet über das Bombardement; die RAF nutzte dies zu der Erklärung, sie fühle sich nicht mehr an ihre Zustimmung zum Appell Roosevelts gebunden.

Schon vor dem unvermeidlichen Fall Warschaus hatte Hitler den größten Teil seiner Luftwaffe zurück in den Westen beordert. Der Feldzug in Polen hatte nur geringe Verluste gefordert. Die Luftwaffe verfügte somit im Herbst 1939 über mehr als tausend Bomber, über 350 Schlachtflugzeuge und Stukas, über 500 Transportmaschinen, mehr als tausend Jäger und einige hundert Flugzeuge verschiedener Verwendung. Mit dieser Übermacht mochten es weder die englischen noch die französischen Luftstreitkräfte aufnehmen. Als Hitler dann am 6. Oktober vor dem Reichstag eine »Friedensrede« hielt, in der er die Versöhnung anbot, sofern man ihm seine jüngsten Eroberungen beließe, mag er damit gerechnet haben, daß der Westen gegen seine weiteren Pläne nichts mehr einwenden würde; einem Feldzug gegen die Sowjetunion mit dem Ziel, »Lebensraum« für tausend Jahre zu gewinnen, hätte dann nichts mehr im Wege gestanden.

Obwohl damit der »Erbfeind« des britischen Empire, Rußland, für immer besiegt werden sollte, war das Echo aus dem Westen durchweg ablehnend. Den ganzen Herbst und Winter hindurch belauerten sich die Gegner zu Lande. In der Luft flog die RAF gelegentlich kleinere Angriffe gegen Nordseehäfen, doch wenn dies bei Tag geschah, verlor sie fast ein Fünftel der eingesetzten Maschinen. Es kam noch schlimmer. Als am 14. Dezember zwölf »Wellington«-Bomber die Nordseeküste angriffen, kehrten nur sechs zurück; auch nach einem Angriff auf Wilhelmshaven am 18. Dezember erreichte von 24 Maschinen nur die Hälfte den Heimatflugplatz. Keine Verluste gab es dagegen, wenn einzelne Maschinen nachts ihre Flugblätter über das feindliche Territorium streuten. In England überlegte man sich, ob diese Maschinen statt Tonnen bedruckten Papiers, das noch dazu ohne Wirkung blieb, nicht zweckmäßiger Sprengstoff und Brandsätze abwerfen sollten. Man beschloß, Nachtangriffe auf deutsche Städte vorzubereiten.

Hitler hat später einmal behauptet, er habe »keinen Nachtangriff auf polnische Städte ausführen lassen«, weil man »in der Nacht das einzelne Objekt nicht so genau treffen« könne. Dabei hielt er sich keineswegs aus humanitären Gründen zurück, denn seine Luftwaffe hatte ebenso wie die RAF bereits umfangreiche Operationspläne über Angriffe auf feindliche Großstädte in den Schubladen, und schon am 9. Oktober 1939 hatte er in einem Memorandum den Oberbefehlshabern der drei Wehrmachtsteile und dem Chef des Oberkommandos versichert: »Der rücksichtslose Einsatz der Luftwaffe gegen das Herz des britischen Widerstandswillens kann und wird im gegebenen Augenblick folgen.«

Wie er seinen Krieg fortsetzen würde, erfuhren die Generale der Wehrmacht aus einer (wie üblich) langen Rede, zu der sie am 23. November 1939 in die Reichskanzlei gerufen wurden. Darin lobte Hitler die Soldaten gründlich für ihre Leistungen in Polen. Von der Luftwaffe sagte er, sie habe es »fertiggebracht, ... den ganzen deutschen Lebensraum zu sichern«. In einer Bilanz der momentanen Kräfte stellte er fest: »Überlegenheit der Luftwaffe! Flak außer jeder Konkurrenz!« In England sei die Luftaufrüstung jetzt erst im Gang, und im bevorstehenden Frühjahr werde die erste Phase davon beendet sein. »Doch der Engländer ist ein zäher Gegner.« Und: »Wir haben eine Achillesferse: das Ruhrgebiet! ...

Wenn England und Frankreich durch Belgien und Holland in das Ruhrgebiet vorstoßen, sind wir in höchster Gefahr. England und Frankreich haben Pressionsmittel, um Belgien und Holland dazu zu bringen, englische und französische Hilfe zu erbitten... Wir müssen zuvorkommen... Wir können England wirkungsvoll treffen, wenn wir eine bessere Ausgangslage haben. Jetzt erfordert ein Flug nach England so viel Brennstoff, daß nicht genügend Bomben geladen werden können.« Wieder einmal verkündete er einen »unabänderlichen Entschluß«: »Ich werde Frankreich und England angreifen zum günstigsten und schnellsten Zeitpunkt. Verletzung der Neutralität Belgiens und Hollands ist bedeutungslos. Kein Mensch fragt danach, wenn wir gesiegt haben.« Es kam Hitler auf ein paar Rechtsbrüche mehr oder weniger nicht an.

In England wurden in den ersten Apriltagen 1940 Einheiten der Army eingeschifft, die Norwegen besetzen sollten. Hitler wollte längst das gleiche tun. Als er am 9. April damit begann, kamen die deutschen Soldaten ihren englischen Kollegen nur um Stunden zuvor. Den Deutschen ging es darum, die Zufuhr von Eisenerz aus dem schwedischen Norden über den nordnorwegischen Hafen Narvik zu sichern, die Nordflanke des Reiches feindfrei zu halten und die Benutzung der norwegischen Westküste mit ihren Seehäfen und Flugplätzen für einen Großangriff auf England zu ermöglichen. Der konnte freilich erst stattfinden, wenn der Feldzug im Westen erfolgreich abgeschlossen sein würde.

Wie dieser Feldzug endete, ist bekannt. Die Luftwaffe begann ihn mit nahezu 4000 Flugzeugen, zumeist Bomber und Jäger. Die Alliierten waren zahlenmäßig nicht sehr viel schwächer, aber die Mehrzahl ihrer Flugzeugtypen war veraltet. Die Franzosen konnten knapp 1600 Flugzeuge einsetzen, die sich bei jeder Begegnung mit deutschen Maschinen als hoffnungslos unterlegen erwiesen. Die RAF war an Zahl auch nicht stärker, aber wenigstens technisch besser ausgerüstet. Die Luftstreitkräfte der Belgier und der Niederländer waren in dieser Auseinandersetzung der großen Mächte bedeutungslos; sie kamen bei dem völkerrechtswidrigen deutschen Überfall ohnehin kaum zum Einsatz.

Der Kindermord von Freiburg

Nach bewährtem Rezept startete am 10. Mai 1940 im Morgengrauen von den deutschen Flugplätzen alles, was Bomben tragen konnte. Siebzig Flugplätze im Westen wurden bombardiert und die dort stationierten Luftstreitkräfte schon am Boden so gründlich dezimiert, daß es den Deutschen in den nächsten Tagen nicht schwerfiel, die Vorherrschaft in der Luft zu gewinnen. Eingesetzt war bei dieser Blitzaktion auch das Kampfgeschwader 51, das in Landsberg am Lech seinen Standort hatte und den zweimotorigen Bomber He 111 flog. Einige von diesen Maschinen bombardierten in der Morgendämmerung den Flugplatz Lyon-Bron mit gutem Erfolg; am frühen Nachmittag starteten Maschinen der 8. Staffel zu einem Angriff auf den Flugplatz von Dijon. Der Himmel war weitgehend bedeckt, und über den Bergen des Schwarzwaldes ballten sich hohe und dichte Wolken einer Gewitterfront. Sie nötigte die Piloten zum Blindflug. Einige verloren dabei die Orientierung. Erst über dem Rheintal fanden die Maschinen zweier Ketten wieder zusammen. Die dritte war und blieb verschwunden. Die Maschinen warfen ihre Bomben befehlsgemäß über dem Flugplatz von Dijon ab. Als sie nach Landsberg zurückkehrten, war die dritte Kette bereits gelandet. Deren Führer, ein Leutnant, meldete, daß sie Dijon nicht gefunden und deshalb das für solche Fälle vorgesehene Ausweichziel, einen anderen Flugplatz jenseits der Vogesen, bombardiert hätten.

Dies war ein schrecklicher Irrtum: Die 69 Bomben waren auf die deutsche Stadt Freiburg im Breisgau gefallen. Sie hatten 57 Menschen getötet, darunter 22 Kinder auf einem Spielplatz. Verletzt wurden 101 Menschen. Offiziell nahm man zunächst an, französische Flieger hätten die Stadt angegriffen, aber auf dem Fliegerhorst Landsberg ahnte man sofort die Wahrheit; die Unglückskette war eine Stunde vor den anderen Maschinen der Staffel zurückgekehrt und konnte deshalb unmöglich über dem Ausweichziel gewesen sein.

Am gleichen Abend erfuhr Göring den Sachverhalt. Es ist anzunehmen, daß der Oberbefehlshaber der Luftwaffe sofort und uneingeschränkt dem Vorschlag von Propagandaminister Goebbels zustimmte, den Feinden vorzuwerfen, sie hätten damit den Terrorkrieg gegen Frauen und Kinder begonnen. So berichteten dann auch Zeitungen und Rundfunk. Am 11. Mai schrieb Goebbels in sein Tagebuch: »Wir sind noch nicht ganz schlüssig, ob wir daraus eine große Sache machen sollen. Wenn ja, dann müssen wir zu Gegenmaßnahmen schreiten. Und das will Göring noch nicht so recht.« Den Grund für dieses Zögern notierte der Minister drei Tage später: »Die Luftwaffe muß zuerst die Luftherrschaft über dem Westraum errungen haben.« Dann nämlich war nicht mehr zu befürchten, daß deutscher Luftterror als »Gegenmaßnahme« für Freiburg wiederum mit einer entsprechenden Gegenmaßnahme der Feinde beantwortet werden könnte.

Was in der Folge unter dem Stichwort »Freiburg« geschah, kann in einer Darstellung des Bomberkriegs nicht unerwähnt bleiben. Die Untersuchung von Bombensplittern und Blindgängern und die Befragung von Zeugen erbrachte den Beweis, daß die drei Maschinen aus Landsberg in der Tat das Unglück gestiftet hatten. Doch das mußte ein Staatsgeheimnis bleiben. Broschüren mit den Fotos der Kinderleichen wurden in vielen Sprachen gedruckt und mit dem Motto »Freiburgs Mütter klagen an!« verteilt. Goebbels prägte das eingängige Schlagwort vom »Kindermord in Freiburg«. Kurzerhand wurde den Engländern und Winston Churchill die Verantwortung zugeschoben. In allen Deutschen sollte mittels des

Freiburger Unglücks Haß und das Verlangen nach Rache geweckt werden.

Doch als der offenbar uninformierte Staatssekretär im Auswärtigen Amt Ernst von Weizsäcker (der Vater des derzeitigen Bundespräsidenten) anfragte, ob der Militärattaché der Berliner US-Botschaft als Vertreter einer – damals noch – neutralen Macht die Vorgänge in Freiburg untersuchen dürfe, wurde die Genehmigung aus »militärischen« Gründen verweigert, obwohl die Botschaft eine Stellungnahme im Sinn des Rooseveltschen Aufrufs zur Schonung der Zivilbevölkerung angeboten hatte. Da andererseits die Alliierten ein reines Gewissen hatten, behaupteten sie, Hitler habe wieder einmal in bewährter Manier Regie geführt und selber befohlen, die Bomben zu werfen, um sich ein Alibi für Terrorangriffe auf die Städte seiner Feinde zu beschaffen. Diese Version hielt sich auch unter den Deutschen bis in die siebziger Jahre hinein, zumal nach 1945 sogar die badische Landesregierung eine entsprechende Erklärung herausgab. Erst sehr viel später glückte der Nachweis, daß die Ursache des Unglücks das menschliche Versagen eines Leutnants der Luftwaffe war.

Daß Goebbels die Schuld Churchill zuschob, war ein Taschenspielertrick. Der konservative Unterhausabgeordnete war, ausgelöst durch den deutschen Angriff im Westen, an jenem schicksalsschweren 10. Mai 1940 vom König zum Premierminister ernannt worden, nachdem sein Vorgänger, Neville Chamberlain, unter dem Vorwurf, er habe keine Vorsorge gegen Hitlers Überfall auf die Neutralen Holland, Belgien und Luxemburg getroffen, zurückgetreten war. Von dem temperamentvollen Hitlergegner Churchill erhofften sich die Briten einen energischeren Krieg gegen die Nazis; er sollte ohne die Skrupel geführt werden, die den bejahrten Vorgänger geplagt hatten. Schon am folgenden Tag nutzte der neue Premierminister das deutsche Rachegeschrei wegen Freiburg zu der Erklärung, nun »sehe sich die Regierung ... gezwungen, öffentlich festzustellen, daß sie sich berechtigt hält zu jeder angemessenen Aktion, falls der Feind die Zivilbevölkerung in verbündeten Ländern mit Bomben angreift«. Zum Zeichen, daß diese

Drohung ernst gemeint war, forderte Churchill von seinen Ministerkollegen die Zustimmung zum ersten großen Luftangriff auf das Ruhrgebiet. Er bekam sie jedoch nicht. Er mußte sich damit begnügen, daß der Chef des Bomberkommandos der RAF, Charles F. A. Portal, einige Maschinen nach Mönchengladbach schickte. Ihre Bomben zerstörten im Stadtzentrum etliche Häuser und töteten drei Menschen. Das war nicht der Terror, mit dem man die Deutschen weichklopfen wollte. Zudem traf der Angriff ein Ziel, das im Aufmarschbereich der hitlerschen Armeen gegen Frankreich lag.

Einen neuen Anlaß, Terror mit Terror zu beantworten, lieferten die Deutschen gleich in den nächsten Tagen. Er schien die rabiatesten Maßnahmen zu rechtfertigen. Bei dem Überfall auf Holland waren deutsche Fallschirmjäger in Rotterdam gelandet. Sie hielten dort einen Stadtteil und einige für den Vormarsch wichtige Brükken gegen heftige Gegenwehr niederländischer Infanterie und warteten auf den Entsatz durch die Truppen des XXXIX. deutschen Armeekorps. Als sie fürchteten, die Stellung nicht mehr halten zu können, forderten sie Unterstützung durch Bomber an. Das war am 14. Mai 1940. Der spätere Feldmarschall Albert Kesselring setzte eine starke Formation aus Maschinen vom Typ He 111 ein. Als sie sich am Nachmittag im Anflug auf Rotterdam befanden, hatte sich ihr Eingreifen bereits erübrigt. Deutsche und Niederländer verhandelten inzwischen über eine Kapitulation der holländischen Soldaten. Doch diese Nachricht und der Rückruf erreichten die Bomber nicht mehr; sie hatten kurz vor dem Angriff ihre Schleppantennen eingezogen, als ein Funkspruch sie stoppen sollte. Beim Anflug der Maschinen schossen die Fallschirmjäger rote Leuchtkugeln; die Bomberbesatzungen sollten erkennen, daß ihre Hilfe unnötig geworden war. Doch nur wenige der Angreifer sahen die Zeichen. Nahezu sechzig Maschinen luden ihre Bombenlast über der Stadt ab.

Churchill nutzte das Geschehen, um der Welt zu zeigen, daß die Hunnen wieder einmal die Erde verheerten. Englische Zeitungen meldeten, daß man in Rotterdam 30 000 Tote gezählt habe. Viele

Jahre später, als der Zweite Weltkrieg nur noch eine böse Erinnerung war und ein Dritter, noch schrecklicherer befürchtet wurde, erfuhr man die wirkliche Zahl der Opfer. Es waren 900. Gewiß war schon ein Toter zuviel, aber der Unsinn des Krieges läßt sich nicht dadurch beweisen, daß man aus Propagandagründen die Zahl der Opfer vervielfacht. Ferner verloren in der Stadt 80 000 Menschen ihre Wohnung. Das Trümmerfeld wurde noch lange nach Kriegsende bei Stadtrundfahrten als Schreckensort gezeigt. Dabei vergaßen die Fremdenführer zu erwähnen, daß Rotterdam zwischen Mai 1940 und Frühjahr 1945 auch noch von den Alliierten als Feindesland behandelt und bombardiert worden war.

Im Nürnberger Prozeß gegen die Hauptkriegsverbrecher prüfte das Gericht, wieweit dem Angeklagten Göring als Oberbefehlshaber der Luftwaffe die Bombardierung Rotterdams als ein Verstoß gegen das Völkerrecht und damit als ein Verbrechen gegen die Menschlichkeit nachzuweisen war. Als Zeuge wurde deshalb am 12. und 13. März 1946 der Feldmarschall Albert Kesselring vernommen; er hatte damals die Luftflotte 2 kommandiert. Der »stellvertretende Hauptankläger für das Vereinigte Königreich«, der Engländer Sir David Maxwell-Fyfe, nahm Kesselring ins Kreuzverhör. Dabei sagte der Zeuge, das umkämpfte Gebiet »war nur ein kleiner Teil im Herzen Rotterdams«. Der Ankläger fragte: »War nicht Ihr Ziel, bei diesem Angriff durch Terrorisierung der Bevölkerung Rotterdams einen strategischen Vorteil zu erlangen?« Kesselring verneinte dies »aus reinstem Gewissen«; es sei ausschließlich um die Hilfe für die bedrängten Fallschirmjäger gegangen. Der Ankläger bestand jedoch darauf, daß die Bomben geworfen worden seien, um »die Holländer durch Terror zur Kapitulation zu zwingen«.

Das Gericht folgte der Anklage in diesem Punkt nicht. Wegen Rotterdam wurde niemand bestraft. Doch der Jurist Sir Maxwell-Fyfe war überzeugt, daß solcher Terror völkerrechtswidrig und damit ein Verbrechen gegen die Menschlichkeit sei, das von den Nürnberger Richtern mit einem Todesurteil gesühnt werden müßte. Er hätte dann aber auch den britischen Luftmarschall Arthur T.

Harris anklagen müssen, der am 22. Januar 1942 Oberbefehlshaber des Bomberkommandos der RAF wurde und dabei seinem Premierminister Winston Churchill versprach, er werde die Städte der Deutschen so gründlich zerbomben, daß sie kapitulieren und um Gnade bitten müßten. Es blieb Sir Maxwell-Fyfe erspart, dieser peinlichen Pflicht zu genügen, weil für den Nürnberger Gerichtshof aufgrund eines selbstentworfenen Statuts alliiertes Tun und Lassen tabu sein mußte und weil er nach seinem ersten Urteil auseinanderging und nie wieder zusammentrat.

Churchill jedoch bekam mit dem Argument »Rotterdam« im Sommer 1940 das Ja-Wort seiner Ministerkollegen für nächtliche Angriffe auf das Ruhrgebiet. Die bisher illegal genutzte Route über das Territorium neutraler Staaten war nun legal geworden; sie führte neuerdings über vom Feind besetzte Gebiete. Verglichen mit dem, was später zur Regel wurde, waren diese Luftangriffe wenig mehr als Nadelstiche, aber wer dabei Hab und Gut verlor oder gar zum Krüppel wurde, konnte sich nicht damit trösten.

Daß Frankreich in jenen Wochen um die Existenz kämpfte, hinderte das britische Bomberkommando nicht an nächtlichen Einsätzen über dem Häusermeer des westdeutschen Industriegebiets. Von der Front in Frankreich wurden die besten englischen Maschinen und Besatzungen in dem Maß abgezogen, in dem das deutsche Heer an Boden gewann; nur ein dummer Kaufmann versucht, ein bankrottes Unternehmen durch weitere Investitionen zu retten. Ärgerlich an den nächtlichen Flügen war für die Briten nur, daß es ihren Piloten und Bombenschützen über dem verdunkelten Feindesland schwerfiel, lohnendere Ziele zu finden. Doch das würde sich – so hoffte man in London – in absehbarer Zeit ändern. Viermotorige Bomber waren in der Entwicklung, und demnächst sollten die Besatzungen Geräte bekommen, die ihnen den Weg und die Ziele auch in der Nacht zeigten.

Währenddessen geriet die Army in höchste Bedrohung. Sie mußte, von deutschen Panzern bedrängt, an die Küste zurückweichen und sah sich schließlich, vom Gros des französischen Heeres getrennt, auf die Strände zwischen Calais, Dünkirchen und Ostende zurückgeworfen. Bei guter Sicht konnten die Soldaten auf der anderen Seite des Kanals die Steilküste des Heimatlandes sehen. Dort, in Dover, saßen die Generale und Admirale, denen die Rettung der halben Million Männer oblag. Diese Streitmacht war so gut wie alles, was Großbritannien seinerzeit infanteristisch auf die Beine bringen konnte. Hätten die deutschen Panzerverbände weiterhin ebenso stürmisch wie zuvor angegriffen, dann hätte vielleicht auch Englands Armee im Wehrmachtsbericht den in jenen Jahren der Kesselschlachten üblichen Nachruf bekommen: »Auf engstem Raum zusammengedrängt, geht sie ihrer völligen Vernichtung entgegen.«

Gerettet wurde die Army durch jenen vieldiskutierten Telefonanruf, mit dem Hitler am 24. Mai 1940 um die Mittagsstunde den weiteren Vormarsch seiner Panzer stoppte. Er kann dafür verschiedene Gründe gehabt haben. So etwa Görings Versprechen, er werde die Engländer an der Küste durch seine Luftwaffe vernichten lassen. Als dann am 26. Mai die englischen Truppen allenthalben ihre Stellungen im flandrischen Flachland räumten und sich reichlich überstürzt auf Dünkirchen zurückzogen, in der Hoffnung, dort Schiffe zur rettenden Überfahrt vorzufinden, waren jedoch die deutschen Bomberverbände nicht zu massierten Angriffen bereit. Sie waren noch hinreichend damit beschäftigt, neue frontnahe Flugplätze zu beziehen. Als am späten Nachmittag die britische Admiralität den Befehl zum Anlaufen der Rettungsaktion (Operation »Dynamo«) gab, konnte das Einschiffen ziemlich ungestört beginnen.

Am nächsten Tag waren jedoch die deutschen Flugzeuge da. Weil sie die meisten Kais von Dünkirchen zerbombten, mußte die Einschiffung nach Osten verlegt werden, an den flachen Sandstrand nahe der belgischen Grenze. Die Admirale aus Dover schickten alles, was Menschen über das Wasser tragen kann, zum Festland, auch private Segelboote und Motoryachten. Die Soldaten waren wehrlos den Bomben und Bordwaffen deutscher Flugzeuge preisgegeben, doch deren bevorzugte Ziele waren die größeren Schiffe. Zerstörer und Frachter sanken oder brannten am

Strand. Es sah schlecht aus für die »Tommys«. Doch am 28. Mai hingen die Wolken tief über den Küsten, und am folgenden Tag regnete es in Strömen. Das war kein Fliegerwetter, und während 36 Stunden fiel keine einzige Bombe. Danach war das Wetter wechselhaft; nur noch an drei weiteren Tagen waren größere Luftangriffe möglich. Göring konnte sein großspuriges Versprechen nicht halten; 338 000 britischen und französischen Soldaten gelang der Rückzug über den Kanal. Ihre Ausrüstung, alle Fahrzeuge, die schweren Waffen und vielfach auch ihre Handwaffen ließen sie am Strand zurück. Hätte jetzt eine intakte deutsche Armee nach England übersetzen können, so wäre sie nur auf schwachen Widerstand gestoßen.

Einem solchen Unternehmen konnte Hitler zwar einen Namen geben (Deckwort: »Seelöwe«), aber er mußte zunächst einmal den Feldzug in Frankreich siegreich beenden. Am 22. Juni war es soweit; nun erst hätte er seine nur wenig geschwächten Verbände gegen England einsetzen können – wenn er es je gewollt hat. Daran darf gezweifelt werden. Seine Drohung war vielleicht nur ein Bluff. Nicht nur, weil seine Flotte darauf kaum vorbereitet war. Auch die Luftwaffe war nicht dafür ausgerüstet; sie hatte keine schweren Bomber, nicht einmal als Prototyp, und die Jagdflugzeuge mußten, falls sie als Begleitschutz eingesetzt wurden, spätestens über London umkehren, wenn ihnen auf dem Rückflug nicht der Treibstoff ausgehen sollte. Im Grunde wollte Hitler gar keinen Krieg gegen die Engländer führen; er bewunderte sie und hätte sie gern als Bundesgenossen bei seinem schon immer geplanten Angriff auf die Sowjetunion gehabt.

Diese Hoffnung minderte Churchill, als er am 18. Juni im Unterhaus verkündete: »Hitler weiß sehr wohl, daß er uns auf dieser Insel niederwerfen muß oder den Krieg verlieren wird... Wenn wir diesen Angriff abschlagen können, so kann ganz Europa befreit werden.« Einen Monat später sagte Hitler auf einer theatralisch inszenierten Siegesfeier in Berlin zu den Abgeordneten des Reichstags, er fühle sich »verpflichtet« vor seinem Gewissen, »noch einmal einen Appell an die Vernunft auch in England zu richten... Ich sehe keinen Grund, der zur Fortführung dieses Kampfes zwingen könnte«. Er sagte aber auch: »Mister Churchill hat soeben wieder erklärt, daß er den Krieg will. Er hat nun vor etwa sechs Wochen mit dem Krieg in dem Raum begonnen, in dem er anscheinend glaubt, wohl besonders stark zu sein, nämlich den Luftkrieg gegen die Zivilbevölkerung, allerdings unter dem vorgeschobenen Motto gegen sogenannte kriegswichtige Einrichtungen. Dies sind seit Freiburg offene Städte, Marktflecken und Bauerndörfer, Wohnhäuser und Lazarette, Schulen, Kindergärten und was sonst alles getroffen wird. Ich habe bisher darauf kaum antworten lassen. Aber das soll nun nicht bedeuten, daß dies die einzige Antwort ist oder bleiben wird.«

Wäre Hitler nicht ein so perfekter Lügner gewesen, so hätte seine Zunge bei der Erwähnung Freiburgs stolpern müssen. Wieder einmal benutzte er die von deutschen Bomben getöteten Kinder, um bei seinen Zuhörern – und das waren praktisch alle Deutschen, weil sämtliche Rundfunksender diese Rede übertrugen und weil die Partei für alle Betriebe Gemeinschaftsempfang angeordnet hatte – jene Aggressionen auszulösen, die den Feind das Fürchten lehren und ihn zum Aufgeben veranlassen sollten. Dessen Situation war schlimm genug. Er mußte sich gegen die deutschen U-Boote wehren, die in dem Seegebiet um England jedes Schiff ohne Warnung torpedierten, das ihnen vor das Sehrohr kam. Die Home Fleet mit ihren Schlachtschiffen, Flugzeugträgern und Kreuzern war zu kostbar, um sie bei der Jagd auf U-Boote aufs Spiel zu setzen. Mit mehr Flugzeugen, so behaupteten die Admirale, könnten sie der heimtückischen Gefahr unter der Meeresoberfläche Herr werden. Doch an Flugzeugen fehlte es überall. Das Jäger-Kommando war durch den Einsatz in Frankreich angeschlagen und hatte in den Luftkämpfen über Dünkirchen abermals Federn lassen müssen; nun sollte es die zu erwartende Luftoffensive des Feindes stoppen. Dazu mußten die Verluste ersetzt und neue Jagdverbände aufgestellt werden.

Mit Verteidigung allein war jedoch der Krieg nicht zu gewinnen. Die einzige Waffe, mit der England zur Zeit den Feind angreifen konnte, waren die Bomber. Obgleich man sie losschickte, wann immer die Umstände es erlaubten, blieben die Ergebnisse unbedeutend. Als ihrem Oberbefehlshaber Sir Charles Portal im Sommer 1940 befohlen wurde, er möge zur Verminderung der Gefahr für die Heimat bevorzugt deutsche Flugzeugfabriken zerstören, mußte er darauf aufmerksam machen, daß man mit solchen Zielen nur Treibstoff, Flugzeuge und Besatzungen vergeude. Diese Fabriken, so erklärte er, seien mit Nachtangriffen schwer zu treffen, weil sie einsam in dünn besiedelten Gebieten lägen. Es sei viel ergiebiger, Bahnhöfe im Ruhrgebiet zu zerstören. Er hatte recht: Da diese normalerweise mitten in den Städten liegen, brauchte Sir Portal nicht zu befürchten, daß seine Bomber nur Äcker umpflügten. Flugzeugfabriken gab es dort freilich nicht, aber Wohnhäuser.

Deutschlands oberster Kriegsherr nahm diese Angriffe – siehe oben – eher beiläufig zur Kenntnis. Noch spekulierte er mit der Operation »Seelöwe«, der Landung auf der britischen Insel. Doch ehe sie stattfinden konnte, mußte wenigstens die Luftherrschaft über dem Kanal und über Südengland gewonnen werden. Mehr als 2000 Flugzeuge warteten in Holland, Belgien, Frankreich, Norwegen und im Westen des Reiches auf den Startbefehl, die Jäger, wegen ihrer begrenzten Reichweite und weil die Bomber ohne Begleitschutz verloren waren, in Küstennähe.

Zahlenmäßig waren die Kräfte ungleich. Zwar standen jeder Seite mehr als 700 Jagdmaschinen zur Verfügung, aber die Deutschen konnten fast tausend mittelschwere Bomber in die Schlacht schicken, dazu über 300 Sturzkampfmaschinen und 360 Zerstörer, indessen die 471 Bomber der RAF in diesem Kampf nur eine untergeordnete Rolle spielten. Die Briten hatten jedoch den Vorteil, daß sie über dem eigenen Land kämpfen konnten, so daß sie bei Notlandungen und Fallschirmabsprüngen nicht in Gefangenschaft gerieten und nicht schon bei einem langen Anflug einen Teil ihres Treibstoffs verbrauchen mußten. Außerdem nutzten sie besser als die Deutschen eine Erfindung, die auf beiden Seiten etwa zur gleichen Zeit gemacht, dann aber unterschiedlich weiterentwickelt worden war: Radar, auch Funkmeßtechnik genannt.

An der Kanalküste diente auf deutscher Seite das Freya-Gerät, um britische Geleitzüge zu entdecken, die sich an der englischen Küste entlangschlichen. Sie konnten nun mit Schnellbooten und Flugzeugen angegriffen werden. Ein zweites Gerät, »Würzburg« genannt, konnte feindliche Flugzeuge orten und genaue Meßdaten hinsichtlich deren Höhe und Flugrichtung liefern, auch dann, wenn sie sich in Wolken verbargen. Die Briten hatten ihre feindwärts gelegenen Küsten bereits mit einem Netz von Radarstationen überzogen. Deren Beobachtungen wurden in Zentralen gesammelt. Erst wenn sich über dem Festland deutsche Flugzeuge in größerer Zahl versammelten und Anstalten machten, über den Kanal zu kommen, mußten die englischen Jäger aufsteigen. Sie brauchten nicht, wie die deutschen Gegner, auf ihren Treibstoffvorrat zu achten. Gravierender war noch etwas anderes: Die deutsche Taktik war es bisher gewesen, unerwartet über feindlichen Flugplätzen zu erscheinen und dort viele Maschinen schon am Boden zu zerstören. Nun aber wurde der Feind so rechtzeitig alarmiert, daß seine Maschinen in der Luft und kampfbereit waren, ehe die Deutschen auftauchten.

»... dann gnade Gott England«

Am 14. August 1940, von Göring lauthals zum »Adlertag« proklamiert, sollte die »Luftschlacht über England« beginnen. Schon ihr Anfang war kläglich. Die Luftwaffe hatte aufgrund eines bis zum Norden reichenden Azorenhochs mit offenem Himmel und Sonnenschein gerechnet, aber der Tag begann mit Nebel über den Fliegerhorsten und einer dichten Wolkenschicht über der Kanalküste. Der Start der Geschwader mußte auf den Nachmittag verschoben werden, aber bevor dieser Befehl alle Einheiten erreichen konnte, war ein Geschwader schon im Anflug auf ein Ziel – ohne Jagdschutz, weil die Jäger am Boden geblieben waren. Mit Geschick und viel Glück kehrte das Geschwader zurück, aber etliche Maschinen wurden durch Jäger abgeschossen.

Während der folgenden Tage wechselte das Kriegsglück, aber insgesamt gerechnet waren die Deutschen erfolgreicher. Sie wollten die feindlichen Jagdstaffeln entweder am Boden oder in der Luft so dezimieren, daß mit dem Gewinn der Luftüberlegenheit ihre Bomberverbände ungefährdet operieren konnten. Dazu kam es nur vorübergehend, und als die Engländer ihre Flugplätze weiter nach Norden verlegten, mußten die deutschen Bomber weite Strecken ungeschützt zurücklegen, weil die Jäger vorher durch Treibstoffmangel zur Umkehr gezwungen waren.

Der 15. August wurde zum ersten Großkampftag. Von deutscher Seite flogen an diesem Tag 1786 Maschinen gegen »Engelland«, wie der Feind in einem kriegerischen Schlagerlied genannt wurde, das damals ständig aus den Rundfunkempfängern tönte. Ein Verband von Jagdbombern griff dabei offensichtlich aus Versehen den Londoner Flugplatz Croydon an und zerstörte Hallen und benachbarte Fabriken und Wohnhäuser. Die Schuldigen wurden von ihrem Obersten Kriegsherrn gemaßregelt; er hatte verboten, die Hauptstadt des Feindes anzugreifen. Am 31. Juli hatte er auf dem Obersalzberg seinem Generalstabschef und dem Oberbefehlshaber des Heeres mitgeteilt, daß er in Kürze die Sowjetunion angreifen werde; dabei rechnete er nicht gerade auf ein Bündnis, aber doch wenigstens auf ein Stillhalten von seiten der Briten. Dazu war jedoch niemand weniger bereit als Premierminister Churchill, obwohl das Verhältnis zu Moskau nicht zuletzt wegen der westlichen Interventionsarmeen, die zu Beginn der bolschewistischen Ära auf der Seite der Konterrevolutionäre gegen Lenin und Trotzki gekämpft hatten, nach wie vor schlecht war.

»Den Feind Tag und Nacht beharken, bis seine Nerven zusammenbrechen«, hatte Göring seine Luftwaffe angewiesen. Er und seine Marschälle waren offene Anhänger von Douhets simplem Siegesrezept. Waren erst einmal die Flugplätze der RAF-Jäger hinreichend dezimiert, dann würden die Städte so lange zertrümmert, bis die derart geschundenen Einwohner ihre Regierung zwängen, ein Diktat des Feindes zu unterschreiben. Dann könnte die Luftwaffe sich doppelt freuen: über den Sieg und daß sie ihn allein errungen hatte. Heer und Marine brauchten dann nur mehr die Besatzungstruppen zu stellen. Allerdings war es noch immer nicht gelungen, die britische Jagdwaffe auszuschalten. Seit dem »Adlertag« hatten beide Seiten schwere Verluste hinnehmen müssen. Die eigenen wurden heruntergespielt, die feindlichen multipliziert. Einmal mußte sich Göring von Hitler fragen lassen, ob seine Luftwaffe nicht schon mehr englische Flugzeuge vernichtet hätte, als die RAF je besessen habe. Auf beiden Seiten begann man zu erwägen, wie viele Ausfälle man noch in Kauf nehmen könne, ohne die Substanz der fliegenden Streitmacht zu gefährden. Dabei ließen sich die Maschinen zur Not immer ersetzen, aber die Piloten und Besatzungen konnten nicht schnell genug ausgebildet werden.

Bei den Engländern flogen schon Freiwillige anderer Nationalitäten mit: Polen, Franzosen, Amerikaner sowie Angehörige der Dominion-Streitkräfte. Bei den Deutschen stritt man sich, wer die Schuld daran trage, daß die von Göring nur auf ein paar Tage veranschlagte Luftschlacht noch immer unvermindert weiterging, soweit das Wetter es erlaubte. Die Jagdflieger wurden beschuldigt, sich um die Zweikämpfe mit den »Spitfires« und »Hurricanes« zu drücken. Doch die britischen Jäger waren angewiesen, die Bomber anzugreifen und die deutschen Jäger zu meiden. Die deutsche Bedrohung könne nur durch Jäger abgewehrt werden. Darum seien sie zu wertvoll für mörderische Zweikämpfe mit ihresgleichen. Die deutschen Bomber fühlten sich unterdessen nicht hinreichend geschützt.

Weil in der Nacht ohne Jagdschutz geflogen werden konnte, schlug Göring seinem Führer vor, eine Luftflotte in der Dunkelheit gegen Liverpool, eine zweite gegen Manchester einzusetzen, doch bekam er dazu vorerst keine Erlaubnis. Wenn sich Hitler gegen solche lohnenden Ziele sperrte, so hatte er dafür gewiß keine humanitären Gründe. Ein halbwegs intaktes Britisches Reich konnte er in seinen Weltherrschaftsplänen durchaus brauchen. War erst die Sowjetunion besiegt und der europäische Osten von Deutschland beherrscht, so spekulierte er, dann würde England mangels eines Alliierten auf dem Festland genötigt sein, sich mit Deutschland gegen jene Macht zu verbünden, die nur darauf wartete, das Empire zu beerben: die USA. Doch die Zeit drängte. Göring bekam deshalb schließlich die Erlaubnis, nächtliche Störangriffe über ganz England zu fliegen, wobei Bomben auf wichtige Ziele geworfen werden konnten und außerdem durch Luftalarm in weiten Gebieten die Kriegsproduktion gestört werden würde.

Als am späten Abend des 24. August 1940 170 Bomber über den Ärmelkanal geschickt wurden, kam es – wie zu erwarten war – zu

Fehlwürfen. In etlichen Londoner Vororten gingen Wohnhäuser in Flammen auf. In Liverpool, wo ebenfalls Bomben fielen, mußte die Zivilbevölkerung Tote und Verletzte beklagen. Dagegen hatten die Deutschen im Ruhrgebiet während der letzten Wochen ziemlich ruhig schlafen können; die RAF war anderweitig beschäftigt. Einer der bekanntesten Jagdflieger der RAF, Peter Townsend (nach dem Krieg längere Zeit ständiger Begleiter der englischen Prinzessin Margaret) schrieb in seinem Buch über die Luftschlacht: »Göring übersteigerte sich mit seinen Forderungen nach Repressalien für ein paar englische Bomben, die im Ruhrgebiet auf Wohnviertel gefallen waren.« Der Schreiber berücksichtigte dabei nicht, daß diese Bomben nicht nur schmerzlich waren für alle Geschädigten, sondern auch die Ehre jenes ehemaligen Fliegerhauptmanns des Ersten Weltkrieges angekratzt hatten, der nun Oberbefehlshaber der Luftwaffe war und den eigens für ihn erfundenen Rang eines Reichsmarschalls trug. Hermann Göring hatte vor Jahr und Tag in einer Versammlung im Ruhrgebiet erklärt, wenn je eine feindliche Bombe auf deutsches Land falle, dann wolle er Meier heißen. Hinter vorgehaltener Hand wurde er nun so genannt.

Churchill sorgte dafür, daß die Deutschen sich an Görings Versprechen immer wieder erinnern mußten. »Von den Bombern allein«, postulierte er, »hängt der Sieg ab. Wir müssen diese Waffe so weit verstärken, daß sie eine dauernd zu steigernde Menge von Bomben nach Deutschland tragen kann.« Als Vergeltung für die Angriffe vom 24. August schickte die RAF in der folgenden Nacht 81 Bomber nach Deutschland. Sie sollten Berlin angreifen und auch sonst mit ihren Bomben da und dort für Unruhe und Zerstörung sorgen. Sie kamen auch in den folgenden Nächten, zwar vereinzelt nur, aber die Berliner wurden in der letzten Augustwoche von den Sirenen über acht Stunden in die Keller verbannt.

In England wußte man, daß man damit begonnen hatte, an einer Schraube mit vielen Windungen zu drehen. Man tröstete sich mit Sir Hugh Trenchards Rezept. Er pflegte pessimistische Befürchtungen mit der Frage zu beantworten, wie viele Tauben in London herumflögen. Wurde ihm eine Zahl genannt, zumeist eine fünf- oder gar sechsstellige, dann wies er darauf hin, daß diese Vögel ständig etwas abwürfen, daß es aber noch keiner gelungen sei, ihn zu treffen. Hitler reagierte weniger geringschätzig. Einen weiteren Angriff auf Berlin kommentierte das Oberkommando der Wehrmacht folgendermaßen: »In der Nacht zum 29. August haben englische Kampfflugzeuge zum ersten Mal Großberlin angegriffen. Es wurden 8 Sprengbomben und zahlreiche Brandbomben abgeworfen, hauptsächlich auf Wohnviertel am Görlitzer Bahnhof, wobei 8 Zivilpersonen getötet, 21 schwer und 7 leicht verletzt wurden. Infolge des Luftangriffs auf Berlin entschließt sich der Führer zur sofortigen Rückkehr nach Berlin.« Er hatte sich bis dahin urlaubend auf seinem Berghof über Berchtesgaden aufgehalten.

War der Krieg der Bomber bisher nur ein gelegentlich stattfindender Kampf in einer Nebenarena gewesen, so rückte er nun fast unmerklich, aber stetig in den Rang einer neuen Front auf. Eine verhältnismäßig kurze Passage in einer Hitlerrede ließ dies erkennen. Gehalten wurde sie am 4. September 1940 im Berliner Sportpalast aus Anlaß der Eröffnung des alljährlich um diese Zeit beginnenden Winterhilfswerks, aber die soziale Komponente nahm in dieser Rede weniger Raum ein als sonst. Nachdem er endlos die militärischen Erfolge im nunmehr einjährigen Kriegsgeschehen aufgezählt und sie benutzt hatte, die Gegner und vor allem Winston Churchill zu verhöhnen, kam er auf die Luftangriffe zu sprechen. Er lobte zunächst die Deutschen ob ihrer Disziplin, die sie bisher gezeigt hätten, als ihnen »Herr Churchill seine Erfindung der Nachtangriffe vorführte«, und fuhr dann fort: »Während die deutschen Flieger, die deutschen Flugzeuge Tag für Tag über englischem Boden sind, kommt kein Engländer bei Tageslicht überhaupt kaum über die Nordseeküste herüber. Darum kommen sie in der Nacht und werfen ihre Bomben wahllos und planlos auf zivile Wohnviertel und Bauernhöfe und Dörfer. Wo sie irgendein Licht erblicken, wird eine Bombe darauf geworfen. Ich habe drei Monate lang das nicht beantworten lassen in der Meinung, sie würden diesen Unfug einstellen. Herr Churchill sah darin ein Zeichen unserer Schwäche. Sie werden es verstehen, daß wir jetzt Nacht für Nacht die Antwort geben, und zwar in steigendem Maße. Und wenn die britische Luftwaffe zwei- oder drei- oder viertausend Kilogramm Bomben wirft, dann werfen wir jetzt in einer Nacht 150 000, 180 000, 230 000, 300 000, 400 000, eine Million Kilogramm. Wenn sie erklären, sie werden unsere Städte in großem Maß angreifen – wir werden ihre Städte ausradieren!«

Auch für die englische Bevölkerung wurde der Krieg in jenen Wochen zu einer lebensgefährlichen Angelegenheit. Die Luftschlacht über der Insel, »The Battle of Britain«, hatte allein im August über tausend Zivilisten das Leben gekostet; etwa zur Hälfte waren es Frauen und Kinder. Von den Piloten an den Steuerknüppeln der Jagdflugzeuge starben in der gleichen Zeit 300. Ihr Verlust wog insofern schwerer, als diese »Facharbeiter des Krieges« schlecht zu ersetzen waren. Das alles war jedoch erst der Vorbote künftiger Heimsuchungen, für die Engländer und noch sehr viel mehr für die Deutschen.

Schon für die Nacht zum 6. September gab Hitler den Stadtbereich London als Ziel frei, mit Ausnahme der Wohnviertel. Ein starker Verband flog die Themse aufwärts und warf 60 Tonnen Bomben auf Hafenanlagen. Ihm folgten am späten Nachmittag und am nächsten Tag über 600 Bomber und beinahe 650 Jäger, also weit über tausend Maschinen. Sie luden 500 Tonnen Bomben ab, wiederum im Hafenbereich. Luftwaffenchef Göring hatte am anderen Ufer des Kanals, am Kap Gris Nez zwischen Boulogne und Calais, seinen Salonzug stationiert, der ihm als rollendes Hauptquartier diente. Er konnte die riesigen Rauchwolken sehen, die von den brennenden Öltanks im Londoner Hafen hochstiegen. Er rief seine Frau, die ehemalige Schauspielerin Emmy Sonnemann, an und frohlockte: »London brennt!« Die »gute« Nachricht machte in Berlin schnell die Runde. Reichsaußenminister Joachim von Ribbentrop versicherte seinem italienischen Kollegen, dem Grafen Galeazzo Ciano: »London ist ein Trümmerhaufen.« In den folgenden Nächten wies der Feuerschein am Himmel den Bombern den Weg. Es waren wiederum Hunderte, deren Bombenlast etwa tausend Londoner zum Opfer fielen.

Das Oberkommando der Wehrmacht vermerkte im Kriegstagebuch unter dem 7. September: »In den beiden letzten Nächten wurden die Dockanlagen in London angegriffen. Heute nachmittag und in der kommenden Nacht Angriff auf Ost- und Westteil von London beabsichtigt. Japanischer Luft-Attaché in London hat seiner Regierung über gute Wirkung der deutschen Luftangriffe berichtet.« Unter dem gleichen Datum liest man dann: »In der vergangenen Nacht wieder starker Luftangriff auf Berlin ... Japanischer Luft-Attaché Berlin hat geringe Wirkung der englischen Luftangriffe gemeldet.«

Das Kriegstagebuch läßt erkennen, wie im September 1940 der Krieg der Bomber von Tag zu Tag intensiver wurde. Zwar konnten die Berliner in der Nacht zum 9. September ohne Alarm durchschlafen, aber erklärend heißt es im Kriegstagebuch: »Wegen schlechten Wetters nicht durchgekommen«, und eine englische Quelle besagt, daß in dieser Nacht 58 britische Bomber über dem Reichsgebiet waren und vorwiegend Hamburg angegriffen hätten. In einer der folgenden Nächte mußte die Reichshauptstadt Schäden im Regierungsviertel hinnehmen und vier Verletzte ins Krankenhaus einliefern. Die Londoner waren schlimmer dran. Sie hatten acht Stunden Luftalarm und mußten am Tag fieberhaft arbeiten, um die Versorgung mit Wasser, Strom und Gas wieder halbwegs in Ordnung zu bringen und die Trümmer aufzuräumen, die durch insgesamt 1200 Tonnen Sprengbomben und 1500 Bombenschüttkästen voller Brandbomben entstanden waren. In Erwartung baldiger Vergeltung erhielt Berlin in jenen Tagen eine Verstärkung der Luftabwehr; zehn schwere und 14 leichte Flakbatterien sowie elf Scheinwerferbatterien bezogen zusätzlich Stellungen.

Der eigentliche Anlaß zu diesem Bombenregen war das Unternehmen »Seelöwe« gewesen; aber wenngleich bereits einige tausend Flugzeuge zerstört, Flugplätze bombardiert, Fabriken und Wohnhäuser zertrümmert und Menschen getötet worden waren, hing Hitlers Vorhaben nach wie vor nur als Damoklesschwert über den Engländern und sahen die maßgebenden Deutschen noch immer keine Chance, mit der Invasion zu beginnen. Die Marine bemängelte die Leistungen der Luftwaffe, das Heer beäugte mißtrauisch die an der Küste in Massen versammelten Wasserfahrzeuge unterschiedlichster Art, und bei der Luftwaffe stritt man sich über die einzuschlagende Taktik. General Hans Jeschonnek, Görings Stabschef, schimpfte, weil man bisher die Wohnviertel geschont hatte. Er vermißte eine Massenpanik in der Hauptstadt. Die angerichteten Schäden genügten ihm bei weitem nicht.

Churchill war es andererseits willkommen, daß die Luftwaffe sich so stark mit London beschäftigte. Er wertete diese Angriffe als eine »Atempause, die wir dringend nötig hatten«. Wären die deutschen Bomber weiterhin gegen die Flugplätze des Jäger-Kommandos eingesetzt worden, wäre die Lage bald kritisch geworden. Die Jägerwaffe war ramponiert und verbraucht; es fehlten ihr Flugzeuge und vor allem Piloten. Bei weiterer Abnutzung hätten die Deutschen die Luftüberlegenheit und am Ende sogar die Luftherrschaft gewinnen können. Die Leidtragenden dieser Entwicklung waren nun die Menschen in den Städten geworden. Die Chancen für eine Invasion sanken indessen von Tag zu Tag. Die See wurde herbstlich rauh, der Himmel bezog sich. Die Schiffe und Kähne in den Häfen der Kanalküste, der Nordsee und des Atlantiks wurden abgezogen, gleichzeitig verschwanden Zug um Zug die Divisionen des Heeres. Sie wurden ostwärts verlagert, nach Ostpreußen und in die besetzten polnischen Gebiete. Englands Bomber wurden zur Abwehr der Invasion nicht mehr gebraucht. Sie waren nun frei für Ziele auf dem Festland.

Das Bomber-Kommando war längst dabei, sich für diese Aufgabe vorzubereiten. Schon am 8. Juli 1940 hatte Churchill seinem Minister für Flugzeugbau die Richtung gewiesen. »Die Hungerblockade ist unwirksam geworden« (im Gegensatz zum Ersten Weltkrieg), »aber es gibt etwas, was den Gegner zurückzutreiben und niederzuwerfen vermag: das ist ein alles vernichtender und alles ausrottender Luftkrieg mit ganz schweren Bombern von England aus gegen das Nazi-Heimatland. Wir müssen den Feind mit diesem Mittel niederschlagen. Ein anderes Mittel sehe ich nicht.«

Ob Hitler ein anderes Mittel wußte? Er glaubte, London falle ihm zu, wenn er erst in Moskau einmarschiert sei. Doch das Unternehmen »Barbarossa« – der Deckname für den Überfall auf die Sowjetunion – war erst im Stadium der Vorbereitung, und so wollte er die Zwischenphase kriegerischer Zurückhaltung nutzen, um die Engländer zu schwächen und seinen persönlichen Feind, den Premierminister, den »Whiskysäufer«, »Kriegshetzer«, »Plutokraten« und »Lügenlord« Winston Churchill zu demütigen. Nachdem es sich herausgestellt hatte, daß seine Luftwaffe nicht in der Lage war, Douhets strategischen Krieg gegen London wirksam zu führen (weil die deutschen Bomber sich als zu klein und zu verwundbar, die Jäger als zu schwach erwiesen), sollten die Briten wenigstens noch an Gut und Blut geschädigt werden. Zwischen dem 7. September und dem 3. November 1940 wurde London in 57 Nächten angegriffen. Dabei wurden weit über 10 000 Tonnen Bomben abgeworfen. 20 000 Menschen wurden obdachlos. Angefeuert durch eine tägliche Parolenausgabe im Propagandaministerium schilderte die deutsche Presse voller Genugtuung, wie sich die Bewohner der Millionenstadt an der Themse allabendlich in den Schächten der U-Bahn schlafen legten oder am Tag auf den Straßen in Schlangen an Hydranten um Wasser anstanden.

Rasch stellte sich heraus – was später auch in Deutschland zu beobachten war –, daß der Verlust von Heim und Habe die Menschen keineswegs verzagt und kapitulationsbereit stimmte, sondern eher kämpferisch und rachedurstig. So freuten sich die Briten, als ihnen Informationsminister Alfred Duff Cooper im Sommer 1940 mitteilte, das Bomber-Kommando der RAF habe Hamburg »pulverisiert« – wovon die Hamburger jedoch kaum etwas gemerkt hatten –, wie es umgekehrt die Deutschen freute, als sie aus einer Churchill-Rede Anfang Oktober erfuhren, ihre Luftwaffe habe allein in der britischen Hauptstadt bisher 8500 Menschen getötet und 13 000 verwundet.

Alles in allem waren Görings »Adler« auch im späten Herbst

noch aktiver und erfolgreicher als die britische Konkurrenz, gemessen am jeweils angerichteten Schaden. Die RAF erschien über dem Ruhrgebiet mangels stärkerer Kräfte meist in schwachen Verbänden, aber sie wurde nun doch zunehmend tätig. So kreuzten im Oktober in vier Nächten mit günstiger Witterung insgesamt 541 Maschinen über Deutschland. Sie streuten fast tausend Sprengbomben und ebenso viele Brandbomben wahllos in die Gegend. Störend war allein schon ihre Anwesenheit. In den Rüstungsbetrieben unterbrach der Fliegeralarm die Nachtschichten, die Einwohner von Münster verbrachten im September 65 Stunden, die Berliner 40 Stunden im Keller. Das war gewiß ärgerlich, aber geradezu eine böswillige Provokation war es, daß ausgerechnet in der Nacht zum 9. November, dem Gedenktag an den mißglückten Putsch des Jahres 1923, der eine Art Karfreitag für die NSDAP darstellte und dem Hitler mit einer großen Rede vor seinen alten Mitkämpfern die richtige »Weihe« zu geben pflegte, etliche Bomber aus England über München erschienen und eine geringe Anzahl Spreng- und Brandbomben über die »Hauptstadt der Bewegung« verstreuten. Sechs Menschen wurden verletzt.

In seiner Rede im Münchner Löwenbräukeller schmähte Hitler wieder einmal Churchill, der »in genialer Art... ausgerechnet mit der Waffe, mit der England uns gegenüber am allerschwächsten ist«, den Luftkrieg angefangen habe. Er, Hitler, habe jahrelang vorgeschlagen, »man sollte den Bomberkrieg einstellen, besonders gegen die Zivilbevölkerung«. England habe abgelehnt. Trotzdem habe er den Luftkrieg nie gegen die Städte und nie bei Nacht geführt. »Da fiel es Herrn Churchill plötzlich ein, nachdem bei Tag allerdings die britische Luftwaffe deutschen Boden überhaupt nicht überfliegen kann, mit Nachtangriffen die deutsche Bevölkerung heimzusuchen.« Drei Monate lang habe er, Hitler, mit unendlicher Geduld diesem »militärischen Unsinn« zugesehen und sich gedacht: »Der Mann ist wahnsinnig! Er führt einen Kampf ein, bei dem nur England vernichtet werden kann... Ich nehme jetzt diesen Kampf auf... Sie wollten Deutschland durch den Luftkrieg vernichten. Ich werde ihnen jetzt zeigen, wer vernichtet wird.«

Demonstrativ mußte die Luftwaffe eine englische Stadt zerstören. Sie mußte viel kleiner sein als die unübersehbare Hauptstadt, damit der Schaden nicht verborgen bleiben konnte. Wetterlage und Mond waren günstig für einen Großangriff. Ausgewählt wurde Coventry, das mit etwas über 200 000 Einwohnern gerade das richtige Maß hatte und durch Flugzeugfabriken und andere Rüstungsbetriebe sogar als kriegswichtig deklariert werden konnte. In der Nacht zum 15. November 1940 luden etwa 800 deutsche Maschinen mehr als tausend Tonnen Bomben über der Stadt ab. Weil dort Großbetriebe mitten in den Wohnvierteln der Arbeiter lagen, erübrigte sich genaues Zielen. Die Stadtverwaltung meldete 568 Tote; bei einem weiteren Angriff im folgenden Jahr gab es 474 Tote. Die Zerstörungen wurden von Goebbels als notwendige Vergeltung und als Sieg gefeiert. Drohend verhieß er, man werde noch mehr Städte »coventrieren«.

Tatsächlich wurden weitere Städte derart konzentriert angeflogen, so Birmingham, wo am 16. November 1940 nahezu 700 Menschen den Bomben zum Opfer fielen, zu denen im darauffolgenden April nochmals 410 Tote kamen. Doch solche Gewaltaktionen über England konnte die Luftwaffe nicht häufig wiederholen. Ihre Angriffe wurden mit immer geringeren Kräften geführt. Ganz hörten sie erst sehr viel später auf, aber sie wurden immer mehr zu nächtlichen Störflügen, bei denen nur wenige Bomben fielen. Die meisten deutschen Jäger und Bomber wurden nach Osten verlegt. Das britische Bomber Command konnte nun mit dem beginnen, was Churchill unter Vergeltung verstand.

Am niederländischen Monarchensitz s'Gravenhaage entstand 1907 die Haager Landkriegsordnung, die Kämpfer und Nichtkämpfer säuberlich zu trennen versuchte und festlegte, daß jemand als Kriegsverbrecher angeklagt werden konnte, wenn er gegen diese Ordnung verstieß. Außer bestimmten Regeln ließ das Abkommen aber auch »Kriegsgewohnheiten« zu, »die sich zwischen den gesitteten Völkern aus den Gesetzen der Menschlichkeit und aus den Forderungen des öffentlichen Gewissens ergeben«. (Diese aus dem Großen Brockhaus zitierte Formulierung liest sich im Zeitalter der Atomwaffen wie blanker Hohn.)

Als diese viel- oder auch nichtssagende Formulierung von den Staatsrechtsexperten konstruiert wurde, machten Aeroplane gerade ihre ersten Luftsprünge. Doch schon ein Jahr später blieb der Luftfahrtpionier Wilbur Wright länger als zwei Stunden in der Luft, und sein Bruder Orville führte seinen »Flyer« der US-Army vor. Sie kaufte schließlich für 30 000 Dollar das erste Kriegsflugzeug für ihr »Signal Corps«, ihr Nachrichten-Regiment. Einen Piloten plus Bomben konnten die Flugzeuge zu jener Zeit noch nicht tragen. Sie dienten nach Beginn des Ersten Weltkrieges zunächst ausschließlich zur Feindbeobachtung, später auch zur Feuerlenkung der Artillerie. Dabei beschossen sich feindliche Piloten gegenseitig, erst mit Pistolen, dann mit Karabinern und schließlich mit fest eingebauten Maschinengewehren. Ihre Abschüsse wurden gezählt, und das Volk verehrte die erfolgreichsten unter ihnen – wie etwa Manfred von Richthofen – als Superhelden, die ihre Opfer in ritterlichem Zweikampf besiegten. Etliche Überlebende der deutschen Fliegerei machten dann auch in der Luftwaffe wieder mit, allerdings nicht mehr mit dem Daumen am Auslöseknopf einer automatisch schießenden Waffe; nun waren sie mit Generalsabzeichen geschmückt und schickten Tausende begeisterter junger Männer in den Luftkampf mit dem Auftrag, Städte zu zerstören und deren Bewohner zu töten.

Als der Internationale Militärgerichtshof in Nürnberg sich am 8. August 1945 ein Statut gab, das zur Verurteilung von Kriegsverbrechern dienen sollte, bestimmte dessen Artikel 6b, daß die »Verletzung der Kriegsrechte oder -gebräuche« als Kriegsverbrechen zu werten sei. Darunter falle auch die »mutwillige Zerstörung von Städten, Märkten und Dörfern oder jede durch militärische Notwendigkeit nicht gerechtfertigte Verwüstung«. Folgerichtig hätte es erst recht als Kriegsverbrechen gelten müssen, wenn bei solchen »mutwilligen Zerstörungen von Städten« in einzelnen Fällen Zehntausende das Leben verloren. Auch wenn die Definition des Mutwillens in kriegerischen Auseinandersetzungen ziemlich schwierig ist, so hätte dieser Vorwurf sowohl den Deutschen als auch ihren Gegnern gemacht werden können. Doch eine solche Rechtsauffassung konnten die alliierten Richter nicht gutheißen, ohne mit ihren eigenen Regierungen zu kollidieren. Das hier zutage tretende Problem hatte Hitler bereits am 22. August 1939 kurz vor seinem Überfall auf Polen in einer schlichten Formel präzisiert, als er seinen Oberbefehlshabern erklärte: »Bei Beginn und Führung des Krieges kommt es nicht auf das Recht an, sondern auf den Sieg.«

Daß der Internationale Gerichtshof nach dieser Maxime verfuhr, zeigte sich am 22. März 1946, als Dr. Otto Stahmer, der Verteidiger des Angeklagten Göring, ein Dokument vorlegen wollte, das Angehörige der Roten Armee beschuldigte, kriegsgefangene Deutsche erschossen zu haben. Der Vorsitzende Lord-Richter Geoffrey Lawrence lehnte es ab, die Urkunde zur Kenntnis des Gerichtes zu nehmen. Seine Worte: »Wie können Sie in einem Verfahren gegen die Hauptkriegsverbrecher Deutschlands Beweise gegen Großbritannien oder gegen die Vereinigten Staaten oder gegen die Sowjetunion oder gegen Frankreich rechtfertigen? Das Vorgehen dieser Mächte ist für die Frage der Schuld der deutschen Hauptkriegsverbrecher unerheblich, es sei denn, daß das deutsche Vorgehen unter Berücksichtigung der Lehre über Repressalien gerechtfertigt ist...« Wäre demnach Vergeltung erlaubt?

Am gleichen Tag sagte Dr. Stahmer: »Ich komme nun zu der Frage des Luftkrieges... Es ist für die Frage der Schuld die Feststellung wesentlich, ob die deutsche Luftwaffe erst dann zum Angriff auf offene Städte übergegangen ist, nachdem die englische Luftwaffe eine große Anzahl Angriffe gegen die Zivilbevölkerung unternommen hatte.« Englands stellvertretender Chefankläger Sir David Maxwell-Fyfe wollte Beweise für diese Behauptung nicht zulassen, weil »völlige Meinungsverschiedenheit darüber besteht, ob die Ziele militärisch oder nichtmilitärisch waren«. Mit weiser Zurückhaltung entschied der Gerichtsvorsitzende: »Es scheint mir, Dr. Stahmer, daß diese Frage genauso liegt wie die, über die wir gerade entschieden haben.« Nämlich daß Belastendes gegen die alliierten Streitkräfte dem Gericht nicht vorgetragen werden dürfe.

Dem Angeklagten Hermann Göring war schon am ersten Tag des Nürnberger Prozesses klar, daß er gehenkt werden würde. Also trat er auf als ein Mann, der nichts mehr zu verlieren hatte. Bei seiner Vernehmung in eigener Sache gab er am 15. März 1946 arrogant zu: »Die Haager Landkriegsordnung habe ich zum ersten Mal überflogen, als wir dicht vor Ausbruch des Polenkonfliktes standen. Als ich sie damals durchlas, bedauerte ich, sie nicht schon viel früher eingehend studiert zu haben. Ich würde dann nämlich dem Führer gesagt haben, daß mit dieser Haager Landkriegsordnung... unter keinen Umständen ein moderner Krieg zu führen ist, sondern daß man zwangsläufig durch den modernen Krieg in der Ausweitung seiner Technik mit den damals... festgelegten Bedingungen in Konflikt geraten müßte... 1939 bis 1945 gab es nicht nur den Landkrieg, sondern auch den Luftkrieg, der hier schon nicht berücksichtigt ist und der zum Teil eine völlig neue Lage schafft... Dann ergeben sich auch gewisse Abwandlungen, die dem Buchstaben nach eine Verletzung der Logik, dem Geiste nach aber keine sein können...« Schließlich, nach seitenfüllenden Ausführungen, schloß Göring: »Ich möchte zu diesem Punkt... dieselben Worte gebrauchen, die einer unserer größten, bedeutendsten und zähesten Gegner, der englische Premierminister Churchill, gebrauchte: ›Im Kampf um Leben und Tod gibt es schließlich keine Legalität.‹«

Noch während der Luftschlacht über England, am 8. Oktober 1940, hatte Churchill über die Bombardements der Städte im Unterhaus gesagt: »Die Frage der Vergeltungsangriffe wird an einigen Stellen so diskutiert, als ob es eine Frage der Moral wäre. Was sind Vergeltungsmaßnahmen? Was wir gegenwärtig tun, ist, mit ständig zunehmender Gewalt ohne Unterbrechung auf diejenigen Punkte Deutschlands einhämmern, an denen wir glauben, den Deutschen den größten Schaden zufügen und ihre Fähigkeiten, gegen uns vorzugehen, am schnellsten herabsetzen zu können. Ist das eine Vergeltungsmaßnahme? Es sieht mir ganz danach aus... Vermeiden wir doch eine unfruchtbare Auseinandersetzung darüber, was Vergeltungsmaßnahmen sind und was nicht! Unser Ziel muß sein, dem Kriegspotential des Feindes den maximalen Schaden zuzufügen...« Das bedeutete: Der Bomberkrieg wurde fortgesetzt und ausgeweitet.

Damit welkten die Blütenträume der sieggewohnten Deutschen. Noch am 14. September hatte Göring seinem Führer versprochen, nach einem weiteren Bombardement Londons in den folgenden zwei Wochen sei das britische Weltreich friedensbereit. Über die Botschaft in Washington hatte sich Ribbentrop melden lassen: »Moral der englischen Bevölkerung schwer angeschlagen... Optimismus verschwunden, Wirkung im Herzen Londons wie ein Erdbeben...« Hitler selber hatte gegenüber Raeder die Erwartung geäußert, eine Landung gemäß dem »Seelöwe«-Kursbuch werde wohl unnötig, weil die Luftwaffe allein den Feind zum Aufgeben zwinge. Noch am 1. Oktober 1940 hatte Hitler dem italienischen Faschistenfunktionär Farinacci versichert, nur das »furchtbar schlechte Wetter« habe die Briten vor dem Zusammenbruch bewahrt, aber nun genügten vier bis fünf Tage mit klarem Himmel, damit er dort drüben »die ganze Anlage zertrümmern« lasse.

Gehindert hatten ihn jedoch die britischen Jagdflieger. Der Chef des Luftwaffenführungsstabes, General Otto Hoffmann von Waldau, hatte am 7. Oktober 1940 dem Generalstabschef Generaloberst Franz Halder gestanden: »Wir hatten das Fighter Command unterschätzt.« Es besaß mehr und bessere Flugzeuge, als man auf deutscher Seite angenommen hatte, und die Piloten wurden durch eine hochentwickelte Funktechnik besser geführt. Ein grundsätzlicher Fehler war schließlich gewesen, daß Hitler, Göring und die Luftwaffengenerale dem Propheten Douhet zu sehr vertraut und mit Chaos und Umsturz gerechnet hatten. Dem gleichen Fehler sollten allerdings auch führende Männer der Gegenseite in der Folgezeit verfallen. Doch nicht einmal die Deutschen waren durch den Mißerfolg klug geworden. Göring drohte: »Wenn wir in einem halben Jahr Rußland erledigt haben werden, kommen wir wieder, und dann gnade Gott England.«

Vorseite: Vorschußlorbeeren empfängt das Flieger-As des 1. Weltkrieges Hermann Göring als »Schöpfer der Luftwaffe«. Am »Tag der Wehrmacht« 1937 marschiert das »Regiment Göring« an seinem Chef vorbei.

Oben: Februar 1938. Beförderung Görings zum Feldmarschall durch Hitler, der sich selbst gerade zum Oberbefehlshaber der Wehrmacht ernannt hat.

Rechts oben: September 1939. Feuertaufe der Luftwaffe im Polenfeldzug. Als »fliegende Artillerie« bomben Görings Fliegerverbände die polnische Hauptstadt Warschau, die von den Verteidigern zur Festung erklärt wurde, kapitulationsreif.

Rechts unten: Mai 1940. Das deutsche Flächenbombardement zerstört weite Teile von Rotterdam. 900 Menschen sterben.

Oben: Weihnachten 1940. Zufrieden gibt sich Hitler, der Sieger über Frankreich, bei seinen Jagdfliegern an der Kanalküste. Neben Hitler: Kommodore Adolf Galland. Auf dem Höhepunkt des Bomberkrieges gegen Deutschland wird der »Feldherr« Hitler drei Jahre später die Jäger »Feiglinge« nennen, die sich »ihre Ritterkreuze erschwindelt« hätten.

Rechts: Mai 1940. Ein »Betriebsunfall« der Luftwaffe. Der versehentliche Angriff deutscher Flieger auf Freiburg im Breisgau wird von den Nazi-Propagandisten zum Terrorangriff der Alliierten umgemünzt. Mit dem »Kindermord von Freiburg« stimmen sie nicht nur die Deutschen auf die »Vergeltung« ein.

Freiburgs Mütter klagen an!

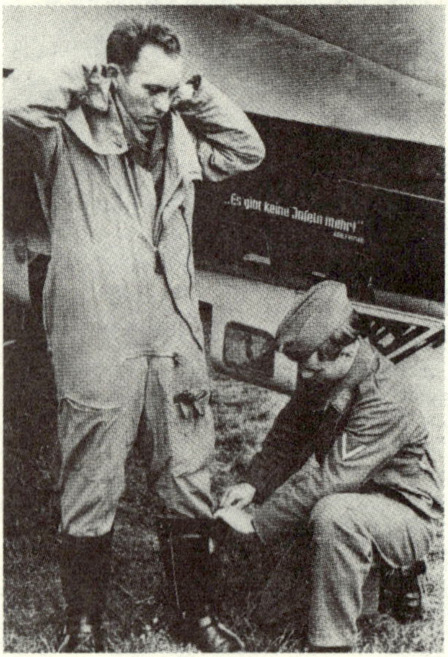

Herbst 1940. Beginn der »Battle of Britain«. Sie wird die erste Schlacht sein, die Hitler verliert. Nachdem es den deutschen Fliegern nicht gelingt, die Lufthoheit über England zu erringen, gibt Hitler den Plan zur Invasion der Insel auf. Als »Vergeltung« läßt er seine Luftwaffe gegen britische Städte starten.
Britische Störangriffe gegen Berlin dienen Hitler als Rechtfertigung für die »Terrorangriffe« seiner Flieger. Innerhalb von 12 Wochen fliegen sie 60 Großangriffe gegen London. Oft sind mehr als 500 Bomber über der Stadt. Im Bombenhagel sterben 20 000 Menschen.

Rechts und unten: November 1940. Ein Höhepunkt der deutschen Luftangriffe gegen die britische Insel ist der »Vergeltungsangriff« auf die Stadt Coventry. 80 % der Häuser werden zerstört.

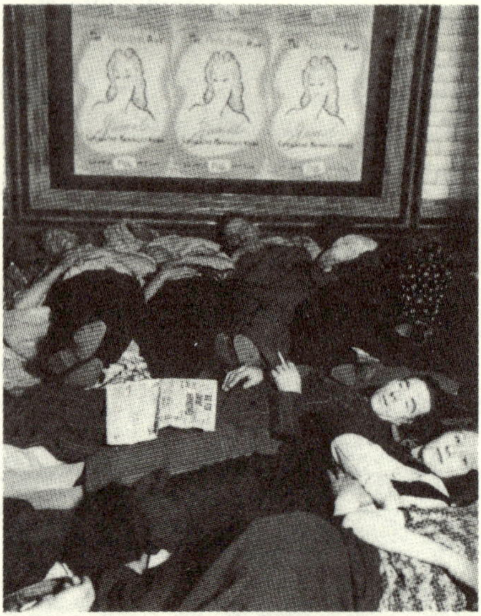

Oben: Um den Bomben zu entkommen, verbringen viele Londoner die Nächte in den U-Bahn-Stationen.

Unten: St. Paul's mitten im Flammenmeer.

Rechts oben: Herbst 1941. Hilfe erhofft sich der britische Premier Churchill (sitzend rechts) vom US-Präsidenten Roosevelt (sitzend links) beim Treffen an Bord des Schlachtschiffes »Prince of Wales« vor Neufundland.

Rechts unten: Februar 1942. Der britische Luftmarschall Arthur Harris wird zum Hoffnungsträger der Briten. Seine Bomber sollen die Deutschen »in die Knie zwingen«.

Vorausgehende Doppelseite: Bomberpulks im Anflug auf das deutsche Reichsgebiet. Die Angriffsspitze bilden die »Pfadfinder«.

Links: Mai 1942. Nachdem Harris bereits in den Vormonaten Lübeck und Rostock in Schutt und Asche legen ließ, schickt er zum ersten Mal tausend Bomber gegen eine deutsche Stadt und läßt die Innenstadt Kölns in einen Trümmerhaufen verwandeln.

Oben: Mai 1943. Mit dem Schlag gegen die Ruhr hofft Harris, die deutsche Rüstungsindustrie zu treffen. Doch selbst das Sonderunternehmen gegen die Möhnetalsperre kann die Waffenproduktion nicht entscheidend lähmen.

Sommer 1943. Das Unternehmen »Gomorrha« vereint Briten und Amerikaner im Angriff gegen eine deutsche Stadt. Hamburg wird bei Nacht von den Briten, bei Tage von den Amerikanern in Schutt und Asche gelegt. Fast 50 000 Menschen sterben während der 10 Angriffstage.

Oben: Eine »fliegende Festung« der Amerikaner beim Bombenabwurf.

Links: Bomben auf den Hamburger Hafen

Rechts: Allein 5 000 Kinder kommen im Feuersturm um.

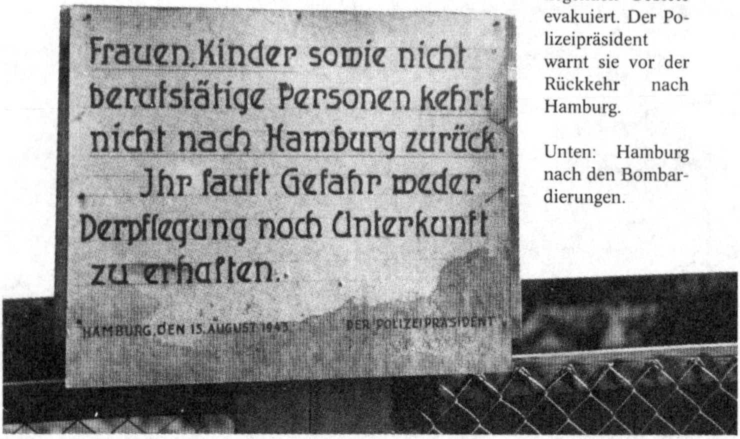

Oben: Eine Million Obdachlose der Hansestadt werden in die umliegenden Gebiete evakuiert. Der Polizeipräsident warnt sie vor der Rückkehr nach Hamburg.

Unten: Hamburg nach den Bombardierungen.

»Der Führer ist sehr mitgenommen«

Ehe Göring seine Bomben im Osten abwerfen lassen durfte, fielen sie auf Südeuropa. Weil ein Putsch in Jugoslawien einen mutmaßlichen Vasallen in einen neuen Gegner verwandelt hatte, entschloß sich Hitler kurzerhand, schnell auch noch dieses Land zu kassieren. Die »Abrechnung mit der serbischen Verbrecherclique« begann ohne Kriegserklärung in den frühen Morgenstunden des 6. April – nach Hitlers Gewohnheit ein Sonntag – mit einem massierten Bombenangriff auf die Hauptstadt Belgrad. Sie war, wohl in Vorahnung kommenden Unglücks, von der jugoslawischen Regierung zur offenen Stadt erklärt worden. Im Tagebuch des Oberkommandos der Wehrmacht vermerkte der Protokollführer, daß man in der Reichskanzlei noch am Samstag erörtert habe, ob die geplante Bombardierung statthaft sei. Schließlich hatte Hitler dann doch den Geschwadern den Befehl gegeben. Das Ergebnis: Große Teile der unvorbereiteten Stadt wurden zertrümmert. Zwar versuchte Göring diesen lupenreinen Terrorangriff vor dem Nürnberger Gerichtshof damit zu rechtfertigen, Belgrad sei ja doch verteidigt worden, als die deutschen Infanteristen einmarschieren wollten, aber die deutschen Bomben waren zuvor gefallen.

Das Gros der Luftwaffe bezog seit Ende März 1941 die neuen Standorte im Osten; die Luftflotte 1 bei der Heeresgruppe Nord, die Luftflotte 2 bei der Heeresgruppe Mitte und die Luftflotte 4 bei der Heeresgruppe Süd. Selbständige strategische Aufgaben hatte die Luftwaffe nicht; sie sollte fast ausschließlich als fliegende Artillerie die Wege für die Stoßkeile des Heeres durch die feindlichen Divisionen bahnen. Es war im Grunde fast dieselbe Aufgabe, die sie schon in Polen und Frankreich gelöst hatte, und ebenso wie dort sollten auch die sowjetischen Luftstreitkräfte gleich in den ersten Tagen des Angriffs zusammengebombt werden. Beides gelang zunächst auf Anhieb.

Am 22. Juni 1941 fielen als erste Welle 637 Bomber und 230 Jäger über 31 sowjetische Flugplätze her, bei einem zweiten Schlag am gleichen Tag wurden weitere 35 Flugplätze angegriffen. Deutschen Siegesmeldungen zufolge wurden in den ersten Tagen über tausend feindliche Maschinen vernichtet. Der noch intakte Rest der roten Fliegerei bestand zu einem großen Teil aus Maschinen veralteter Typen. Soweit die Einheiten bereits mit moderneren Flugzeugen ausgerüstet waren, hatten die Piloten noch nicht die nötige Erfahrung sammeln können. Auf Monate hinaus schien damit den Deutschen die Luftherrschaft im Osten sicher, was gemäß der Theorie Douhets bereits den totalen Sieg im Rußlandfeldzug garantiert hätte.

Die Luftwaffe war an der sowjetischen Grenze mit immerhin tausend Bombern angetreten; sie waren zahlenmäßig übermächtig, aber es waren auf die Dauer die falschen. Maschinen mit nur zwei Motoren erwiesen sich als ziemlich treffsicher, wenn sie Bomben abwarfen, aber ihr Aktionsradius war gering, ihre Abwehrwaffen waren schwach, und die Bombenlast war nur mäßig groß. Für den Krieg mit einer Macht von kontinentaler Ausdehnung wäre eine Luftflotte von viermotorigen Großflugzeugen nötig gewesen, wie sie der erste Generalstabschef der Luftwaffe, General Wewer, verlangt hatte und wie sie die Dornierwerke in Friedrichshafen 1935 als »Uralbomber« entworfen hatten. Doch Hitler hatte es seinerzeit abgelehnt, solche Riesenvögel entwikkeln und erproben zu lassen. Weil er stets fürchtete, sterben zu müssen, ehe er sein phantastisches Riesenreich der germanischen Rasse vollenden könnte, hatte er für Langzeitprojekte nichts übrig.

Wohl griffen deutsche Bomber in den ersten Monaten nach dem Überfall 122mal Moskau an und trieben damit die Bewohner der sowjetischen Metropole des Nachts in die Schächte der Untergrundbahn, aber was sie bewirkten, wurde nie so richtig bekannt, weil die Sowjetunion üblicherweise nur sparsame Informationen herausrückte. Keinesfalls waren die Schäden zu vergleichen mit jenen in Leningrad, das 876 Tage lang vergeblich belagert und dabei zusätzlich zu einem intensiven Artilleriebeschuß durch 100 000 Brand- und über 4600 Sprengbomben zertrümmert wurde.

Während in den Sommer- und Herbstmonaten des Jahres 1941 alle paar Tage schmetternde Siegesfanfaren aus den Lautsprechern neue Erfolge im Osten ankündigten, war der Westen zu einem Nebenkriegsschauplatz geworden. So meldete denn am 7. Dezember 1941 die Luftwaffe dem Oberkommando der Wehrmacht »Kampfhandlungen über eigenem Gebiet. In der Nacht... etwa 35 Einflüge in Ruhr- und Rheingebiet. Abwurf von Spreng- und Brandbomben auf verschiedene Orte. Sachschaden an Häusern. Personenverluste bisher nicht gemeldet.« Erwähnt werden ferner Bombenabwürfe englischer Flieger auf sieben Orte in Belgien und Nordfrankreich und 70 feindliche Maschinen über Westfrankreich. Noch magerer ist der Bericht vom folgenden Tag: »Reichsgebiet keine Einflüge außer einem Küstenanflug bei Borkum.« Englands Bomber waren auf der Jagd nach U-Booten und warfen ihre Ladungen auf deren Stützpunkte an der Kanal- und Atlantikküste.

Um so kritischer wurde es an der Ostfront. Die Heeresgruppe Mitte geriet vor Moskau in sibirische Kälte bis zu minus 35 Grad, bei der die Motoren in Panzern und Lastwagen versagten, weil das Dieselöl gelierte, die Handwaffen vereisten und die nur mit Tuchmänteln und Knobelbechern ausgerüsteten Soldaten massenhaft durch Erfrierungen ausfielen. Es fehlte nicht viel, dann wäre damals im gesamten Mittelabschnitt das Heer in einer Katastrophe untergegangen, die noch viel schlimmere Ausmaße angenommen hätte als diejenige von Stalingrad ein Jahr später. Was auf Rädern oder Ketten lief, ging in jenen Wochen verloren – alle Fahrzeuge und Geschütze, schweres Gerät, überhaupt alles, was die übermüdeten Landser nicht durch den tiefen Schnee schleppen konnten. Wenn im späten Frühjahr der Feldzug im Osten fortgesetzt und, wie geplant, siegreich beendet werden sollte, dann mußte das Verlorene ersetzt, mußte das Heer noch besser ausgerüstet werden. Als im Januar 1942 der Chef des Wehrwirtschafts- und Rüstungsamtes, General Thomas, eine vorläufige Bilanz aufstellte, legte er (mit Hitlers Einverständnis) fest, daß »für das Jahr 1942 in allen Maßnahmen die Rüstungsforderung des Heeres Vorrang haben muß«. Ein halbes Jahr zuvor noch hatte Generalfeldmarschall Wilhelm Keitel angesichts von Millionen in den Kesselschlachten gefangener Rotarmisten in einer Konferenz des Oberkommandos der Wehrmacht verkündet, Schwerpunkt der »materiellen Rüstung« müßten nun, »nachdem im Erdkampf ein ernst zu nehmender Gegner nicht mehr entstehen kann«, die U-Boote und die Luftwaffe sein.

Die Luftwaffe, bisher der Liebling der Nation, mußte jetzt zurückstehen; zwar sagte General Thomas, sie habe »bewunderungswürdig nach drei Fronten kämpfen und ihr Material rücksichtslos einsetzen müssen«, aber was im Osten und über England verschlissen wurde, konnte nur langsam aufgefüllt werden, solange die Front im Osten nicht wieder gekräftigt war. Hinzu war der Einsatz deutscher Truppen und Luftwaffenverbände im Mittelmeerraum gekommen, wo im Winter 1940/41 die Italiener an allen ihren Fronten – Griechenland und Nordafrika – von ihren deutschen Verbündeten vor militärischen Katastrophen bewahrt werden mußten.

Die im Westen gebliebenen Verbände der Luftwaffe und die RAF standen sich in jenen Wochen gegenüber wie zwei Boxer, deren Kräfte sich im Ring im zähen Schlagabtausch erschöpft hatten. Nun kam es darauf an, wer sich in der Pause vor der nächsten Runde besser erholen und wen die dann zu erwartenden Schläge stärker mitnehmen würden. Köln war Anfang März 1941 in zwei Nächten das Angriffsziel von jeweils mehr als hundert

RAF-Maschinen. Acht Tage später tauchten deutsche Flugzeuge wieder einmal über der verdunkelten englischen Hauptstadt auf, und 48 Stunden später ließen 178 Maschinen der Luftwaffe Bomben auf die Hafenstadt Portsmouth fallen.

In der gleichen Nacht erprobte die RAF eine Neuerwerbung: Sechs Flugzeuge vom Typ Handley-Page »Halifax« griffen den Hafen von Le Havre an. Es waren die ersten Maschinen mit vier Motoren. Im November erst waren sie aus der Fabrik geliefert worden, und nachdem die Besatzungen mit ihnen vertraut gemacht worden waren, wurden sie zunächst einmal bei einem kleinen Angriff mit kurzem Anflug über den Ärmelkanal hinweg erprobt. Die Maschinen waren 1937 von der RAF in Auftrag gegeben worden, weil die Standard-Flugzeuge einen zu kleinen Aktionsradius und eine zu geringe Tragfähigkeit besaßen, als daß damit einem Feind auf dem Kontinent ernsthaft beizukommen gewesen wäre; auf keinen Fall ließen sich mit dem vorhandenen Material Douhets Ratschläge befolgen. Auch ein weiterer Typ mit vier Motoren war bereits im Entstehen, der »Lancaster«-Bomber. Diese Maschine war von allen englischen die erfolgreichste und wurde bis zum Kriegsende am häufigsten gebaut.

Gewichtiger für den Ausgang des Krieges sollte jedoch auf die Dauer die Sympathie sein, die US-Präsident Franklin D. Roosevelt für die Engländer aufbrachte, und die Antipathie, die er gegen den Nationalsozialismus hegte. Um die Jahreswende 1940/41 schrieb ihm der britische Premierminister Churchill, die Vereinigten Staaten könnten England durch nichts besser beistehen als durch die Lieferung von Flugzeugen; was immer die amerikanische Industrie produziere, könne er gebrauchen. Jeden Monat 2000 schwere Bomber seien »jene Waffe, die wir brauchen, um die militärische Macht Hitlers in ihren Fundamenten zu erschüttern«.

Der Ablauf des Krieges in der Sowjetunion konnte Churchill nur gelegen kommen. Die Deutschen verbrauchten ihre Kräfte, und die Sowjetmacht, ein Verbündeter, dem man seiner Meinung nach nie so richtig trauen konnte, mußte sich mit äußerster Anstrengung ihrer Haut wehren. Um den neuen Waffenbrüdern den eigenen Tatendrang zu demonstrieren, schickte Churchill das Bomber Command am 12. August 1941 über das westdeutsche Industriegebiet zum Einsatz gegen die Panzerschmieden des Reiches – bei Tage sogar, damit durch genaues Zielen ernsthafter Schaden angerichtet würde, den er dann anhand von Fotos in Moskau würde beweisen können. Das Unternehmen mißglückte; 42 Bomber blieben auf der Strecke, und deren Chef, Sir Charles Portal, stellte definitiv fest, daß sich die Nacht für diese Art von Krieg besser eigne. Doch auch darin wurde er durch die Abwehr der Luftwaffe korrigiert. Sie lernte schnell, sich der Angriffe aus dem schwarzen Himmel zu erwehren; als am 7. November 1941 Berlin bombardiert werden sollte, verpufften viele Bomben im märkischen Sand, und die RAF verlor 27 Maschinen, darunter auch einige viermotorige »Halifax«.

In der ursprünglichen Planung Hitlers und Görings oblag der Schutz der Großstädte vorwiegend der zur Luftwaffe gehörenden Flak-Artillerie. Diese Rechnung war bisher aufgegangen, weil bei Hitlers Aggressionen stets die Mehrzahl der feindlichen Bomber im ersten Ansturm zerstört worden war. Im Krieg gegen England war das nicht gelungen. Nun mußte die Heimat-Flak wirklich schießen und treffen. Ihre stärkste Waffe war eine Kanone Kaliber 8,8 cm. Etwa 500 Geschütze dieser Art waren entsprechend dem Grad der mutmaßlichen Gefährdung der Städte über das Reich verteilt, ebenso die rund hundert Scheinwerferbatterien. Jede Geschützbatterie wurde von einem Kommandogerät gesteuert, das fast schon wie ein elektronischer Rechner die Daten eines Entfernungsmessers verarbeitete und die vier gleichzeitig gezündeten Granaten einer Batterie in der Luft so plazierte, daß sie im Ziel im selben Augenblick in einem 50-Meter-Umkreis krepierten. Sie zerfielen dabei in abertausend scharfkantige Splitter, die ein Flugzeug, das sich in der Nähe der Explosion befand, durchsiebten. Ergänzt wurde diese Abwehr durch Nachtjäger, die im hellen Scheinwerferlicht die Bomber angriffen.

Nachteilig an dieser Taktik war zweierlei. Erstens setzte die Abwehr erst ein, wenn der Feind sein Ziel nahezu erreicht hatte, und häufig verriet ihm dabei sogar der Grad der Abwehr, daß er sich einem lohnenden Objekt genähert hatte. Zweitens wurde auf diese Weise immer nur ein kleiner Teil der Abwehrkräfte beschäftigt, und es war auch schon vorgekommen, daß die Flak eigene Nachtjäger abschoß. Diese Nachteile wurden vermieden, als die Scheinwerfer in einer Zone zusammengezogen wurden, die sich als ein Band von der belgischen bis zur holsteinischen Küste hinzog. Die üblichen Einflugwege wurden so durch eine Lichtschranke erhellt. Wurden über dem Kanal Feindflugzeuge vom deutschen Radar entdeckt, so gerieten sie bereits im Bereich der Küste in das Licht der Scheinwerfer. Die zuvor alarmierten Jäger warteten schon in der Dunkelheit und griffen an. Kamen die Bomber dann nach Stunden zurück, vielleicht durch Flaktreffer bereits flügellahm geschossen und mit durch den gefahrvollen Nachtflug gestreßter Besatzung, so wurden sie beim abermaligen Passieren der erhellten Zone noch eher ein Opfer der lauernden Jäger.

Die Scheinwerfer-Zone wurde »Kammhuber-Linie« genannt, nach ihrem Organisator, dem Kommandeur der Nachtjäger Josef Kammhuber. Bereits Ende 1940 überflogen die Engländer sie – so bezeugten Offiziere des Bomber Command – nur mit Beklemmungen. Im Oktober 1940 hatte General Kammhuber das Prinzip der Nachtjagd voll entwickelt. Mit Radargeräten, Scheinwerfern und Jagdmaschinen machte er den englischen Bombermannschaften das Überleben schwer. Ihre Verluste stiegen. Der englische Autor Anthony Verrier vermerkt in seinem Buch *Bomberoffensive gegen Deutschland* »ein Gefühl der Hoffnungslosigkeit« unter den Besatzungen, weil sie den Eindruck hatten, »ihre Bemühungen seien vergeblich«. Ihre Chancen zu überleben nahmen zusehends ab. Wurden am Tag nach ihrem Angriff Luftaufnahmen aus großer Höhe geschossen, dann sahen sie, daß die meisten ihrer Bomben nur zwecklose Trichter in die Landschaft gesprengt hatten. Hätte General Kammhuber seine Linie noch vervollkommnet, was Verrier ihm als Absicht unterstellt, dann hätte er zwar nicht alle Einflüge verhindern, wohl aber die Verluste des Bomber Command so in die Höhe treiben können, daß England auf diese Art des Kampfes hätte verzichten müssen. Als Folge davon hätten die Deutschen am Ende doch noch die Luftüberlegenheit errungen, wenn auch nicht, wie geplant, durch ihre Offensivwaffe, die Bomber, sondern durch ihre Verteidiger, die Jäger.

Kammhubers Projekt wurde jedoch nicht weitergeführt, weil Hitler verlangte, daß der Schutz sich zunehmend auf die Städte selbst zu konzentrieren habe. Die Gauleiter hatten darum gebeten, und auch der Diktator legte offenbar mehr Wert darauf, sein Volk durch sicht- und hörbar demonstrierte Gegenwehr bei Laune zu halten, als dies die demokratisch gewählten Regierenden in England für notwendig hielten. Zwar hatte auch Churchill den Briten einen Endsieg versprochen, aber er hatte zugleich angekündigt, daß dieser mit »Schweiß, Blut und Tränen« bezahlt werden müsse. Nun waren die britischen Luftangriffe im allgemeinen weit weniger erfolgreich, als man im Reich befürchtet und in London erhofft hatte. Was war zu tun?

Churchill hielt sich für diesbezügliche Überlegungen einen Berater: Lord Cherwell, wie er sich nach seiner Erhebung in den Adelsstand nannte. Zuvor hatte er als Professor Dr. Frederick A. Lindemann an der Universität Oxford gewirkt. Als Sohn aus reicher Familie – der Vater war aus dem Elsaß ausgewandert, die Mutter eine Amerikanerin – war er in Deutschland geboren, hatte in Darmstadt das Gymnasium besucht und in Berlin Physik studiert. Er hatte 1929 den englischen Physiker Sir Robert Watson-Watt nach Berlin-Lichterfelde geschickt, damit dieser dort einige Elektronenröhren kaufe, die der damals noch blutjunge Erfinder Manfred von Ardenne entwickelt hatte und die später Bestandteil des Panorama-Radargeräts wurden, das es der RAF bei nächtlichen Luftangriffen erlaubte, im Dunkeln und selbst durch eine Wolkendecke hindurch die Erdoberfläche in Umrissen zu sehen.

Sowohl Lindemann als auch sein Freund Henry Tizard gehörten dem »Ausschuß zur wissenschaftlichen Prüfung der Frage der Luftverteidigung« an. Beide begeisterten sich für die Bomberwaffe, aber anders als Lindemann wollte Tizard die Flugzeuge der

Flotte zuordnen. Tizards Meinung formulierte einmal treffend der Konteradmiral L. H. K. Hamilton, als er mit dem Argument gegen die Angriffe auf Städte protestierte, es sei »hoffnungslos unmilitärisch gedacht, wenn man glaubt, den Krieg dadurch gewinnen zu können, daß man Bomben auf Frauen und Kinder wirft, statt Armee und Flotte zu vernichten«.

Bei Churchill jedoch setzte sich Lindemann-Cherwell durch. Am 30. März 1942 behauptete er in einem Brief an den Premierminister, jeder schwere Bomber könne nach den neuen Erfahrungen zwischen vier- und achttausend Feinde obdachlos machen, ehe er abgeschossen oder altershalber verschrottet würde. Vorausgesetzt, alle Maschinen würden fortan ihre Bomben nur noch auf Wohngebiete werfen, könne bis Mitte 1943 ein Drittel aller Deutschen ohne Wohnung sein. Zwar wurde die Rechnung angezweifelt, aber Churchill stimmte dem Prinzip zu. Mitte Mai 1942 sagte er im Unterhaus, es gebe keinen Hinweis darauf, daß es zweckmäßiger sei, Rüstungsfabriken statt Wohnviertel zu zerstören. Er konnte zu dieser Zeit bereits davon ausgehen, daß er die Mittel bekommen würde, ein solches Programm trotz damals noch hoher Verluste durchzuhalten. Die »Halifax« wurde in Serie gebaut, und noch eine weitere Viermotorige, die »Lancaster«, wurde bereits dem Bomber Command geliefert. Sie war weniger verwundbar und wurde im April 1942 bei einem Angriff auf die MAN-Werke in Augsburg zum ersten Mal in den Kampf geschickt. Wesentlicher aber war, daß längst auch die USA Maschinen dieser Größenordnung bauten und daß die RAF sie geliefert bekam, ohne sie gleich bezahlen zu müssen.

Präsident Roosevelt hatte sich schon im März 1941 durch Senat und Kongreß bewilligen lassen, für sieben Milliarden Dollar Flugzeuge und anderes Kriegsmaterial zu produzieren, das er, falls die USA es nicht beanspruchten, an jene Staaten verleihen oder verpachten durfte, die von Diktatoren bedrängt und bekriegt wurden. Am 15. August 1941 hatten sich dann der amerikanische Präsident und Großbritanniens Premierminister getroffen und ihrem Bündnis die höchste Weihe gegeben, indem sie an Bord eines Schlachtschiffes vor der kanadischen Küste gemeinsam sangen: »Vorwärts, christliche Soldaten!«

Vier Monate später standen die Vereinigten Staaten selber im Krieg. Die Japaner hatten die US-Pazifikflotte in Pearl Harbour überfallen, und Hitler hatte den USA den Krieg erklärt, nachdem amerikanische Kriegsschiffe schon längst damit begonnen hatten, deutsche U-Boote im Atlantik zu bekämpfen. Die USA würden, das war von Anfang an klar, eigene Luftstreitkräfte nach Europa schicken. Flugplätze konnte ihnen aber nur England bieten. Churchill wußte, daß die Amerikaner – die Militärs und erst recht die Bevölkerung – mißbilligten, daß die RAF bei ihren nächtlichen Angriffen auf Großstädte sich keine Mühe gab, Wohnhäuser zu schonen. Nach Meinung der US-Militärs sollten Bomben ausschließlich auf militärische Objekte, Verkehrsanlagen, Rüstungsbetriebe und dergleichen abgeworfen werden. Es war zu vermuten, daß sie diesen Grundsatz auch für die künftige Zusammenarbeit der beiden Luftstreitkräfte durchsetzen wollten. Allein schon aus diesem Grund hielt Churchill es für wichtig, daß auf den gerade neu zu besetzenden Posten eines Chefs des Bomber Command ein Mann kam, der halsstarrig genug war, sich gegen die Bedenken des Verbündeten durchzusetzen. Zum Glück kannte Churchill einen solchen Mann – seit zwei Jahrzehnten bereits. Am 22. Februar 1942 übernahm Marshall Arthur T. Harris den Oberbefehl über Englands Bomberwaffe.

Als Staatssekretär für die Kolonien hatte Winston Churchill 1922 einen Aufstand niederzuwerfen, mit dem sich die Araber im Irak dagegen wehrten, daß die bisher nur widerwillig ertragene Herrschaft der Türken durch eine britische Mandatsherrschaft abgelöst wurde. Ihnen ging es um ihre Freiheit, aber für London ging es um Erdöl. In einem solchen Fall war es üblich, hart zuzuschlagen. Doch es erwies sich als schwierig, die Aufständischen in dem ausgedehnten Wüstengebiet überhaupt zu fassen. Churchill und der damalige Chef der britischen Luftstreitkräfte Hugh Trenchard waren deshalb übereingekommen, acht Flugzeugeinheiten gegen die Beduinenstämme einzusetzen. Derart von Flugzeugen aus der Luft aufgespürt, beschossen und gebombt, blieb diesen nur die Flucht in die Wüste. Kehrten sie an ihren Lagerplatz zurück, dann detonierten dort Zeitbomben. Natürlich wurden sie besiegt und unterworfen.

Harris war in diesem Kolonialkrieg zunächst Chef einer Staffel von Transportmaschinen, mit denen Infanteristen als Stoßtrupps in der Wüste abgesetzt wurden. Diese Flugzeuge waren seiner Meinung nach unterbeschäftigt und würden zweckmäßiger statt der Menschen Bomben transportieren. Pro Maschine konnten das jeweils mehr als drei Tonnen sein, und da man sie nur gegen Menschen und nicht gegen feste Häuser einsetzte, reichten kleine Kaliber, von denen man genug mitnehmen konnte, um eine beträchtliche Fläche einzudecken. In der Wüste Mesopotamiens entwickelte der Fliegeroffizier Arthur T. Harris die Anfänge jenes Flächenbombardements, mit dem er später die deutschen Städte buchstäblich ruinierte. Solche Erfahrungen mußten ihn zwangsläufig zu einem Verfechter der Ideen von Douhet machen.

Am 22. Februar 1942 ernannte Churchill den inzwischen zum Marshall der RAF Aufgestiegenen zum Air Chief Marshal und Oberbefehlshaber des Bomber Command. Sicher haben ihn zu jener Zeit nicht viele um seinen Posten beneidet; er würde in der Folgezeit mit Gewißheit von den amerikanischen Mitstreitern angefeindet werden, die von ihm verlangen würden, sich ihrer Kampfesweise anzuschließen. Zudem war die Stimmung im Bomber Command selbst alles andere als rosig. Anthony Verrier behauptet in seinem bereits erwähnten Buch, daß zu diesem Zeitpunkt »das britische Weltreich der Niederlage näher war als Großbritannien allein im Jahr 1940«. Die Amerikaner waren noch nicht voll im Einsatz und hatten gegen die Japaner genug zu tun, Englands Lebensadern wurden abgeschnürt durch deutsche U-Boote, Kriegsschiffe und Flugzeuge, die allesamt erfolgreich Jagd machten auf die Geleitzüge der Frachter. Im Fernen Osten jagten die Japaner die »Tommys« durch Dschungel und Meere. Es sah wahrhaftig böse aus.

Andererseits hatten die Deutschen im Osten ihre erste Niederlage hinnehmen müssen, und die Italiener hatten sich bei ihrem Feldzug gegen die Griechen nicht gerade mit Ruhm bekleckert. In dieser Situation versprach Harris bereits wenige Monate nach der Übernahme seines Kommandos seinem Premier Churchill »einen schnellen und vollständigen Sieg«, falls seine Luftmacht konzentriert gegen die deutschen Städte eingesetzt und nicht mehr wie bisher aufgeteilt und zersplittert würde. Außerdem lehnte er es ab, Ziele anzugreifen, bei denen auf den Punkt getroffen werden mußte. Die Luftbilder hatten enthüllt, daß dabei nur die wenigsten Bomben das geplante Ziel erreichten. Wenn aber die Bomberstaffeln über dem Häusermeer einer Großstadt ihre Bombenschächte öffneten, wurde – von Blindgängern abgesehen – immer etwas getroffen. Mit jeweils tausend Maschinen, so schlug Harris vor, würde er Nacht für Nacht eine Stadt nach der anderen angreifen, wann immer die Wetterverhältnisse dies gestatteten.

Churchill, das Bomber Command und Lord Cherwell stellten eine Liste von Zielen zusammen. Bei jeweils passender Gelegenheit sollten diese Städte angegriffen werden. Das Luftfahrtministerium gab es Harris schriftlich, daß sich seine »Operationen auf die Schwächung der Moral der feindlichen Zivilbevölkerung zu konzentrieren haben, besonders der Industriearbeiter«. Er bekam ferner ein neues Gerät, »Gee« genannt, das mittels Funkstrahlen bei Nacht den Weg zum Ziel weisen konnte. Mit diesem Gerät ausgerüstete Maschinen dienten als Pfadfinder. Sobald sie das Ziel erreicht hatten, setzten sie langbrennende Leuchtzeichen. Damit grenzten sie das Gebiet ein, das vom Gros der Bomber angegriffen werden sollte. Über Essen wurde dieses Verfahren am 8. März 1942 zum ersten Mal erprobt, aber der Erfolg ließ zu wünschen übrig, weil die Erfahrung fehlte.

Eine neue Strategie, basierend auf Untersuchungen der Wissenschaftler um Lord Cherwell, wurde am 28. März 1942 an der Hafenstadt Lübeck demonstriert. Daß gerade sie von Harris gewählt wurde, war auf die Auswertung der Schadensmeldungen deutscher Luftangriffe auf englische Städte zurückzuführen. Dabei hatte sich gezeigt, daß Sprengbomben im Falle von dicht bebauten

Wohnvierteln nur gebraucht wurden, um die Dächer abzudecken, damit dann die Brandbomben um so größere Verheerungen anrichten konnten. Zwar beherbergte Lübeck keine wichtige Rüstungsproduktion und war auch kein bedeutender Verkehrsknotenpunkt, aber die Stadt hatte vom Standpunkt eines professionellen Brandstifters aus gesehen andere Vorteile. Es gab eine Altstadt mit engen Gassen und zahlreichen Fachwerkhäusern, deren Holzträger einen gewaltigen Scheiterhaufen – wie Harris sich ausdrückte – abgeben konnten. Zudem konnten die Bomber im weiten Bogen über die dunkle Nordsee anfliegen, ohne gleich von Nachtjägern angefallen zu werden.

Noch verfügte Harris keineswegs über das, was seiner Meinung nach eine hinreichende Schlagkraft war, aber die 234 Maschinen, darunter erstmalig einige viermotorige »Lancaster«, und die insgesamt etwa 300 Tonnen Bomben reichten aus, um wenigstens den Kern der Stadt in Schutt und Asche zu legen. »Der Führer«, notierte der protokollierende Chronist in Hitlers ostpreußischem Hauptquartier »Wolfsschanze«, sei »sehr mitgenommen« von der Nachricht. Hingegen freuten sich die Briten, daß es »den Hunnen«, wie sogar Lord Cherwell nun die Deutschen schmähte, mal richtig gegeben worden sei, ein Jahr nach der Zerstörung Coventrys. Auch ein gebürtiger Lübecker, nun in Kalifornien wohnend, hatte »nichts einzuwenden gegen die Lehre, daß alles bezahlt werden muß«. Er sagte dies in einer Rede, die er, wie jede Woche, über den englischen Rundfunk in deutscher Sprache an seine Landsleute adressierte. Er bedauerte darin nicht die 312 getöteten Lübecker, wohl aber, daß die Marienkirche und andere Baudenkmäler der alten Hansestadt vernichtet worden waren. Er, der ausgebürgerte Schriftsteller und Nobelpreisträger Thomas Mann, billigte diese Opfer, wenn nur Hitler und die Nationalsozialisten besiegt würden. Als er dann 1949 Deutschland besuchte, vermied er es, sein Empfinden zu schildern, das der »jammervolle Anblick der zertrümmerten Städte« in ihm auslöste. Wohl aber rügte er den »deutschen Anspruch auf bevorzugendes Mitleid« als »unerschütterliche Arroganz«.

In Lübeck hatte Harris erprobt, wie wirksam massenhaft abgeworfene Brandbomben sein können. Erstmalig waren dabei neben den üblichen Termitstäben Kanister mit einer Kombination von Benzin, Kautschuk und Phosphor abgeworfen worden. Gemessen an der Anzahl der Flugzeuge war es der bisher stärkste und zeitlich längste Angriff gewesen. Über drei Stunden lang kamen immer wieder einzelne Maschinen angeflogen.

Eine andere Variante des nächtlichen Besuchs aus England wurde vier Wochen später in Rostock getestet, nur hundert Kilometer Luftlinie von Lübeck entfernt. Während vier aufeinanderfolgender Nächte, vom 24. bis 27. April 1942, trafen jeweils kurze, aber geballte Schläge die alte Hansestadt an der Warnowmündung. Von weit her wurden Löschkompanien herangezogen, eine kam sogar aus Berlin. Es waren weniger Tote zu beklagen als in Lübeck, weil viele Einwohner wegen der drohenden Gefahr in das mecklenburgische Umland geflohen waren. Dadurch brach der vom Reichsluftschutzbund organisierte Selbstschutz zusammen; in den menschenleeren Häusern löschte niemand die Brandherde. Deshalb ließ die Partei den am Bahnhof wartenden Flüchtlingen über Lautsprecher verkünden, es würden in der Stadt Lebensmittel und Schokolade verteilt, aber nur wenige ließen sich damit locken. Mit weit über 2000 zertrümmerten oder schwer beschädigten Gebäuden war deshalb der materielle Schaden in Rostock größer als in Lübeck. Unter anderem wurden die Flugzeugfabriken von Heinkel und Arado getroffen. Die vielen zerbombten Wohnhäuser trugen dem Bomber Command wieder einmal den Vorwurf ein, es bekämpfe ausschließlich die zivile Bevölkerung, doch Churchill, der um Ausreden nie verlegen war, behauptete, über die beiden Ostseehäfen sei zum größten Teil der Nachschub an die Ostfront geliefert worden – er wußte gewiß, daß dies nicht einmal eine Halbwahrheit war.

Am 1. April 1942, also kurz nach dem Angriff auf Lübeck, vermerkte der mit dem Sammeln von Hitlers Goldenen Worten im Hauptquartier »Wolfsschanze« beschäftigte Dr. Henry Picker als Führeräußerung, die »schlappe Durchführung der Flugzeugangriffe der Engländer« spreche für einen »mangelhaften Rüstungsstand«. Dies war während des Abendessens an der Führertafel zu hören gewesen. Einen Monat später hätte Hitler sich wohl weniger despektierlich geäußert, wäre er von seiner Gewohnheit abgewichen, von einzelnen Bombenangriffen scheinbar gar keine Notiz zu nehmen. Denn mit dem Angriff auf Köln in der Nacht vom 30. zum 31. Mai wurde den Bewohnern dieser Stadt und wohl auch des gesamten Reiches vorgeführt, was im Verlauf der kommenden drei Jahre ihr Schicksal sein könnte. In dieser Nacht zeigten Harris und die RAF, wessen sie fähig waren.

»Wer Wind sät ...«

Kölns Tragödie begann an einem frühen Maitag 1942, als Marshall Harris seinem Premierminister einen Plan vortrug, an dem sein Herz hing und der schon lange in Vorbereitung war. Mit tausend Bombern wollte er eine deutsche Stadt heimsuchen. Das schien zunächst eine utopische Streitmacht, denn das Bomber Command umfaßte nur wenig mehr als 400 Maschinen. Immerhin waren darunter jetzt 48 »Lancaster«, die man entsprechend ihrer Bombenlast getrost doppelt zählen konnte, wozu Harris allerdings nicht bereit war. Er wollte sich die fehlenden Flugzeuge bei den verschiedensten Formationen der britischen Streitkräfte leihen, für einige Tage nur, und Churchill sollte ihm dabei helfen.

Der war für Spektakuläres stets zu haben. Er und der Chef des Luftstabs, Sir Charles Portal, hatten jedoch Bedenken wegen der zu erwartenden Verluste; ein Himmel voller Flugzeuge mußte ein gefundenes Fressen werden für Flakkanoniere und Nachtjäger. Doch Harris veranschlagte die Ausfälle auf höchstens fünfzig Maschinen. Er werde, so argumentierte er, den Deutschen nicht die Zeit lassen, mehr Engländer abzuschießen, denn der Angriff werde trotz der vielen Flugzeuge auf eineinhalb Stunden zusammengedrängt, indem man in einer geschlossenen Kette die Stadt anfliegen würde. Welche Stadt dies sein würde, darüber wollte Harris erst am Tag vor dem Angriff aufgrund von Wetterkarten und Aufklärerfotos entscheiden. Auch das Datum des Angriffs stand noch nicht fest, aber er setzte voraus, daß sich um den 29. Mai herum, der Zeit des Vollmondes, wenigstens einmal eine günstige Situation ergeben würde.

Mit dieser Armada von tausend Flugzeugen, ein bisher nie erreichtes Aufgebot, wollte Harris den Briten und der ganzen Welt beweisen, daß er nach Douhets Rezept den Endsieg sozusagen im Alleingang und ohne Armee oder Flotte erkämpfen könne. Vor allem aber würde nach einem solchen Angriff das Gerede aufhören, das Bomber Command sei eine unnütze und wegen ihrer barbarischen Kampfesweise nur kompromittierende Formation, die man am besten auflöste und auf die anderen Streitkräfte verteilte. Etwa 600 Flugzeuge mußte Harris bei anderen Zweigen der britischen Streitkräfte borgen; sogar Flugschüler und ihre Lehrer, die Testpiloten der Reparaturhallen und die in Eile geflickten Maschinen holte er in seinen Dienst. Mißglückte das Unternehmen, dann würden seine Gegner im Luftfahrtministerium und in der Regierung ihn in die Wüste schicken. Seine Karriere wäre damit am Ende – und viele seiner Untergebenen würden seinen Fehler mit ihrem Leben bezahlen. Mit Beharrlichkeit und verbissenem Eifer brachte er es jedoch zustande, daß zwei Wochen vor Vollmond (der besten Angriffsbeleuchtung) tatsächlich eine Tausend-Bomber-Flotte auf den Flugplätzen einsatzbereit war. Die Meteorologen meldeten allerdings Ende Mai, Deutschland verberge sich unter einer nahezu geschlossenen Wolkendecke. Daran änderte sich auch während der nächsten Tage und Nächte nichts.

Was geschehen sollte, war klar: Schon seit Juli 1941, seit dem Beginn des Überfalls auf die Sowjetunion, mahnte Premierminister Churchill ständig seinen Luftfahrtminister, jetzt müßten die deutschen Bevölkerungszentren bombardiert werden. Das Air Ministry hatte, wie bereits erwähnt, am 14. Februar 1942 angeordnet, alle Angriffe »auf die Moral der feindlichen Zivilbevölkerung, insbesondere der Industriearbeiter« zu konzentrieren. Es existierte ferner eine handschriftliche Randbemerkung, die der Generalstabschef der RAF, Luftmarschall Sir Charles Portal, einer Liste von anzugreifenden Städten hinzugefügt hatte; danach sollten nicht etwa Docks oder Flugzeugfabriken anvisiert werden, sondern Wohngebiete. »Das muß vollständig klar sein, falls es noch nicht verstanden sein sollte.«

Wie gut es verstanden war, sollte die Stadt, die nun als Opfer bestimmt wurde, schmerzlich erfahren. Um die neunte Morgenstunde am 30. Mai 1942 entschied sich Harris für Köln. Aufklärer hatten die neuesten Luftaufnahmen von dieser Stadt geliefert, nicht jedoch von dem Alternativziel Hamburg – beides Städte, die allein schon aufgrund ihrer Lage an einem Strom im Mondenschein nicht zu verfehlen waren. Die Stadt an der Elbe verbarg sich noch immer unter Wolken, während Köln einen nahezu wolkenfreien Nachthimmel haben würde. Noch war die Funkmeßtechnik nicht so weit entwickelt, daß eine Flotte von tausend Flugzeugen ohne Erdsicht blind zum Ziel geführt werden konnte.

An diesem Vormittag des 30. Mai waren in High Wycombe im westlich von London gelegenen unterirdischen Kartenraum des Bomber-Hauptquartiers die Kommandeure der verschiedenen Einheiten so zahlreich versammelt wie nie zuvor. Harris gab ihnen seine Entscheidung bekannt und nannte den Decknamen des Unternehmens: »Jahrtausend«. Er verlas seinen Tagesbefehl zur Weitergabe an die Besatzungen. »Wenn ihr erfolgreich seid, werdet ihr den vernichtendsten Schlag gegen einen Lebensnerv des Feindes geführt haben. Gebt's ihnen direkt aufs Kinn!« Markige Worte können bekanntlich aus Zagenden Helden machen, und wer sie ausspricht, hat die Chance, damit in den Büchern der Historiker verewigt zu werden.

»Wir fliegen die Stadt direkt an!« befahl Harris. Auf 53 englischen Flugplätzen wurden an diesem Mai-Abend die Maschinen startklar gemacht. Jede Besatzung suchte sich selber den Weg zum Ziel und zurück. Der Pilot Peter Purnell, bis kurz vorher als Fluglehrer bei der RAF eingesetzt, flog mit seiner Besatzung zum ersten Mal einen Einsatz gegen den Feind. Auch den Wellington-Bomber hatte er erst vor ein paar Tagen kennengelernt. »Wir sollten gegen ein Uhr [am 31. 5.] über dem Ziel sein«, berichtete er. »Die Navigation war nicht schwierig, denn es war eine klare Mondnacht. Als wir uns Köln näherten, konnten wir schon von weitem die Brände sehen. Wir sahen den Rhein, und als wir uns der Stadtmitte näherten, etwa beim Hauptbahnhof, wo sich unser Ziel befand, erkannten wir den Dom. Die ganze Stadt unter uns stand in Flammen. Wir warfen dann unsere Brandbomben, drehten so schnell wie möglich ab und machten uns auf den Rückweg. Ich glaube, wir waren nur zwei oder drei Minuten über Köln.«

Die Stadt hatte seit Kriegsbeginn schon 268 Alarme erlebt, bisher waren dabei insgesamt 373 Menschen ums Leben gekommen. In dieser Nacht starben 460 Einwohner, 45 000 wurden obdachlos. Alle Verkehrsmittel wurden für Wochen lahmgelegt, viele Straßen verschwanden unter Schuttmassen. Dies war die Wirkung von 1500 Tonnen Bomben. Englische Experten hatten zuvor ausgerechnet, daß eine Tonne Bomben ausreichen müßte, um 800 Einwohner um ihre Habe und eine Anzahl davon um ihr Leben zu bringen. Nach dieser Kalkulation hätte die Stadt nach diesem Angriff unbewohnbar sein müssen. Daß es nicht soweit kam, war das Verdienst der Feuerwehren. Die Feuerlöschpolizei war mit 25 Kompanien aus allen Himmelsrichtungen zur Hilfe herbeigeholt worden; auch sie erlitt Verluste, weil sie – das war neu – von niedrig fliegenden Maschinen mit Splitterbomben angegriffen wurde.

Als englische Teilnehmer an diesem Angriff später nach ihren Eindrücken von damals gefragt wurden, bedauerten sie keineswegs die Menschen, die einige tausend Meter unter ihnen um ihr Leben kämpften. Einer der Piloten meinte: »Man hat nicht viel Zeit, sich Gefühlen hinzugeben. Man ist mehr damit beschäftigt, seine Besatzung sicher nach Hause zurückzubringen.« Und ein anderer sagte: »Das war die Vergeltung für die Bomben der Deutschen auf Coventry, Liverpool, Hull. Das machte uns so wütend und heizte uns so an, daß wir etwas gegen diese ständigen Luftangriffe tun wollten. Unser Angriff war so massiv, daß man gar nicht vermeiden konnte, auch nichtmilitärische Objekte zu treffen. Ich habe nicht gesehen, wo meine Bomben einschlugen. Sie detonierten irgendwo in den Flammen. Ich dachte daran, daß Hitler gesagt hatte: ›Wenn ihr den totalen Krieg wollt, dann könnt ihr ihn haben.‹ Das war unsere Antwort darauf.«

So hörte man auf beiden Seiten die gleiche Rechtfertigung: Vergeltung! Die Deutschen meinten, dieser Teufelskreis habe damit begonnen, daß die Briten Ende August 1940 Berlin bombardierten und verdrängten die Tatsache, daß ihre Flieger schon vorher über London waren. Zum Beweis dafür, daß nichts geschehen sein konnte, was nicht geschehen durfte, beriefen sie sich auf ihre Luftwaffen-Dienstvorschrift: »Der Angriff auf Städte zum Zwecke des Terrors gegen die Bevölkerung ist grundsätzlich abzulehnen. Erfolgen aber trotzdem Terrorangriffe durch einen Gegner auf schutz- und wehrlose offene Städte, so können Vergeltungsangriffe das einzige Mittel sein, den Gegner von dieser brutalen Art der Luftkriegführung abzubringen.« Aus solcher Sicht hielt man es für durchaus gerecht, daß die Londoner bei zum Teil schweren Angriffen während 65 aufeinanderfolgender Nächte in die Schutzräume gejagt wurden und daß Tausende von ihnen umgekommen waren. Beim letzten und wohl schwersten Luftangriff auf London am 11. Mai 1941 mit 500 Maschinen waren allein mehr als 1200 Menschen gestorben.

Mit den Angriffen auf Rostock, Lübeck und Köln hatten die Briten nun den »totalen Luftkrieg« gegen Deutschlands Städte eröffnet. Harris war jetzt nicht mehr zu bremsen, glaubte er doch, seine Bomber würden den Krieg entscheiden. Als er sich im Frühsommer 1942 wegen der Flächenbombardements mit dem Vorwurf aus dem Kriegsministerium auseinandersetzen mußte, das Zerstören deutscher Städte trage nichts zum Sieg bei, wehrte er sich am 28. Juni 1942 mit einer Denkschrift. Mit den Angriffen auf Köln, Rostock und Lübeck, so hieß es dort, habe er nicht nur zahlreiche Industriebetriebe ausgeschaltet, sondern auch die Städte so zugerichtet, daß sie für die Deutschen nur noch eine Belastung seien.

Jahre nach dem Krieg wurde Harris von dem englischen Historiker David J. Irving gefragt, ob es denn für den alliierten Sieg notwendig gewesen sei, so viele Städte zu zerstören und so viele

Zivilisten umzubringen. Er vermied eine klare Antwort: »Hat Hitler bei seinen Schlachten an die Zivilisten im feindlichen Land gedacht?« fragte er zurück. »Europa war damals eine deutsche Festung, und ehe wir sie angreifen konnten, mußten wir sie sturmreif machen.« Außerdem seien Angriffe auf Städte nicht seine Erfindung. »Sie waren vom Stab der RAF schon befohlen worden, ehe ich das Bomber Command übernahm.« Seine Kritiker hätten zudem den militärischen Nutzen seiner Aktionen nur selten erkannt. Er habe nicht nur die Produktion von Kriegsmaterial verhindert oder wenigstens vermindert. Er habe auch der kämpfenden Truppe der Deutschen viele Männer entzogen – die Soldaten der Flak, die Arbeiter an den Bunkern, die Feuerwehrleute, die Trümmerräumer und diejenigen, die Straßen und Schienenwege reparierten. Gewiß habe dieser Krieg auch Zivilisten getroffen. »Sie alle haben Hitler und sein Kriegsprogramm gewählt. Ich hielt es für gut, den Deutschen klarzumachen, daß Kriege eine bestialische Angelegenheit sind und daß man mit eigenem Gut und Blut dafür bezahlen muß, wenn man einen Krieg anzettelt. Die Deutschen hatten Wind gesät, nun würden sie Sturm ernten. Köln, Lübeck, Rostock waren erst der Anfang.«

So völlig guten Gewissens, wie Harris sich in diesem Gespräch gab, fühlte er sich im Grunde wohl nicht. Er hätte sonst nicht immer neue Rechtfertigungsgründe gesucht. Als ihn der Autor dieses Buches kurz vor seinem Tode interviewte, entschuldigte er die Angriffe auf Wohngebiete mit der »verzweifelten Lage« Englands. Not kenne eben kein Gebot. »In keinem größeren Krieg hat je etwas anderes stattgefunden als Angriffe gegen Zivilisten... Durch die U-Boote hoffte der Feind, unser Land aushungern zu können. Man kann sich gut vorstellen, daß sehr viele Leute, besonders Kinder und Jugendliche, dabei elend zugrunde gegangen wären.«

In London machte die Nachricht vom brennenden Köln den Luftmarschall Harris von einem Tag zum anderen zu einem populären Helden. Außerdem waren die eigenen Verluste mit 40 Maschinen noch unter seiner optimistischen Vorhersage geblieben.

Keine Formation wagte es, jetzt gleich die geliehenen Flugzeuge und Besatzungen vom Bomber Command zurückzufordern. Harris konnte seine siegreiche Flotte am 1. Juni 1942, also zwei Nächte nach Köln, abermals einsetzen. Diesmal schickte er sie nach Essen gegen die legendäre Waffenschmiede Krupp. Sie stand seit Kriegsbeginn weit oben auf der Liste des Bomber Command. Schon weit über hundertmal waren die Maschinen auf Kurs Essen gegangen; ihre Bomben sollten den Fabrikanlagen ebenso gelten wie den Arbeiterwohnungen, aber die Schäden hatten sich bisher in Grenzen gehalten, weil die Piloten vom Feuer der hier konzentrierten Flak vertrieben worden waren oder die Stadt nicht gefunden und ihre Fracht über das ganze Ruhrgebiet verteilt hatten. So war es auch diesmal, trotz des Masseneinsatzes von 956 Maschinen.

In der nächsten Vollmondphase waren es sogar noch ein halbes Hundert Flugzeuge mehr, die Harris einsetzen konnte, diesmal gegen Bremen. Er wollte zeigen, daß der Fall Köln wiederholbar sei. Doch dabei wagte er zuviel. Das Wetter war schlecht, Wolken verminderten die Sicht, die Zielmarkierung klappte nicht, viele der unerfahrenen Besatzungen verloren die Orientierung und verschwendeten ihre Bomben an Heide und Moor zwischen Elbe und Ems. Verluste gab es auch. Trotz solcher Fehlschläge stand Churchill weiter hinter Harris. In der englischen Kino-Wochenschau vom 14. Mai 1942 sagte er: »Unsere Bombenabwürfe auf Deutschland betragen ein Vielfaches ihrer Abwürfe auf England, und dieses Verhältnis wird immer größer werden, bis zum Ende. Wir kennen die Industriezentren. Wir haben uns fest vorgenommen, sie zu zerstören, so wie schon Lübeck, Rostock und ein halbes Dutzend andere wichtige Orte zerstört sind.« Zynisch fügte er hinzu: »Die deutsche Zivilbevölkerung kann all diesem leicht entgehen. Sie braucht nur ihre Städte zu verlassen, ihre Arbeit aufzugeben und aus der Ferne ihre brennenden Häuser zu betrachten.« Der Premierminister war überzeugt, auf der Siegerstraße zu sein, denn in Köln hatten die Bomben etwa 200 Hektar Stadtgebiet umgepflügt oder eingeäschert; die Hälfte davon zählte zum Stadtzentrum.

Was Churchill vorhatte, wußten Abgeordnete des Unterhauses schon vor dem Angriff auf Rostock. Er hatte es ihnen am 23. April 1942 in einer Geheimsitzung verraten. »In diesem Sommer und Herbst – ja auch im nächsten Winter – wird Deutschland ein wissenschaftlich präzises Bombardement erleben von einer Wucht und einem Umfang, wie es keines der von ihm mißhandelten Völker zu erdulden hatte. Wir dürfen uns nicht durch falsche Freunde von diesen schwersten und furchtbarsten Kriegsmaßnahmen abhalten lassen. Ein halbes Dutzend Städte hat bereits in vollem Maß das bekommen, was die Deutschen über Coventry niedergehen ließen. Weitere dreißig Städte und später noch viel mehr stehen auf unserer Liste.«

Die Väter dieser Liste waren: Winston Churchill, Lord Cherwell, der Deutschland so gut kannte, der Stabschef der RAF Sir Charles Portal und Harris. Sie enthielt folgende Namen: Kiel, Wismar, Hamburg, Bremerhaven, Emden, Berlin, Stuttgart, Augsburg, Nürnberg, Friedrichshafen, München, Magdeburg, Hannover, Braunschweig, Osnabrück, Gelsenkirchen, Münster, Karlsruhe, Pilsen, Chemnitz, Rostock, Leuna, Bochum, Hamm, Essen, Dortmund, Oberhausen, Duisburg, Linz, Stettin, Posen, Dessau, Leipzig, Düsseldorf, Aachen, Köln, Saarbrücken, Wilhelmshaven, Halle, Merseburg, Liegnitz, Breslau, Lodz, Regensburg, Frankfurt am Main, Mainz, Mannheim, Kassel, Gotha, Lübeck.

Das sind weit mehr als dreißig Städte. Harris sollte die Wahl haben; die Entscheidung lag bei ihm, soweit nicht eine vorgesetzte Stelle dringlich einen Angriff auf ein bestimmtes Objekt befahl. Gemeinhin reagierte er in solchen Fällen mit Unwillen; er brauchte seine Flugzeuge für sein eigenes Programm. Am wenigsten gefielen ihm Einsätze, für die zeitraubende Vorbereitungen, ein besonderes Training oder gar Treffsicherheit notwendig waren. Als im Laufe des Jahres 1943 von ihm Tagesangriffe gegen die Danziger U-Boot-Werft, gegen die Philipps-Werke in Eindhoven und gegen die Waffenschmiede MAN in Augsburg gefordert wurden, schickte er seine Bomber zwar los, aber offenkundig nur, weil er mit dem Ergebnis beweisen wollte, daß sich solche Risiken nicht lohnten.

Er behielt recht; in Danzig wurde wenig getroffen, in Augsburg und in Holland waren die Verluste der Angreifer sehr hoch.

Mit Operationen bei Tag hätte sich Harris am liebsten nie beschäftigt, sah sich aber neuerdings dazu gezwungen. Die Amerikaner waren im Begriff, auf dem europäischen Kriegsschauplatz aktiv zu werden. Sie hatten schon bisher der RAF auf der Route Neufundland–Grönland–Island viermotorige Flugzeuge zugeführt; nun bezogen sie in England ihre eigenen Flugplätze. Der Oberbefehlshaber der 8. USAAF (USA-Air Forces) hielt die nächtlichen Flächenbombardements des Bundesgenossen für wenig nützlich, für völkerrechtlich und vor allem für moralisch anfechtbar. Er war von Anbeginn entschlossen, seine Bomben bei Tag zu werfen.

Ganz so blind wie zu Kriegsbeginn waren jedoch die englischen Bombenschützen inzwischen nicht mehr. Noch im Dezember 1940 waren sie bei einem Angriff auf Mannheim angewiesen worden, schlechthin auf bebaute Flächen zu zielen. Zweimotorige Maschinen, schneller und wendiger als die Viermotorigen, waren dem Verband vorausgeflogen, und ihre erfahrenen Besatzungen hatten den Auftrag gehabt, mit ihrer Ladung Brandbomben das Ziel zu markieren. Wer seine Bomben bis auf acht Kilometer an das Ziel heranbrachte, galt schon als guter Schütze. Nun, drei Jahre nach Kriegsbeginn, waren die Besatzungen bei ihrem schauerlichen Handwerk nicht mehr allein auf ihre fünf Sinne angewiesen. Nun konnten sie während des Flugs durch Funkpeilungen, gerichtet auf zwei englische Bodenstationen, einigermaßen ihren Standort bestimmen. Doch diese Sender reichten nur 320 Kilometer weit, und die Peilung wurde immer ungenauer, je weiter sich die Maschine entfernte.

Ab Herbst 1941 stand den Bombern mit dem »Gee«-Gerät eine weit präzisere Ortungshilfe zur Verfügung. Sie konnten jetzt die Impulse von drei Sendern aus England empfangen und zudem den Zeitunterschied messen, mit dem die verschiedenen Wellen eintrafen. Auf einer »Gee«-Landkarte ließ sich damit der jeweilige Standort ablesen. Aufgabe des Navigators in der Maschine war es dann, den weiteren Kurs zum Ziel zu errechnen. Mit »Gee« wurde es auch möglich, die Maschinen im Luftraum enger zusammenzufassen. Damit verringerte sich das Risiko, von den deutschen Nachtjägern abgeschossen zu werden, denn Organisation und Technik der deutschen Luftabwehr erlaubten es nur, innerhalb eines bestimmten Luftraumes gleichzeitig immer nur *eine* Jagdmaschine an *einen* feindlichen Bomber heranzuführen und in Abschußposition zu bringen. Während dies geschah, konnte eine beträchtliche Anzahl Bomber die von General Kammhuber geschaffene Scheinwerferzone (Deckname »Himmelbett«) unbehelligt passieren.

»Gee« hatte bereits bei den Angriffen auf Lübeck und Rostock mitgewirkt, und es hatte wesentlich dazu beigetragen, den Bomberstrom so zu konzentrieren, daß die Bombardierung von Köln programmgemäß innerhalb von neunzig Minuten abgewickelt werden konnte. Das brennende Köln – so schrieb Harris später – »war das einzige sichtbare Argument für mich, um zu verhindern, daß [dem Bomber Command] Staffeln weggenommen und gegen andere, unwichtige Ziele eingesetzt wurden, und um endlich das dringend benötigte Material zu erhalten, wie Navigationsradar- und Zielweisungsgeräte, welche die unbeweglichen Ämter uns so lange vorenthalten hatten«.

Mit Köln hatte Harris die Lebensberechtigung des Bomber Commands geliefert, aber zugleich auch entdeckt, wie er seine Angriffe effektiver machen konnte. Die Trefferquote mußte noch verbessert werden. Das bewiesen auch die Fehlwürfe und Orientierungsfehler im Fall Bremen. Es gab jedoch im Bomber Command einen Groupcaptain D. Bennett, einen Australier, der in der privaten Luftfahrt seines Heimatlandes gelernt hatte, sich auch in verzwickten Situationen zurechtzufinden, und der dabei ein ungewöhnliches Talent für die Navigation entwickelt hatte. Ihn beauftragte Harris, eine »Pfadfinder«-Einheit zusammenzustellen und auszubilden. Ihre Aufgabe wurde es, dem Verband voranzufliegen und Leuchtzeichen zu setzen, nach denen sich das Gros orientieren konnte, sei es bei Richtungsänderungen während des Anflugs, sei es über dem Zielgebiet. Das war eine ziemlich gefährliche Arbeit. Sobald die Deutschen eine Maschine für einen Pfadfinder hielten, waren die Nachtjäger mit besonderem Eifer hinter ihr her, weil sie hoffen konnten, durch ihren Abschuß den ganzen Verband vom Wege abzubringen. Gelang dies nicht, dann warfen die Pfadfinder außer ihren farbigen Markierungen – die jeweils eine besondere Bedeutung hatten – auch jene Dauerbrenner an Fallschirmen ab, die das Land unter ihnen mit grellem Licht überfluteten und von den Bedrohten auf der Erde »Weihnachtsbäume« genannt wurden.

Solche Aufträge konnten nur erfahrenen Fliegern überlassen werden. Wer in Bennetts Elite dienen wollte, mußte dreißig Einsätze mitgemacht haben; durchschnittlich brachten es die Männer im Bomber Command auf zehn, ehe sie auf eigenen Wunsch zum Bodenpersonal versetzt, abgeschossen, vermißt, verwundet oder gefangengenommen wurden, nachdem sie über Feindesland mit dem Fallschirm abspringen mußten. Die Pfadfinder kannten auch jene Schliche des Feindes, mit denen er die Bomber irreführte, etwa durch Kulissen, die von oben gesehen die markanten Details einer Stadt vorspiegelten. So gab es im Sand der Mark Brandenburg ein Ersatz-Berlin oder auch elbeabwärts ein Schein-Hamburg, aus dessen Anlagen der Feind gelegentlich Lichter aufblitzen sah und wo nach Bombenwürfen vorbereitete Scheiterhaufen angezündet wurden.

Durch »Gee« war die Trefferquote so verbessert worden, daß ein Drittel der explosiven Ladung in einem Radius von drei Kilometern um das Ziel niederging. Doch etwa ab August 1942 ging selbst diese bescheidene Trefferquote wieder zurück; die Deutschen störten die »Gee«-Sendungen per Funk so gründlich, daß sie nur noch im Küstenbereich am Kanal eine verläßliche Hilfe bedeuteten. Beide Seiten, die Angreifer aus England und die Verteidiger über dem Kontinent, versuchten durch Veränderungen ihrer Taktik und durch technische Neuerungen an Flugzeugen und Nachrichtenmitteln Vorteile und damit die Vorherrschaft zu gewinnen. Zeitweise waren die deutschen Nachtjäger so erfolgreich, daß man im Bomber Command überlegte, wie lange der Kampf bei solchen Verlusten noch fortgeführt werden könnte. Andererseits konnte die Luftwaffe ihre Verluste um so weniger verkraften, als sie auch im Osten immer mehr Menschen und Maschinen verlor und mit dem bald zu erwartenden Eingreifen der USA der Luftkrieg noch härter werden würde. Doch Hitler schätzte die Amerikaner nicht als gefährlich ein; ihre soldatischen Tugenden hielt er für gering, und wenn ihn jemand auf ihr ungeheures industrielles Potential hinwies, dann sprach er ihnen rundweg die Fähigkeit ab, etwas anderes als billige Massenartikel in schlechter Qualität herstellen zu können.

Auch die RAF hatte angesichts der anfänglichen amerikanischen Niederlagen im Pazifik-Krieg gegen Japan keine hohe Meinung von den fliegerischen und kämpferischen Leistungen der Bundesgenossen. Die Briten pochten zunächst auf ihre längeren und weniger schmerzlichen kriegerischen Erfahrungen. Abweichend von der Praxis Churchills, der RAF und des Bomber Commands bestanden die Amerikaner hartnäckig darauf, daß Bombenabwürfe auf feindliches Land nur gerechtfertigt seien, wenn damit die Möglichkeit des Feindes geschmälert würde, den Krieg fortzusetzen. Dem aber dienten nach US-Meinung nur präzise Bombenwürfe auf Punktziele wie Rüstungsbetriebe und Verkehrsstränge.

Um diese Meinungsverschiedenheiten auszugleichen, flog Air-Generalleutnant J. Slessor, Befehlshaber des britischen Coastal Command, im September 1942 nach Washington. Doch es glückte ihm nicht, die englische Praxis bei den Amerikanern durchzusetzen. Dem Oberbefehlshaber der RAF, Sir Charles Portal, schrieb er: »Sie haben sich in Ihre Bombenstrategie verbissen.« Zweifel an diesem Rezept würden »nur Verärgerung und Widerstand auslösen«. Portal schrieb daraufhin dem britischen Luftfahrtminister Sir Archibald Sinclair, zwar könnte es den Amerikanern gelingen, bei Tagesangriffen unter »weit höheren Verlusten als die RAF« bis zum Ruhrgebiet vorzustoßen, doch würde damit die deutsche Jagdwaffe keineswegs geschwächt, und auf die Dauer würden »untragbare Verluste« die Amerikaner scheitern lassen.

Sowohl Sir Portal als auch Hitler unterschätzten die Amerikaner. Diese modifizierten nach den ersten Erfahrungen ihre Angriffspläne, behielten aber das Prinzip des Tagesangriffs trotz schwerer Verluste bei. Ihnen mangelte es weder an Flugzeugen noch an Besatzungen. Ihre Bomber, die »Fortress« und die »Liberator«, waren robuste Konstruktionen, die den Piloten nicht überforderten, an empfindlichen Stellen gepanzert waren und über Abwehrwaffen verfügten, die einem Jagdflieger das Angreifen schwermachten. Ihm schlug dabei ein wahrer Geschoßhagel entgegen, da die Amerikaner, wenn irgend möglich, in einer eng geschlossenen Formation zu fliegen pflegten, in der jede Maschine mit ihren bis zu zehn überschweren Maschinengewehren nicht nur sich selber schützen, sondern auch dem Nachbarn beistehen konnte. Routinierte deutsche Jagdflieger griffen deshalb diese Riesenvögel von vorn an. Dort waren die amerikanischen Maschinen weniger wehrhaft und leichter verwundbar, doch diese Taktik erforderte ungeheure Kaltblütigkeit, fliegerische Meisterschaft und auch eine gute Portion Glück; da sich die beiden Gegner mit addierter Geschwindigkeit einander näherten, blieben dem Jagdflieger nur zwei Sekunden Zeit, seine Schüsse anzubringen, ehe er, seine Maschine hochziehend, über den Bomber wegbrauste.

Andererseits wurde die Abwehr von Geschwaderangriffen insofern erleichtert, als mit dem Radar ein neues Nachrichtenmittel zur Verfügung stand. Turmhohe Antennenmasten (vom Typ »Wassermann«) an der Kanalküste ließen erkennen, wenn sich auf der anderen Seite Flugzeuge in großer Zahl zu einem Anflug sammelten. Die Leitstellen der Nachtjäger verfolgten auf große Entfernung vermittels der haushohen Antennen des »Freya«-Radars den Kurs der Bomber, und durch »Würzburg«-Geräte wurden die Maschinen am Nachthimmel einzeln geortet, damit Nachtjäger und Flak sogar im Dunkeln ihr Ziel fanden. Doch trotz der Abwehrerfolge war Hitler mit den Jägern insgesamt unzufrieden, weil sie in der Schlacht um England nicht die Luftüberlegenheit erkämpft und seinen Bombern den Weg freigemacht hatten. Grollend bezichtigte er sie bei Göring der Feigheit – ein Vorwurf, der im

Dritten Reich fast noch schwerer wog als die Beschuldigung, ein Kinderschänder zu sein. Als dann gar noch um die Jahreswende 1942/43 das Versprechen Görings, er werde die in Stalingrad eingeschlossene 6. Armee bis zu ihrer Befreiung aus der Luft versorgen, sich als böse Aufschneiderei erwies – mit den schlimmsten Folgen für das Heer, für 300 000 Soldaten und damit für die ganze Nation –, verloren der dicke Reichsmarschall und die von ihm geführten Teilstreitkräfte jeden Kredit bei Hitler.

Auch auf der Gegenseite gab es Auseinandersetzungen über die Art der Zusammenarbeit zwischen RAF und USAAF. Die Engländer fühlten sich als die erfahreneren Krieger zu Belehrungen berechtigt. In der Überzeugung, sie würden den Amerikanern vermeidbare Opfer ersparen, wollten sie den künftigen Kurs der Bomber allein bestimmen. Beim Treffen der beiden Staatsmänner Roosevelt und Churchill in der nordafrikanischen Hafenstadt Casablanca (vom 14. bis zum 25. Januar 1943) sollte dieses Problem gelöst werden. Weil es den amerikanischen Bombern bis dahin nicht in nennenswerter Zahl gelungen war, den deutschen Sperriegel aus Jägern und Flak zu durchbrechen, und weil sie bei ihren Versuchen erhebliche Verluste erlitten hatten, schlug Churchill dem amerikanischen Präsidenten vor, die Bomber der in England stationierten 8. US-Luftflotte sollten sich der Harris-Strategie anschließen und fortan nicht mehr bei Tageslicht ausgesuchte Punktziele angreifen, sondern ihre Bombenschächte nächtens über dem Häusermeer von Großstädten öffnen. Churchill hatte auch bereits eine Verlautbarung in diesem Sinne entworfen, und Roosevelt war anscheinend bereit, sie zu unterschreiben.

Doch ehe dies geschah, alarmierte General H. Arnold, Stabschef der US-Luftwaffe, den Kommandeur der 8. Flotte in England, Generalleutnant Ira C. Eaker. Dieser flog nach Casablanca und drohte, sein Kommando niederzulegen, falls ihm befohlen würde, sich der englischen Strategie anzuschließen. Sie sei ebenso nutzlos wie eines Soldaten unwürdig, argumentierte er. Arnold erreichte es, daß Eaker seine Argumente Churchill vortragen durfte. Mit Erfolg. Der englische Premier sagte: »Junger Mann, Sie haben mich zwar nicht völlig überzeugt, aber Sie sollen eine Chance bekommen. Beweisen Sie, daß Sie recht haben. Ich werde bei Ihrem Präsidenten meinen Vorschlag zurückziehen.«

Der US-Fliegergeneral Hensell, Kommandeur des I. Bombergeschwaders bei Eaker, nennt diese Entscheidung »einen Wendepunkt in der Kriegführung. Denn hätten wir uns dem Nachtbombardement der Briten angeschlossen, dann hätten wir nicht nur unser Konzept des strategischen Luftkrieges aufgegeben, sondern wahrscheinlich auch das gesamte Siegeskonzept der Alliierten...« Es habe Übereinstimmung bestanden, daß es keine Invasion der Alliierten in Westeuropa geben würde, ehe nicht die Luftwaffe zerschlagen sei. Dies konnte aber nicht durch Nachtangriffe gegen deutsche Städte geschehen. Außerdem sei, so meinte Hensell, für Amerika die Vorstellung unerträglich gewesen, eine Strategie des Luftkrieges zu praktizieren, die Massenmorde an Männern, Frauen und Kindern unvermeidlich machte.

In Casablanca handelte schließlich ein Expertenausschuß eine Kompromißformel aus, wie sie immer benutzt wird, um Gegensätze zu verschleiern. Als gemeinsame Hauptziele der Bomberverbände wurden festgelegt:

a) fortschreitende Zerstörung und Erschütterung der militärischen, industriellen und wirtschaftlichen Strukturen in Deutschland;
b) die Unterminierung der Moral des deutschen Volkes bis zu dem Punkt, da seine Fähigkeit zu bewaffnetem Widerstand entscheidend geschwächt ist.

Damit konnten sich beide Luftwaffenchefs als Sieger fühlen. Harris berief sich fortan auf die Vorschrift, die Moral des deutschen Volkes zu schwächen, wie es im Punkt b verlangt wurde. Eaker dagegen stützte sich auf Punkt a. Er stellte umgehend ein Programm künftiger Angriffsziele auf, die präzise Treffer erforderten, also bei Tag angeflogen werden mußten, und die entweder militärische oder rüstungswichtige Bedeutung hatten. Dieses Programm wurde Harris Mitte April 1943 als Vorschlag für eine kombinierte Bomberoffensive auf den Schreibtisch gelegt. Ablehnen konnte er es nicht, denn unbestreitbar entsprach es den Beschlüssen von Casablanca, aber statt nun die Details gemeinsamer Aktionen vorzuschlagen, wies er darauf hin, daß er eben diese Ziele für nächtliche Angriffe schon eingeplant habe. Das wiederum war keineswegs unwahr; allerdings wollte er seinen Schlag gegen die Wohnviertel eben jener Städte führen, in denen auch ein Ziel der Amerikaner zu finden war. Diese mußten sich damit abfinden, daß der Bomberkrieg in der bisherigen Form weitergeführt wurde. Dabei trösteten sie sich mit dem Argument, es sei angesichts der in England dicht beieinanderliegenden Flugplätze und des eng werdenden Luftraumes vielleicht doch zweckmäßiger, wenn sie bei Tag und die Engländer in der Nacht flögen.

»Wir haben eine Achillesferse: Das Ruhrgebiet!«

Zu Beginn des Jahres 1943 war alles anders gekommen, als es sich Hitler vorgestellt hatte. Im Osten, Westen und Süden waren die Erfolge immer rarer geworden, in der Luft, zur See und auf der Erde führten gegnerische Angriffe zu so schweren Verlusten, daß den Deutschen vorläufig nur die Verteidigung übrigblieb. Luftwaffen-General Karl Bodenschatz sagte später vor dem Internationalen Militärtribunal in Nürnberg: »Die Luftverteidigung Deutschlands war insofern sehr schwierig, als die ganze Verteidigung ja nicht bloß bei den Flugzeugbesatzungen lag, sondern es war auch ein funktechnischer Krieg, und darin, das muß offen zugestanden werden, war die Feindseite wesentlich besser dran als wir.«

Anthony Verrier, der den Bombenkrieg aus britischer Sicht schildert, ist nicht ganz dieser Meinung. Die Deutschen hätten, so schreibt er, zumindest zeitweise die besseren Geräte besessen, aber sie hätten sie weniger zweckentsprechend einzusetzen gewußt. Tatsächlich gab es im Grunde nur graduelle Unterschiede in der Funkmeßtechnik. Mit welchen Tarnbezeichnungen beide Seiten auch immer ihre Geräte benannten, sie bedienten sich gleichermaßen einer Erfindung, die erst wenige Jahre zuvor gemacht worden war und die man heutzutage zusammenfassend als Radar bezeichnet. Der britische Luftwaffenvizemarschall Don Bennett, Chef der Pfadfinder-Formation und also mit Radar bestens vertraut, mochte nicht entscheiden, welche Seite die Funkmeßtechnik besser zu nutzen verstand. »Wir haben uns sehr um die Entwicklung des Radars gekümmert«, sagte er zum Autor dieses Buches, »und wir haben unsere Besatzungen intensiv ausgebildet. Die Deutschen hatten bessere Erfolge mit Peilstrahlen, die sich über britischen Zielen kreuzten und dabei sozusagen automatisch den Bombenwurf auslösten. Wir haben eigentlich von den Deutschen recht viel gelernt.« Tatsächlich hatte einer der bedeutendsten Forscher auf diesem Gebiet, der junge Deutsche Manfred von Ardenne, schon im Oktober 1940 Göring vorgeschlagen, Radar auch für die Luftabwehr zu verwenden. Der Vorschlag wurde abgelehnt. Da der Endsieg unmittelbar bevorstehe, lohne es nicht mehr, Geld und Energie auf ein Projekt zu verschwenden, das bei der Entscheidung keine Rolle mehr spielen werde.

Trotzdem wurde auch in diesem Fall der Krieg wieder einmal zum Motor einer technischen Entwicklung, die in friedlichen Zeiten gewiß weniger stürmisch verlaufen wäre. Was immer in Jahrtausenden entwickelt oder erfunden und zumeist auch als Fortschritt gepriesen wurde, der Krieg bemächtigte sich jeder Neuerung, sofern sie ihm nur brauchbar erschien, mehr Feinde zu töten. Die schon eingangs erwähnte Pazifistin Bertha von Suttner hatte 1911 in einem Aufsatz davor gewarnt, die neuen Luftfahrzeuge zu kriegerischen Zwecken zu mißbrauchen – zu einer Zeit, als der Flugzeugkonstrukteur Henri Farman in Frankreich gerade damit begonnen hatte, für Luftsportbegeisterte (oder Aviatiker, wie man sagte) einen leichten Doppeldecker herzustellen. Dieses Gerüst aus Stäben, Drähten und starker Leinwand, von einem 50-PS-Motor angetrieben, konnte damals gerade einen Kreis von einem Kilometer Durchmesser fliegen. Ungeachtet solcher bescheidenen Errungenschaften waren die Militärs schon damals hellhörig geworden. Der kaiserliche Generalstab in Berlin gab einem Hauptmann de la Roi den Auftrag, eine Militärfliegerschule einzurichten, deren Schüler dann schon 1917 mit den viermotorigen Bombern vom Typ »Gotha« englische Städte angriffen.

Auch in England wurde im gleichen Jahr der strategische Bombenkrieg geplant und ein Verband von viermotorigen Flugzeugen dafür aufgestellt. Anstoß dazu hatte der Generalmajor Hugh Trenchard gegeben, der ab 1915 das Royal Flying Corps befehligte und ab 1919 zehn Jahre lang Chef des britischen Luftstabes war. Er war ein zielbewußter und harter Verfechter von Douhets Ideen, und er hatte den Chef der amerikanischen Bomber im Ersten Weltkrieg bewogen, alle seine Maschinen zu einem Verband zusammenzufassen, damit er sie geschlossen einsetzen könne. Trenchard hatte dem Amerikaner schon damals geraten: »Häufige und schwere Bombenangriffe auf das Ruhrgebiet können die Rüstungsindustrie der Hunnen lahmlegen.«

Harris war Trenchards Schüler gewesen und hatte von ihm nicht nur die Gewohnheit übernommen, von den Deutschen als den »Huns« zu sprechen. Was Trenchard im Ersten Weltkrieg nicht gelungen war, weil die technischen Mittel dazu gefehlt hatten, das konnte er als Schüler nun vollenden. Harris und Churchill pflegten aus diesem Vorhaben auch kein Geheimnis zu machen. Auch Hitler kannte ihren Plan. Als er am 23. November 1939, also nach dem Sieg über Polen und dem anschließenden, ohne Echo gebliebenen »Friedensangebot« an die Feinde im Westen, die drei Oberbefehlshaber der Wehrmacht zu sich befohlen hatte, um sie für die Fortsetzung des Krieges zu begeistern, sagte er: »Wir haben eine Achillesferse: das Ruhrgebiet!«

Doch ehe sich Harris erneut auf dieses sein bevorzugtes Ziel stürzte, wollte er noch einmal gründlich Vergeltung üben für die in Englands Metropole angerichteten Schäden. Von Mitte Januar 1943 an griffen Verbände der RAF fünfmal im Großeinsatz Berlin an, und während vieler Nächte jagten außerdem die zweimotorigen »Mosquito« über das Häusermeer; sie warfen hinreichend Bomben ab, um die Einwohnerschaft um den Schlaf zu bringen. Während einer dieser Nächte wurden von den weit über hundert angreifenden Bombern 900 Tonnen Spreng- und Brandmunition abgeworfen, doppelt soviel wie die Deutschen bei ihrem schwersten Angriff auf London entladen hatten. Einzelne dieser Spreng- und Minenbomben wogen bis zu vier Tonnen; bezeichnenderweise wurden sie »Wohnblockknacker« genannt.

Wie stets waren es Vollmond-Einsätze, denn noch immer waren die Bomber bei der Suche nach ihrem Ziel auf die himmlische Beleuchtung angewiesen. Ende März 1943 brach Harris seine Berlinflüge zunächst einmal ab; im Spätsommer wollte er sie wieder aufnehmen, weil dann die Nächte wieder länger wurden und die Besatzungen nicht mehr fürchten mußten, im Dämmerlicht den Angriffen deutscher Jäger ausgesetzt zu sein. Die Reichshauptstadt war vorerst schlimm genug zugerichtet, und nebenbei hatten auch etliche andere Städte etwas abbekommen. Insgesamt hatte die RAF im März 8000 Tonnen Bomben über deutschem Boden abgeladen. Das war neuer Rekord. Doch schon im Mai wurde er wieder überboten; allein in der letzten Maiwoche waren es 7500 Tonnen.

Sie fielen zum größten Teil auf das Ruhrgebiet; dazu gehörte nach Harris' Rechnung das ganze Gebiet zwischen Osnabrück und Leverkusen, zwischen Siegen und Emmerich. Dort pochte nach seiner Meinung das industrielle Herz des Reiches. Selbstverständlich wußte er, was hier oder dort fabriziert wurde, aber so wichtig war das für ihn nicht. Wesentlicher war ihm, daß in diesem Gebiet die Städte dicht beieinanderlagen, darunter viele Großstädte, die sich so ausgedehnt hatten, daß sie zusammengewachsen waren. Hatte ein Flugzeug erst einmal dieses Gebiet erreicht, dann würde kaum eine Bombe nutzlos vergeudet sein.

Ausgerechnet am 1. Mai 1943, dem »Tag der Arbeit«, wie die NSDAP seit 1933 diesen einstigen Tag des Arbeiterprotests nannte, ließ Harris die Arbeiterstadt Essen angreifen. An diesem »Nationalen Feiertag des deutschen Volkes« hatte es vor dem Krieg überall Aufmärsche, Festreden und Freibier auf Betriebskosten gegeben. Diesmal fiel der Tag auf einen Samstag, aber weil Propagandaminister Goebbels am 16. Februar den »totalen Krieg« ausgerufen hatte, wurde überall anstelle von Feiern wie an jedem Werktag hart gearbeitet, zumal in Rüstungsbetrieben wie Krupp.

Harris konnte sicher sein, daß seine Besatzungen diesmal ihr Ziel besser als je zuvor finden würden. Sie flogen es ungern an, denn da Essen als ein lohnendes Ziel bekannt war, waren die Stadt und ihre Umgebung mit Flakgeschützen gespickt. Doch beim letzten Angriff, am 5. März, also knapp acht Wochen zuvor, hatte die RAF zum ersten Mal ein neues Leitsystem für ihre Pfadfinder verwendet. Mit seiner Hilfe würden die Bomber auch jetzt trotz Rauch- und Dunstglocke die Ruhrmetropole nicht verfehlen. Das System beruhte auf einem Funkstrahl. Im Flugzeug konnte man ihn als einen singenden Dauerton empfangen, sobald die Maschine sich in der Richtung dieses Strahls bewegte; er verwandelte sich jedoch zu einer Kette einzelner Töne, wenn sie von diesem Kurs abwich. Das Blasinstrument »Oboe« gab dem System den Namen. Die Besatzungen waren damit der Notwendigkeit enthoben, den Kurs selber zu bestimmen. Das Bomber Command bekam so die Möglichkeit, die Maschinen in geschlossener Kette ins Reichsgebiet zu leiten. Das System wurde am Ende so vervollkommnet, daß ein zweiter Sender dem Bomber das Signal gab, wann er seine Schächte zu öffnen hatte.

Von nun an durften sich die deutschen Städter von Neumondnächten nicht länger eine ungestörte Nachtruhe erhoffen. In rascher Folge suchte die RAF nacheinander die Ruhrstädte heim – so Duisburg, Dortmund, Düsseldorf, Wuppertal. In einer Rede am 30. Juni 1943 prahlte Churchill, die RAF habe in der ersten Hälfte des Jahres 35mal mehr Tonnen Munition über Deutschland abgeworfen als die Deutschen in der gleichen Zeit über England. »Auf Düsseldorf warfen wir 2000 Tonnen an furchtbaren Spreng- und Brandbomben, und während wir dabei 38 Flugzeuge einbüßten, konnte Hitlers Luftwaffe nicht mehr als 1500 Bomben bei uns absetzen, zumeist noch ohne jede Wirkung, aber sie verlor dabei 245 Maschinen.«

Daß er gerade den Angriff auf Düsseldorf als besonderen Sieg herausstellte, hatte politische Gründe. Das Bomber Command hatte an diesem Tag Gäste gehabt, hohe sowjetische Offiziere. Die Waffenbrüder hatte man eingeladen, damit sie Stalin berichten konnten, daß nicht nur die Rote Armee gegen den gemeinsamen Feind kämpfe, und damit der Moskauer Ruf nach einer zweiten Front in Europa eine Zeitlang weniger fordernd vorgetragen würde. Fotos von Düsseldorf, vor und nach dem Bombardement aufgenommen, beeindruckten die Genossen tief; ihnen imponierte es, wie man weite Teile einer Großstadt in einer Nacht in eine Trümmerstätte verwandeln konnte. Sie rühmten sich nach dem Krieg, daß sie auf diesen Terror verzichtet hätten, aber die Frage bleibt offen, ob der Verzicht nicht auf Unvermögen zurückzuführen war.

Churchill täuschte jedoch seine Gäste aus dem Osten, wenn er ihnen erzählte, aufgrund solcher Schläge stehe das industrielle Herz des Feindes unmittelbar vor dem Kollaps. Die Engländer glaubten allerdings selber, daß die Produktion im Ruhrgebiet auf ein Drittel abgesunken sein müsse. Es war ein Selbstbetrug. Rüstungsminister Albert Speer konnte auch nach wiederholten Angriffen auf Essen seinem Führer melden, Krupp liefere nicht nur wie vorgesehen, sondern steigere sogar die Produktion. Ein wichtiger Faktor in Harris' Gewinnrechnung erwies sich als Fehlkalkulation: Arbeiter, die ihr bescheidenes Hab und Gut durch britische Bomben verloren hatten, revoltierten keineswegs gegen Hitler und dessen Regime. Sie haßten im Gegenteil jene, die ihnen das Dach über dem Kopf und den Eßtisch in der Wohnküche genommen hatten. Sie folgerten, daß ein besiegtes Reich kaum in der Lage sein würde, sie für ihre Verluste zu entschädigen, indessen ein besiegter Feind haftbar gemacht werden konnte.

Harris war außerstande, sein Versprechen von 1942 zu erfüllen, er werde seinem Premierminister in verhältnismäßig kurzer Zeit den »vollständigen Sieg« gewissermaßen auf einem silbernen Tablett servieren können. Nach den Berechnungen der Bomberstrategen hinsichtlich der Bombenmenge, derer es bedurfte, um einen Quadratkilometer Stadt zu vernichten, hätte eigentlich die Strecke von Köln bis Wesel ein einziges Trümmerfeld sein müssen. Soweit war es, wie die Luftaufnahmen zeigten, noch lange nicht gekommen. Und selbst dort, wo wirklich nur Ruinen zu sehen waren, wurde noch produziert.

Über die Besserwisser im Luftstab der RAF und im Kriegsministerium und erst recht über einige intellektuelle Politiker mußte sich Harris ständig ärgern. Sie warfen ihm vor, daß er seine alten

Fehler mit seinen Flächenbombardements ständig wiederhole, obwohl es sich inzwischen gezeigt habe, daß sie wirkungslos seien, weil die deutsche Kriegsmaschine nach wie vor funktioniere. Außerdem sei seine Methode der Kriegführung zutiefst unmoralisch, ja sogar unmenschlich. Deshalb verzichtete er aus taktischen Gründen auf Widerspruch, als ihm der Luftstab befahl, die besten seiner Besatzungen in einer Staffel – sie bekam die Nummer 617 – für eine Sonderaktion zusammenzufassen. Den Plan dazu hatte der Physiker Dr. Barnes Wallis schon vor Kriegsbeginn entwickelt. Er hatte vorhergesagt, daß es möglich sei, mit wenigen Bomben den größten Teil der westdeutschen Industrieregion zu lähmen. Mit einem Schlag, so versprach er, werde man die Wasserversorgung des gesamten Gebiets zerstören und zugleich auch noch die Stromversorgung erheblich beeinträchtigen.

Die Städte der Ruhrregion bezogen ihr Wasser hauptsächlich aus fünf künstlichen Seen, in denen die Flüsse Möhne, Ennepe, Lister, Sorpe und Eder gestaut wurden. Gelänge es, die Staudämme durch besonders konstruierte Bomben aufzureißen, würden Städte und Dörfer wegen Wassermangels unbewohnbar und die Betriebe lahmgelegt. Geschah dies gar noch, wenn die Stauseen durch Schneeschmelze und Frühjahrsregen randvoll seien, dann würden ungeheure Wassermassen durch die Täler tosen und alles vernichten, was ihnen im Weg stand.

Das war freilich eine andere Methode als die bislang geübte. Die Bomberbesatzungen würden Präzisionsarbeit leisten müssen, statt wie bisher einfach in brennende Flächen ihre Bombenlast fallen zu lassen. Waren sie bisher gewohnt, eine Dampfwalze zu lenken, so sollten sie nun einen Rennwagen steuern. Dr. Wallis hatte ausgerechnet, daß Staudämme mit den gebräuchlichen Bomben kaum zu knacken sein würden. Die Wurfkörper müßten ähnlich konstruiert sein wie die zur U-Boot-Bekämpfung nötigen Wasserbomben. Sie müßten zudem so abgeworfen werden, daß sie nach ihrem ersten Aufprall auf die Wasseroberfläche hochspringen und über die Stahlnetze hinweghüpfen würden, mit denen die Staumauern gegen Angriffe von Torpedo-Fliegern gesichert waren. Die

Bombe durfte erst an der Mauer selbst im Wasser versinken. Ihr Zünder war auf einen Wasserdruck von neun Meter Tiefe eingestellt. Genaueste Berechnungen ergaben, daß die Bombe aus genau 13 Meter Höhe bei einer Geschwindigkeit von 350 Stundenkilometern in einem bestimmten Abstand von der Dammkrone ausgeklinkt werden mußte, damit sie beim Aufprall auf die Wasseroberfläche jenen Drall bekam, der auch einen Kieselstein zum Hüpfen bringt, wenn er flach und mit viel Schwung über eine glatte Wasserfläche geworfen wird. Fiel die Bombe zu früh – und damit zu weit von der Staumauer entfernt –, mußte ihre Detonation wirkungslos bleiben. Übersprang sie die Mauer mit nachfolgender Explosion jenseits des Stausees, lief der abwerfende Bomber Gefahr, durch die eigene Bombe vom Himmel geholt zu werden.

Diese komplizierte Aktion war um so weniger nach Harris' Sinn, als ihm viele Wochen lang seine erfahrensten Besatzungen nicht zur Verfügung standen, weil sie ihren Einsatz an einem See im Landesinnern üben mußten. Er widersprach zwar nicht, als man dem Chef der Staffel, einem Oberstleutnant, erklärte, der Einsatz könne kriegsentscheidend sein, aber er blieb skeptisch gegenüber solchen Erwartungen. Wenn es galt, Menschen umzubringen, schien ihm das Feuer verläßlicher zu sein als das Wasser. Außerdem hielt er das Risiko für seine besten Leute für größer als den Erfolg, den sie bestenfalls mit ihrem Einsatz haben würden. Die Ereignisse sollten ihm recht geben. Im Mai, so hatte Dr. Wallis empfohlen, würden die Staubecken ihren höchsten Wasserstand haben. Für die Aktion brauchten die Flieger Vollmond und gute Erdsicht.

Am 16. Mai 1943 starteten in Yorkshire neunzehn Maschinen des viermotorigen Typs »Lancaster«. Neun davon waren auf den Möhnedamm angesetzt, die anderen zehn verteilten sich auf die weiteren Stauseen. Damit sie nicht von den deutschen Radargeräten erfaßt werden konnten, mußten sie im Tiefflug über Feindesland hinwegdonnern. Zudem flogen sie ohne den Schutz durch Begleitjäger, denn je größer ihr Verband sein würde, desto eher würde er die Abwehr herausfordern, und es mußte vermieden werden, daß diese eigens für diesen Einsatz präparierten Maschinen und Besatzungen schon vor der Aktion abgeschossen wurden. Trotzdem wurde eine Maschine bereits unterwegs von der deutschen Flak vom Himmel geholt. Der Möhnedamm selber wurde erstaunlicherweise nur durch ein paar leichte Schnellfeuergeschütze verteidigt, die nicht einmal durch ein Radargerät und Scheinwerfer gelenkt wurden. Deren Bedienung hörte zwar das Brummen der Flugzeugmotoren, als die Maschinen sich am nächtlichen Himmel günstige Angriffspositionen suchten, konnte aber die Flugzeuge selber nicht sehen.

Erst als die Besatzungen die Bomber mittels zweier sich kreuzender, senkrecht nach unten gerichteter Scheinwerferstrahlen auf die geforderte Flughöhe von achtzehn Metern im Augenblick des Bombenabwurfs einpendelten, waren die einzeln anfliegenden Flugzeuge für die Bedienungen der Flakgeschütze kurze Zeit deutlich erkennbar. Hatten bis dahin die Schützen, auf ihr Gehör vertrauend, ziemlich willkürlich in die Luft geballert, so sahen sie nun die »Lancaster« der Reihe nach über den See herankommen, genau auf die Mitte des Dammes zufliegend. Jetzt konnten sie gezielt schießen. Eine der Maschinen stürzte dann auch hinter der Staumauer brennend ab. Doch als die fünfte Maschine ihre Bombe abgeworfen hatte, brach die Mauer in der Mitte durch. Die Flutwelle schoß mehrere Meter hoch durchs Ruhrtal hinab. Sie zerstörte Gehöfte, überschwemmte Dörfer und kleine Städte, verschlammte Felder, entwurzelte ganze Gehölze, riß Kühe, Pferde und Kraftwagen mit sich. In ihren Wassern ertranken mehr als 1200 Menschen, über die Hälfte davon Zwangsarbeiter und -arbeiterinnen aus der Sowjetunion.

Der Oberstleutnant und Kommandant der britischen Bombergruppe, Guy Gibson, wurde mit dem höchsten britischen Tapferkeitsorden ausgezeichnet, aber kriegsentscheidend war das Meisterstück keineswegs. Weder fielen Rüstungsbetriebe längere Zeit aus, noch fehlte es in den Großstädten an Trinkwasser. Zwar wurde auch die Edertalsperre durch eine Bombe aufgerissen, aber die anderen Dämme blieben intakt, und die nur angeschlagenen waren einige Wochen später wiederhergestellt. Die RAF jedoch verlor über die Hälfte der eingesetzten Maschinen, nämlich elf ihrer viermotorigen Bomber und 54 ihrer besten Männer.

So sehr Harris dies bedauert haben mag, so gut konnte er dieses Ergebnis nutzen, um seine Strategie des Luftkrieges zu propagieren. Er konnte ferner geltend machen, daß seine Bomber mittlerweile in der Nacht nicht mehr so blind waren wie bisher. Mit Hilfe der »Oboe« konnten die Pfadfinder ihre roten, gelben oder grünen Leuchtzeichen sehr genau plazieren. Ihre Maschinen besaßen zudem noch ein Radargerät vom Typ »Rotterdam«, auf dessen Bildschirm die Umrisse des Zielgebietes ziemlich genau abgebildet waren, auch bei Dunst, Rauch oder Nebel. Die Pfadfinder waren zumeist so gut wie unangreifbar, sofern sie den Typ »Mosquito« flogen; mit ihm konnten sie auf über 10 000 Meter Höhe steigen, also über den Schußbereich der Flak hinaus, und außerdem war diese Maschine schneller als die deutschen Jäger.

Gegen die deutsche Luftabwehr hatte Harris außerdem noch eine weitere Waffe parat; er war jetzt in der Lage, die deutschen Radargeräte und damit sowohl die Flak als auch die Nachtjäger lahmzulegen. Bisher hatte er diesen Trick noch nicht verwenden dürfen, weil Churchill fürchtete, der Feind könne das Verfahren kopieren und bei seinen Angriffen auf englische Städte verwenden. Nun aber, da die Deutschen sich aus der Schlacht über England zurückzuziehen begonnen hatten, wurde die Sperre aufgehoben. Beim nächsten und bisher gewaltigsten Schlag gegen eine deutsche Stadt durfte der Chef des Bomber Command das Geheimnis preisgeben, denn er hatte versprochen, er werde damit eine Weltstadt aus der Landkarte des Reiches löschen. Das Unternehmen lief unter dem Stichwort »Gomorrha«, in Anlehnung an jene frühzeitliche Stadt, die der flüchtende Lot bei einer biblischen Katastrophe in einem Regen aus Feuer und Schwefel verglühen sah.

»Gomorrha«

Das Ziel sollte Hamburg sein. Harris hatte diese Stadt nie aus dem Auge verloren. Schon häufig waren die britischen Bomber bei Nacht über dem Häusermeer zu beiden Seiten der Elbe erschienen, insgesamt 137mal, doch dabei war der Stadt nicht allzu Schlimmes widerfahren, verglichen mit den Verheerungen an Rhein und Ruhr. So einfach es theoretisch schien, bei hellem Mondlicht eine große Stadt zu finden, die zu beiden Seiten eines breiten Stromes liegt, so schwer taten sich bisher die Pfadfinder mit ihren Zielmarkierungen. Viele Bomben waren ins Wasser gefallen oder in Wald und Feld krepiert. Häufig hatten Dunst und Nebel die Sicht eingeschränkt. Wenn bei Ebbe im Elbstrom Sandbänke zum Vorschein kamen, stimmte das Radarbild nicht mehr mit den Landkarten überein. Markante Wasserflächen waren mit Holzrosten bedeckt worden und damit aus großer Höhe nicht mehr zu erkennen. Zudem hielt sich keine Flugzeugbesatzung unnötig lange über Hamburg auf; der Luftraum war dort sehr gefährlich, weil 54 schwere Flakbatterien, 24 Scheinwerferbatterien und drei Vernebelungsbatterien auf das Stadtgebiet und sein Umland verteilt waren. Für Harris war es eine tägliche Herausforderung, daß er Hamburg noch nicht in Schutt und Asche gelegt hatte.

Am 27. Mai 1943 hatte er »Streng geheim« seinen Geschwaderkommandanten einen schriftlichen Einsatzbefehl zugeschickt.

Darin wies er darauf hin, daß Hamburg mit 1,5 Millionen Einwohnern die zweitgrößte Stadt Deutschlands sei (wobei er wohl bewußt überging, daß Wien »heim ins Reich« geholt worden war) und daß dessen »totale Zerstörung... unermeßliche Folgen durch die Verringerung der industriellen Kapazität« haben würde. Auch die »Auswirkung auf die deutsche Moral« würde »im ganzen Land spürbar« sein. Über das Ausmaß seines Vorhabens war sich Harris im klaren. Er kündigte eine »Schlacht um Hamburg« an, die nicht in einer einzigen Nacht gewonnen würde. »Mindestens zehntausend Tonnen Bomben« seien »erforderlich, um den Prozeß der Auslöschung zu vollenden«. Die maximale Wirkung werde durch fortgesetzte Angriffe erreicht. Der Befehl endete mit vier Worten: »Absicht: Hamburg zu zerstören.« Harris legte an diesem Tag auch gleich die Details für den Angriff fest, aus denen nachträglich abgeleitet werden kann, daß der Angriff schon für Juni eingeplant war. Er wurde jedoch um vier Wochen verschoben. Denn im deutschen Norden sind die Mittsommernächte sehr kurz. Wegen der Nachtjäger hätten die britischen Bomber die Stadt in einem weit nach Norden reichenden Umweg anfliegen und so mit mehr Treibstoff und weniger Bomben beladen werden müssen.

Noch ein anderer Satz aus Harris' Befehl ist bemerkenswert: »Es ist zu hoffen, daß den Nachtangriffen schwere Tagesangriffe durch das 8. Bomber Command der USA vorausgehen und/oder nachfolgen werden.« Zum ersten Mal also wollten die angloamerikanischen Verbündeten bei einem Lufteinsatz gegen eine Stadt im Reich gemeinsam vorgehen, trotz der immer noch nicht beigelegten Meinungsverschiedenheiten über die Strategie des Luftkrieges. Die Waffenbrüderschaft, in diesem Fall als »kombinierte Bomberoffensive« bezeichnet, stand noch immer nur auf dem Papier. Wohl gab es eine von der politischen Führung Anfang 1943 in Casablanca verabschiedete Prioritätenliste. In ihr standen die deutschen U-Bootwerften an erster Stelle. Dahinter rangierten Flugzeugfabriken, Transportziele, Ölraffinerien und an letzter Stelle »andere Industrieziele«. Pro forma hatte sich Harris zu dieser Liste bekannt, in der Praxis jedoch hatte er sich nie um die

Vereinbarung gekümmert. Wann immer er eine Stadt angreifen ließ, suchte er nachträglich in der Prioritätenliste eine Rechtfertigung, und wenn er nichts Besseres fand, begnügte er sich mit »anderen Industriezielen«. Im Fall Hamburg jedoch konnte er ohne weiteres darauf hinweisen, daß in diesem Hafen die meisten U-Boote vom Stapel liefen.

Seine Bilanz der ersten Hälfte des Jahres 1943 war keineswegs schlecht. Bei den zahlreichen Angriffen, vorwiegend auf das westdeutsche Industriegebiet, hatte er durchschnittlich 500 Maschinen einsetzen können. Gegen das Ruhrgebiet war er auf insgesamt 18000 Einsatzflüge gekommen; dabei waren 872 Maschinen verlorengegangen und über 2000 beschädigt worden. Zweimal war die RAF sogar nach Pilsen in die Tschechoslowakei geflogen, wo die altbewährte Waffenschmiede Skoda jetzt für Hitler arbeitete. Dabei sollte herausgefunden werden, ob auch weit entfernte Ziele mit Nachtangriffen erreichbar seien. Dies waren allerdings Mißerfolge gewesen; die Hilfsmittel für die Navigation reichten nicht so weit, die Zielmarkierung war fehlerhaft, und auf dem langen Hin- und Rückflug waren 36 von 327 Maschinen verlorengegangen. Das war eine Verlustquote von mehr als zehn Prozent, nicht gerechnet die beschädigten Maschinen, die mehr oder weniger lange ausfielen. Das war kein Ergebnis, mit dem Harris im Luftfahrtministerium oder gar bei Churchill Staat machen konnte. Er hatte einmal, kurz nach seinem Amtsantritt, geprahlt, mit einer Flotte von 4000 Bombern könne er den Krieg allein beenden. Er hatte sie nicht bekommen, weil man ihm nicht geglaubt hatte. Nun wollte er mit dem Unternehmen Gomorrha beweisen, wie effektiv eine Bomberflotte sein konnte.

Am 22. Juli 1943 gab Arthur Harris in seinem Hauptquartier High Wycombe bekannt, daß aller Voraussicht nach Hamburg das nächste Ziel sei. Ein Meteorologe prophezeite, daß in der kommenden Nacht ein von Norden nach Süden vordringendes Hoch die Wolkendecke über Norddeutschland fortschieben würde. »Ich hatte immer gewünscht, auf Hamburg zielen zu können«, erklärte Harris. »Dort wollte ich schon immer mal etwas Ungeheures veranstalten!« Nun war es soweit. Er schickte zwei Mosquito-Wetterkundschafter los. Neben ihm saß bei der Besprechung im unterirdischen Hauptquartier der US-Brigadegeneral Fred Anderson, der die amerikanischen Bomber befehligte. Es wurde vereinbart, daß vor oder nach den Nachtangriffen der Engländer die Amerikaner bei Tageslicht ihre Hamburger Ziele bombardieren würden. Die Bewohner der Hansestadt sollten sich nahezu rund um die Uhr in ihren Luftschutzräumen verkriechen müssen.

Nach der Befehlsausgabe legte eine Planungsabteilung die genaue Anflugroute und die Zielgebiete fest, die von den Pfadfindern mit ihren Leuchtbomben zu markieren waren. Es sollte nicht das ganze ausgedehnte Stadtgebiet mit Bomben »bekleckert« werden; Harris wollte »klotzen«. Die Stadtteile südlich der Elbe waren diesmal noch nicht an der Reihe. Die Zielpunkte sollten zwischen Elbe und Binnenalster markiert werden, also beim Rathaus und damit im Stadtkern. Da erfahrungsgemäß die Bombeneinschläge trotz aller farbigen Leuchtmarkierungen im Verlauf eines Angriffs immer weiter in der Anflugrichtung zurückwanderten, konnten planmäßig auf diese Weise die wesentlichen Bezirke getroffen werden, so auch Eppendorf, wo früher der Vorsitzende der Kommunistischen Partei Deutschlands, Ernst Thälmann, gewohnt hatte.

Großbetriebe oder gar Rüstungsindustrie gab es im ganzen Zielraum nicht. Harris wollte Einkaufsstraßen und Wohngebiete treffen. Auf den Zielkarten, die jede Besatzung erhielt, waren auch die Stellen markiert, auf die keine Bomben verschwendet werden sollten; der große Stadtpark im Nordwesten, die große Wasserfläche der Außenalster in der Stadtmitte und natürlich auch der Flußlauf der Elbe. Harris wußte, wo er die »Hunnen« treffen konnte. Nicht umsonst nannten ihn die Männer des Bomber Command respektvoll »Butch«, eine Kurzfassung von »butcher« (Schlächter).

Weil die Wetterflieger schlechte Nachrichten brachten – das Hochdruckgebiet kroch nur langsam südwärts –, wurde der Angriff vertagt, aber am Samstag, dem 24. Juli, war die Wetterlage erfolgversprechend. Der Himmel über der Stadt sollte wolkenlos sein. Harris befahl, daß um ein Uhr des folgenden Tages die ersten Bomben auf Hamburg fallen sollten. Es sollten 792 Bomber starten, zu neun Zehnteln viermotorige Maschinen, bepackt mit über 1500 Tonnen Spreng- und Brandbomben. Noch nie zuvor war eine so große Ladung für einen einzelnen Angriff mitgenommen worden. Außerdem wurden im hinteren Teil jedes Flugzeugs Pakete verstaut; ihr Inhalt sollte nacheinander in regelmäßigen Zeitabständen abgeworfen werden, sobald der Luftraum der Nachtjäger erreicht wurde.

In den Einsatzbesprechungen hatten die Besatzungen erfahren, daß jedes dieser Pakete über 2000 schmale Streifen aus dünnem Stanniol von 27 Zentimetern Länge (das war die Wellenlänge der deutschen »Würzburg«-Geräte) enthielt. Die leichten Streifen würden nach dem Abwurf nur langsam zur Erde absinken und dabei Wolken bilden, die durch ihr Reflektionsvermögen die Radarbilder auf den deutschen Empfangsgeräten verwirren würden. Nachtjäger und Flakschützen würden dadurch blind. Die Neuerung trug den Decknamen »Window« (Fenster). Sie war bisher so geheim gehalten worden, daß nur Churchill diesen ersten Einsatz genehmigen konnte. Was er nicht wußte: auch die Deutschen kannten das Prinzip; bei ihnen hießen die Streifen »Düppel«. Die Luftwaffe hatte sie bisher nur noch nicht eingesetzt, weil sie wie Churchill befürchtete, der Feind werde sie kopieren.

Gegen 23 Uhr an diesem 24. Juli 1943 waren alle gegen Hamburg eingesetzten Maschinen in der Luft und über der Nordsee unterwegs zum Sammelraum nordwestlich von Helgoland. Weitreichende deutsche Radargeräte hatten die Massierung fliegender Objekte schon entdeckt. Offen blieb zunächst, wohin sie sich wenden würden. Nach Berlin? Gegen einen der Ostseehäfen? Sie konnten auch noch nach Süden schwenken. Dann wäre wieder einmal das Industriegebiet im Westen das Ziel gewesen. Wenige Nachtjäger griffen mit der Me 110 in diesem Gebiet die Lancaster-Maschinen an, zumeist erfolglos, bis auf zwei, die wohl durch Defekte flügellahm geworden waren und abgeschossen wurden.

Die ersten Window-Pakete wurden abgeworfen, als die Flugzeuge zwischen den Inseln Helgoland und Sylt ostwärts flogen, vorbei an den dort stationierten deutschen Radartürmen. Etwa fünfzehn Minuten lang schwebten die Stanniolwolken in der Luft. Die Maschinen waren so reichlich damit versehen, daß sie ihr letztes Paket erst auf dem Rückflug über Bord werfen mußten.

Betroffen davon wurden in erster Linie die Nachtjäger. Ihre Taktik und Technik läßt sich gerade anhand des Hamburger Angriffs ebenso knapp wie deutlich erklären. Die Freya-Geräte auf Helgoland und Sylt hatten den herannahenden Bomberstrom frühzeitig auf ihren Bildschirmen als funkelnde Punkte geortet. Die Horste der Nachtjäger waren alarmiert worden, und die Maschinen befanden sich rechtzeitig in der Luft, um möglichst die Spitze der britischen Formationen vor die schweren Maschinengewehre zu bekommen. Doch als nun mit Hilfe der Würzburg-Geräte die Nachtjäger an die einzelnen britischen Maschinen herangeführt werden sollten, wimmelte es auf den Bildschirmen der Fliegerleitoffiziere am Erdboden ebenso wie auf jenen der Piloten in den Me 110 von fliegenden Objekten, die sich in Nichts auflösten, sobald der Jäger darauf zuflog und durch die Wolke der Stanniolstreifen hindurchjagte. Unangefochten stieß die Vorhut des Bomberstroms aus nordwestlicher Richtung auf die Stadt zu, gefolgt von mehr als 700 Maschinen, deren letzte jetzt noch 320 Kilometer zurücklag. Um ein Uhr sollten die ersten Bomber nach Harris' Plan über dem Ziel sein.

Vierzig Minuten vorher, zwanzig Minuten nach Mitternacht, heulten in Hamburg die Sirenen Voralarm. Nach einem schon häufig praktizierten Plan begann die völlig abgedunkelte Stadt, sich auf den Kampf mit dem noch unsichtbaren Feind vorzubereiten. Die Führer von Polizei, Feuerwehr und Luftschutzorganisationen sammelten sich in ihrem Befehlsstand in der Innenstadt. Die Luftabwehr hatte ihre Zentrale in einem gewaltigen Betonklotz auf dem Heilig-Geist-Feld am Rande des Stadtteils St. Pauli, der bis heute noch nicht abgerissen wurde, weil die Abbruchkosten zu hoch sind. Auch die Gauleitung der NSDAP bezog eilig -

ihren Befehlsbunker im Villenviertel nahe der Außenalster. Obgleich sachlich kaum kompetent, war sie unter ihrem Chef, dem Gauleiter und Reichsstatthalter Karl Kaufmann, die oberste Instanz im Bereich des Stadtstaates, der erst unter Hitler mit der Angliederung preußischer Gebiete seine noch heute geltende territoriale Ausdehnung erhalten hatte.

Hans Brunswig, damals Hauptmann der Feuerschutzpolizei in Hamburg, berichtete: »Nach dem Großangriff auf Köln rechneten wir mit ähnlichen Ereignissen. Der Reichsstatthalter hatte schon im Januar eine Großkatastrophe in einem Planspiel durchexerzieren lassen. Allein die Luftschutzpolizei stellte 10 000 Mann. Dazu kamen noch Parteifeuerwehren, Hitlerjugend, Werkscharen, Werkfeuerwehren, erweiterter Selbstschutz. Es war eine große Mannschaft, die für Einsätze recht gut ausgebildet und ausgestattet war. Wir rechneten mit 20 000 Obdachlosen; über die Zahl der Toten wurde nicht gern gesprochen, aber von vier- bis fünftausend war die Rede.« Das war eine realistische Schätzung, bezogen auf die Kölner Erfahrungen. In Hamburg kam es jedoch schlimmer: Die Stadt am Rhein wurde in einer Nacht neunzig Minuten lang bombardiert, die Stadt an der Elbe wurde in drei Nächten und noch am Tage angegriffen. Brunswig konnte nicht ahnen, was ihm bevorstand.

Harris hatte für den Angriff am 25. Juli befohlen: »Alle verfügbaren Kampfflugzeuge des Bomber Command werden eingesetzt.« Das waren 387 Lancaster, von denen jede je nach Typ etwa sechs Tonnen Bomben oder mehr im Bauch hatte, dazu 218 Halifax, die etwa vier Tonnen schleppten, 117 Sterling mit durchschnittlich 2,5 Tonnen, alles Viermotorige. Ferner flogen gegen Hamburg 73 zweimotorige Wellington, die jeweils nur etwas mehr als eine Tonne Bomben trugen, und 44 Pfadfinder, die außer ihren Markierungsbomben auch noch richtige Munition an Bord hatten. Die Lancaster der ersten Welle trugen Luftminen, fast so groß wie eine Plakatsäule. Ein dünnwandiger Stahlmantel umgab 3,2 Tonnen Sprengstoff; wenn er explodierte, erzeugte er eine Druckwelle, die Dächer abriß und dünne Außenmauern der Fassaden eindrückte.

War die Mine geworfen, dann folgte ein Regen von Brandbomben. Jede wog nur 1,7 Kilo, aber wo sie in den aufgerissenen Dachstühlen und Wohnungen niederging, entstanden schnell Brandherde, die sich gegenseitig aufheizten. Es war die wohlfeilste Methode, den Feind zu schädigen; mit einer Tonne Brandbomben ließ sich ein mindestens zehnmal größerer Schaden stiften als mit der gleichen Menge Sprengbomben. Es gab noch eine schwerere Brandbombe, die über zwölf Kilo wog und ein Wohnhaus bis hinab ins Erdgeschoß durchschlagen konnte. Sie enthielt brennbare Flüssigkeiten wie etwa Benzin und fünf Kilo Phosphor, ein chemisches Element, das sich von allein entzündet, wenn es mit Sauerstoff in Berührung kommt, und das sich nur löschen ließ, wenn es mit Sand gründlich zugedeckt wurde.

In Hamburg hoffte man anfangs, die Engländer würden wieder einmal weiterfliegen wie schon so oft, denn die ersten Maschinen zogen in etwa 6000 Meter Höhe eine Schleife über der Stadt und schienen sich dann nach Nordwesten zu entfernen. Das war kurz vor ein Uhr. In den Befehlsbunkern atmete man auf. Wie hätte man auch wissen können, daß diese Maschinen nur die Pfadfinder der ersten Welle waren, die, etwas zu früh über dem Zielort eingetroffen, jetzt noch ungestört durch Flak oder Nachtjäger die richtigen Plätze für ihre Leuchtmarkierungen suchten. Als diese dann fielen, erst gelb, dann rot und grün, und als das Dröhnen der vielen Motoren innerhalb weniger Minuten lauter und lauter wurde, war man sich in den Befehlsbunkern klar darüber, daß es diesmal blutiger Ernst werden würde. Die Flak schoß wie wild, aber lediglich ein zielloses Sperrfeuer; die Feuerleitgeräte der Batterien waren durch die Window-Wolken so gestört, daß kein Ziel exakt auszumachen war. Die Nachtjäger waren noch schlechter dran; sie wurden durch unzählige Scheinziele am Nachthimmel herumgejagt, ohne je auf einen Gegner zu treffen.

Eine Hamburgerin mag stellvertretend für Hunderttausende ihre Ängste und ihre schrecklichen Erlebnisse schildern. Gerda Hansmann war damals eine junge Frau. Weil ihr Mann Soldat war, wohnte sie mit ihrem zweijährigen Sohn bei ihren Eltern in dem ausgedehnten Wohnbezirk zwischen dem Vergnügungsviertel St. Pauli und dem Bahnhof Altona. Sie und ihre Eltern hatten Stammplätze in einem zweigeschossigen Schutzbunker unter der Reeperbahn und flüchteten dorthin, als in der ersten Stunde des 25. Juli die Sirenen heulten. Gerda Hansmann merkte bald, daß dies kein gewöhnlicher Angriff war; unaufhörlich dröhnten die Einschläge, und eine besonders große Bombe schien in unmittelbarer Nähe des Bunkers niedergegangen zu sein. Deren Einschlag »mit fürchterlichem Getöse nahm uns fast den Atem. Wir wußten nicht mehr, ob wir überhaupt je wieder rauskommen konnten. Wir kriegten auch schon bald Rauch rein durch die Entlüftungsanlagen, und dann setzte auch schon der Zustrom ein von den Leuten, die in ihren Hauskellern gesessen hatten und die raus mußten, weil ihnen die Häuser über dem Kopf wegbrannten. Noch während des Angriffs mußten die armen Menschen zu uns laufen.«

Die Entwarnung kam erst nach drei Stunden. Da der Angriff weniger als eine Stunde dauern sollte, waren um diese Zeit die Bomber alle längst auf dem Rückflug. Gerda Hansmann erzählt: »Als ich die Bunkertreppe hochkam, hat sich mir ein Bild geboten, das man einfach nicht beschreiben kann. Beide Seiten der Reeperbahn waren ein Flammenmeer.« Sie wollte nach dem Haus schauen, in dem ihre Eltern wohnten, und erreichte es auch fast.

> »Doch in dem Augenblick stürzte das Haus neben dem unsrigen zusammen und fiel auf die Straße, so daß mir der Weiterweg abgeschnitten war. Da erfaßte mich echte Panik. Ich bin dann im Galopp zurückgelaufen und in den Bunker, nur immer denkend: zurück zu dem Jungen. Im Bunker war es so, daß sich der Zustrom von Flüchtlingen verstärkt hatte. Alles war überfüllt. Die Hitze und die sauerstoffarme Luft wurden unerträglich, und da kein Wasser mehr lief, konnten die Toiletten nicht mehr gespült werden. Sie liefen über, und aus den Waschräumen lief die Brühe schon in die Gänge hinein. Wir waren also alle gezwungen, wieder raufzugehen, um durchatmen zu können. Wenn dann wieder die Flakbatterien schos-

sen, sprang wieder alles in den Bunker. Oben begegnete mir eine Nachbarin meiner eigenen Wohnung in Altona. Sie sagte mir, daß auch ich mein Heim verloren hatte. In unserem Bezirk war kein Haus verschont geblieben.«

Der Hauptmann der Feuerschutzpolizei Hans Brunswig schätzte, daß bei diesem ersten Angriff etwa 1500 Menschen den Tod fanden. »Genau gezählt hat sie niemand«, sagte er, »weil der zweite Angriff dann dazugekommen ist. Wie viele Obdachlose es waren, wissen wir auch nicht, denn nach diesem ersten Angriff setzte eine große Völkerwanderung aus Hamburg ein. Wir waren alle überzeugt, daß alsbald ein zweiter Angriff folgen würde.«

Es sollte wieder ein Großeinsatz werden, denn das Bomber Command war kaum geschwächt. Es hatte nur zwölf Flugzeuge verloren. Harris konnte triumphieren. Die englische Wochenschau kommentierte Filmaufnahmen, die während des Angriffs aus einem Bomber gemacht wurden, mit folgenden Worten: »Das sind Brände, die sich kilometerweit ausdehnten, als Tausende von Luftminen und Brandbomben auf die Stadt krachten, oft über fünfzig Tonnen pro Minute. Man kann sich leicht vorstellen, was für ein Chaos dort unten herrscht.« Ein Offizier aus einer Lancaster, der Major Norman Scrivener, berichtete kühl über seine Eindrücke:

»Über dem Ziel stand ich meistens an meinem Tisch. So konnte ich nach rechts und links rausschauen. In dieser Nacht waren wir als eine der ersten Maschinen über dem Ziel, so daß es noch nicht viele Brände gab, aber auf dem Erdboden leuchteten schon viele Zielmarkierungen. Die ersten Luftminen explodierten, und als wir abflogen, wurden die Brände allmählich stärker. Bis zu einem gewissen Grad taten mir die Leute leid da unten. Aber dann dachte ich natürlich daran, daß unsere Leute in Coventry und Birmingham ebenso behandelt worden waren. Deshalb hatte ich ein gutes Gewissen.«

Die britische Film-Wochenschau (genauso zur Schönfärberei verpflichtet wie die deutsche) berichtete: »Die Besatzungen sind erschöpft, aber glücklich. Für sie war der Angriff ein voller Erfolg.«

Alle Besatzungen freuten sich über das Gelingen der Window-Aktion. Sie verstärkte ihre Hoffnungen, auch noch den zwanzigsten Einsatz zu überleben und dann dem Reglement gemäß für längere Zeit zum Bodenpersonal versetzt zu werden. Sie rühmten auch die über Hamburg zum ersten Mal geübte Neuerung, jeder der fünf Angriffswellen eine Gruppe Pfadfinder beizugeben; diese erneuerte jeweils die erloschenen Zielmarkierungen oder brachte zusätzliche Leuchtbomben dort an, wo Flammen und Rauch die Sicht zu sehr einschränkten.

Am Morgen des 25. Juli ging über Hamburg die Sonne nicht auf. Rauch und von der Hitze hochgerissener Aschenstaub verhüllten den über ganz Norddeutschland strahlend blauen Himmel so sehr, daß das Sonnenlicht nur grau und dämmrig auf die Stadt niederschien. Seit der Gauleiter kurz nach vier Uhr Katastrophenalarm ausgelöst hatte, stand ganz Hamburg unter Sonderrecht, das jedermann zur Hilfeleistung verpflichtete. Räumtrupps bemühten sich, die Straßen von Trümmern, Fahrzeugwracks, umgeknickten Bäumen und heruntergerissenen Oberleitungen der Straßenbahnen zu räumen, damit die Feuerwehren an die Brände herankommen konnten. Löschwasser war zum Glück reichlich vorhanden; kaum eine andere deutsche Großstadt weist so viele Kanäle, Wasserläufe und Teiche auf wie Hamburg. Aus den Dörfern und Kleinstädten der Umgebung rückten unverzüglich die Freiwilligen Feuerwehren an. Kiel, Hannover und Bremen schickten Löschzüge. Die Wehrmacht setzte ihre Soldaten aus den umliegenden Garnisonen zur Trümmerbeseitigung ein. Bis Mitternacht, so verlangte es die Planung der Partei, müßten alle Brände gelöscht sein, damit der Feuerschein nicht den Weg weise, falls die Bomber in der kommenden Nacht wieder angreifen sollten.

Doch die Feuer leuchteten und qualmten noch den ganzen folgenden Tag über. Sie rauchten so sehr, daß Harris einen für die Nacht zum 26. Juli angesetzten Angriff absagte, nachdem Mosquito-Aufklärer am Vormittag des 25. Juli gemeldet hatten, die Schwaden seien so dicht, daß möglicherweise eine Anzahl der Bomben die innere Stadt verfehlen würde. Außerdem rechnete sich Harris aus, daß sein zweiter Angriff während der nun folgenden Nacht erwartet und von einem Massenaufgebot von Nachtjägern empfangen werden würde. Er wußte auch, daß die Hamburger an diesem 25. Juli, einem Sonntag, ohnehin nicht zur Ruhe kommen würden. Brigadegeneral Fred Anderson und dessen Stab hatten einen Tagesangriff der USAAF vorbereitet – den ersten, den die Amerikaner im Großeinsatz ins Reichsgebiet fliegen würden, nachdem sie bisher nur bis Wilhelmshaven gekommen waren.

Die 8. USA-Air Force verfügte in jenen Tagen erst über gut dreihundert viermotorige Maschinen. Da sowohl General Anderson als auch sein nächster Vorgesetzter, der General Ira C. Eaker, die Flächenbombardements ablehnten und nur Attacken auf kriegswichtige Ziele für nützlich und legitim hielten, Harris jedoch auf die versprochene Beteiligung an seiner »Schlacht von Hamburg« drängte, hatten die Amerikaner an der Elbe zwei für sie in Frage kommende Ziele ausgemacht: die U-Boot-Werft von Blohm & Voss und die Klöckner-Werke, Hersteller von Flugzeugmotoren. Für diese beiden Objekte schien der Einsatz von zwei Kampfgruppen mit je mindestens 54 Maschinen vom Typ B-17, den Fliegenden Festungen, angebracht. Gleichzeitig sollte je ein Geschwader Kiel und eine Flugzeugfabrik in Warnemünde angreifen, damit die deutsche Abwehr zersplittert, wenn nicht gar irregeführt würde. Solche Punktziele waren jedoch in der Nacht gar nicht und selbst bei Tag nur mit Glück und Geschicklichkeit zu treffen, wobei dann immer noch Zerstörungen im zivilen Bereich in Kauf genommen werden mußten. Ebenso rechnete man mit Angriffen deutscher Jäger in größerer Zahl.

Gegen dreizehn Uhr starteten die für Hamburg bestimmten 123 Maschinen von ihren Flugplätzen in England. Über der britischen Ostküste formierten sie sich in der vorgeschriebenen Ordnung, eine Prozedur, die mit weniger geübten Besatzungen manchmal viel Zeit verschlang. Dreizehn Maschinen kehrten frühzeitig um;

die Männer entdeckten Mängel an ihren Flugzeugen. Über der Nordsee stiegen sie zur vorgesehenen Angriffshöhe auf, die sie bei Cuxhaven erreichten. Als Hamburg in Sicht kam, sahen die Besatzungen eine immer noch brennende Stadt. Viele hielten den Rauch für eine wirksame Vernebelung. Qualmwolken, die von Norden über die Elbe kamen, vernebelten auch die Werft von Blohm & Voss. Völlig unsichtbar blieb das zweite Ziel, die Klöckner-Werke. Gemessen am Auftrag wurde der Angriff der Amerikaner fast ein Mißerfolg. Ihre 186 Tonnen Bomben richteten zwar im Hafenbereich ziemlichen Schaden an, doch viele verpufften nutzlos im Wasser.

Zudem mußten die Amerikaner Verluste hinnehmen. Von den 109 Maschinen, die über Hamburg im Einsatz waren, wurden 78 beschädigt. Etliche davon wurden auf dem Rückflug eine leichte Beute der deutschen Jäger, weil sie das Tempo der Formation nicht mithalten konnten und somit ohne deren Schutz waren. Insgesamt wurden fünfzehn der B-17 abgeschossen; das war mit zwölf Prozent der gestarteten Maschinen ein hoher Preis. Die beschädigten Flugzeuge fielen außerdem mehr oder weniger lange aus. Etliche Besatzungsmitglieder waren verwundet.

Als Oberstleutnant führte der spätere General Maurice Preston, damals im Alter von 31 Jahren, den amerikanischen Angriff auf Hamburg. Seine Kampfgruppe war erst vor zwei Wochen auf dem englischen Fliegerhorst Kimbolton bei Cambridge zusammengestellt worden. Die meisten Männer waren frisch aus den USA gekommen und Neulinge im Kriegshandwerk. Preston war bei seinen Soldaten beliebt, weil er jeden Einsatz mitflog und sich ständig bemühte, sie noch besser auszubilden, gemäß seinem Motto »Glück ist Übungssache«. Den eng geschlossenen Formationsflug hielt er für unerläßlich und ließ ihn deshalb theoretisch wie praktisch immer wieder üben. Doch eine Lebensversicherung sah er darin nicht. Nach dem Krieg, als der nun Siebzigjährige über den Angriff auf Hamburg berichtete, meinte er: »In der Praxis waren wir den deutschen Jägern nie gewachsen. Sie hatten die besseren Chancen. Wohl konzentrierte der Flug im Verband unsere Feuerkraft, aber das war nicht das Wichtigste. Wir erreichten damit in erster Linie, daß wir eine große Zahl von Maschinen in kurzer Zeit über das Ziel brachten und daß sie gleichzeitig ihre Bomben abwarfen.«

Damit die Hamburger in der folgenden Nacht, also der zum 26. Juli, nicht ruhig schlafen konnten, schickte ihnen Harris sechs Mosquitos. Ihnen zeigte der Feuerschein bereits den Weg, als sie noch über der Nordsee flogen. Aus neuntausend Meter Höhe fielen ihre Bomben ungezielt dorthin, wo es immer noch brannte. Es waren nur viereinhalb Tonnen, und sie gehörten zum Szenarium eines Störangriffs, der nur den Zweck hatte, die Einwohner der Stadt erneut in den Keller zu jagen und sie daran zu erinnern, daß ihr Leben in der Hand der Feinde lag. Harris brauchte sich nicht zu sorgen, daß den Hamburgern eine Atempause vergönnt sei. Er wußte, daß am Vormittag des 26. Juli um neun Uhr die Amerikaner zu ihrem zweiten Flug nach Hamburg starten würden.

Die Ziele waren dieselben wie am Vortag, weil Fotos gezeigt hatten, daß der erste Angriff nicht den erhofften Erfolg gehabt hatte. Besatzungen, die am Sonntag über Hamburg gewesen waren, wurden diesmal zumeist für das zweite Ziel eingeteilt, für Hannover. So weit waren die Amerikaner bisher nicht ins Feindesland vorgestoßen. Als die Ziele in der Einsatzbesprechung bekanntgegeben wurden, gab es betretene Gesichter. Das Klima über der Elbe behagte den Amerikanern nicht; sie hatten dort erst am Vortag 36 ihrer Kameraden verloren. Erst lange danach erfuhren sie, daß mehr als hundert in Gefangenschaft geraten waren.

Zwar behaupteten die Männer, sie hätten am Vortag 41 deutsche Jäger abgeschossen und weitere 27 schwer beschädigt, doch der deutsche Generalluftzeugmeister vermißte nur sechs Jäger. Die Klärung dieses Unterschieds machte sich der Stab der USAAF leicht: Er protokollierte jede Meldung über einen Abschuß und verzichtete auf eine gründliche Prüfung, indem er den angeblichen Erfolg in einen »Anspruch« umbenannte. Er hielt es für psychologisch zweckmäßig, den Männern mit möglichst hohen Abschußzahlen das Gefühl zu geben, sie seien ihren Feinden überlegen.

Daß die Begeisterung für diesen neuen Einsatz gering war, wirkte sich aus; von den 82 in Richtung Hamburg gestarteten Fliegenden Festungen machte nahezu ein Drittel unterwegs kehrt; in den Protokollen wurden zumeist fadenscheinige Gründe genannt. War eine solche Maschine erst einmal wieder im eigenen Fliegerhorst gelandet, dann war die Panne schon so gut wie behoben. Die Männer fürchteten weniger die Jäger (gegen die sie sich schießend wehren konnten) als die Flak, der sie sich als Zielscheibe ausgeliefert fühlten. Auch die deutschen Jäger fühlten sich an diesem Tag im Hamburger Raum wenig kampfeslustig; sie verließen sich offenbar auf ihre Kameraden hinter den Kanonen, attackierten die geschlossene Formation der B-17 nur nachlässig und warteten darauf, daß ihnen etliche von Granatsplittern beschädigte Maschinen beim Rückflug als leichte Beute zufallen würden.

Doch die Kanoniere schossen diesmal schlecht. Mit etwa 130 Tonnen Bomben richtete der Angriff erheblichen Sachschaden im Hafen an, legte ein großes Elektrizitätswerk für einige Monate still – was nicht so gravierend war, da Hamburg ohnehin in der folgenden Zeit nicht mehr so viel Strom brauchte – und forderte etwa 150 Menschenleben. Der zweite Hamburg-Flug kostete die Amerikaner nur zwei Maschinen, doch die Formationen, die Hannover und zwei Küstenstädte angriffen, verloren 22 Flugzeuge. Dieser Aderlaß nahm der 8. USAAF wohl zuviel Kraft. General Anderson verordnete seinen Männern einen Ruhetag. Er selber hatte keine Zeit, müde zu sein; er ließ sich bei Harris einen Platz in einer Lancaster für den nun folgenden Angriff auf Hamburg reservieren. Offiziell galt er als zweiter Pilot; er wollte einmal miterleben, wie so eine Nachtattacke ablief. Vielleicht wollte er auch erkunden, ob er angesichts der eigenen großen Verluste bei den Tagesangriffen nicht doch seine Strategie ändern sollte.

Gänzlich ungestört war für die Hamburger die Nacht vom Montag zum Dienstag nicht verlaufen. Die Sirenen hatten sie einmal mehr aus ihren Betten gejagt, aber dann kam auch bald die Entwarnung. Fehlalarm! Er war gewiß ärgerlich, aber leichter zu verschmerzen, als wenn Bomben gefallen wären. Über den deutschsprachigen Londoner Rundfunk hatte Harris einmal gedroht: »Ihr habt keine Chance. Bald kommen wir jeden Tag und jede Nacht, bei jedem Wetter. Wir und die Amerikaner. Es liegt bei euch, den Krieg zu beenden.« Diese Drohung wurde unter den Hamburgern nur flüsternd weitergegeben, denn das Abhören feindlicher Sender war unter Todesstrafe gestellt.

Als am Dienstag, dem Ruhetag der Hamburger, die RAF ihren nächsten Angriff vorbereitete, berücksichtigten sie dabei die Erfahrungen des ersten Angriffs. Aus Fotos, die im Augenblick des Bombenabwurfs aufgenommen worden waren, und aus Bildern, die von den Mosquitos aus einer für Jäger und Flak unerreichbaren Höhe von 10 000 Metern gemacht worden waren, war erkennbar geworden, daß nur ein Drittel der Munition im vorgeschriebenen Zielgebiet getroffen hatte. Zwar behaupteten 728 Besatzungen, ihre Abwürfe seien befehlsgemäß über einem Gebiet erfolgt, das mit einem Kreis von 4,8 Kilometern Radius um den Turm der Nikolai-Kirche im Stadtzentrum sehr großzügig bemessen war. In Wahrheit hatten nur 306 Bombenschützen dieses Ziel getroffen. Auch etliche Zielmarkierungen waren offenbar an falschen Stellen niedergegangen; deshalb sollten Leuchtzeichen nur noch gesetzt werden, wenn auf Radarschirm und Zielgerät einwandfrei zu sehen war, daß sie die richtige Stelle markieren würden.

Der Bomberstrom des Mittwochs sollte Schleswig-Holstein bis zur Ostsee überqueren und dann in einem Bogen über Lübeck, also von Nordosten her, Hamburg angreifen. Die Deutschen sollten rätseln müssen, welche Stadt diesmal heimgesucht würde: Lübeck? Berlin? Rostock? Oder doch wieder Hamburg? Der »Rückkriecheffekt« der Bombeneinschläge würde beim Anflug aus Nordosten Stadtteile zerstören, die beim ersten Angriff nur wenig gelitten hatten. Es war ein Gebiet mit meist mehrgeschossigen Mietshäusern, die oft nur durch Brandmauern voneinander getrennt waren und auf diese Weise Wohnblocks bildeten. Sie waren vielfach von Genossenschaften erbaut worden. Vor 1933 hatte man hier fast nur sozialdemokratisch oder auch kommunistisch gewählt. Die Mieter waren überwiegend Arbeiter und Bürohilfen, ausnahmslos Lohnabhängige, denen es jedoch die hanseatische Lebensart verbot, sich als Proletarier zu betrachten. Inzwischen stimmten diese biederen Kleinbürger ebenso für Hitler wie mindestens neun Zehntel aller Deutschen. Wenn Harris' Theorie, man könne bei den arbeitenden Massen den Frieden herbeibomben, durch die Praxis bestätigt werden sollte, so boten die nordöstlichen Stadtteile Hamburgs dafür die besten Voraussetzungen.

Der sozialen Topographie und der Bausubstanz dieses Gebietes wurden diesmal sogar die Bombenlasten angepaßt. Die tödliche Mischung: Auf eine Luftmine kamen 20 Sprengbomben und 120 Brandbomben. Letztere wogen allein schon 1200 Tonnen, bei einer Gesamtlast von 2300 Tonnen. Wie auf Gomorrha sollte auch auf Hamburg ein feuriger Regen niedergehen. Eine der viermotorigen Stirling-Maschinen schleppte Flüssigkeitsbrandbomben heran mit 8442 Liter Inhalt, aufgeteilt in 128 Kanister, von denen jeder mit seiner Mischung aus Benzin, Öl, Phosphor und einem Zünder ein Mietshaus innerhalb von Minuten in eine riesige Fakkel verwandeln und damit die nächste Umgebung in Brand stekken konnte. Wieder sollte der Verband um ein Uhr die Stadt erreichen und mit seinem Vernichtungswerk beginnen, aber es sollte diesmal schon nach vierzig Minuten abgeschlossen sein – was bedeutete, daß der tödliche Regen noch dichter fallen mußte als beim ersten Angriff.

Mit 789 Maschinen waren die Angreifer beim Start diesmal schwächer als am Samstag, aber weil nur 41 davon während des Anflugs wegen Pannen umkehrten, war der Unterschied über dem Ziel nur noch gering. Als die Formation über die Lübecker Bucht hinwegflog, verhielt sich die dortige Luftabwehr, als bemerke sie den Feind nicht; vielmehr hoffte sie, daß er die Stadt in der Dunkelheit nicht bemerken würde. Auch Hamburg versuchte sich zunächst totzustellen. Die Flak schwieg, die Jäger blieben fern, wahrscheinlich, weil wieder die Window-Streifen die Radarsicht störten. Die ersten Zielmarkierungen fielen schon kurz vor ein Uhr. Ihnen folgten 39 Minuten Feuerregen; in dieser kurzen Zeitspanne fielen auf einen Quadratkilometer der nordöstlichen

Stadtteile jeweils 39 Luftminen, 803 Sprengbomben und nahezu 100 000 Brandbomben. Die Hamburger saßen schon seit Mitternacht in den Schutzräumen. Für die Mehrzahl war es der Keller unter dem Wohnhaus – ein schwacher Schutz, wie sich zeigen sollte.

Zunächst mögen die Verursacher erzählen, wie sie die Katastrophe aus der Vogelschau erlebten. Der ehemalige RAF-Oberfeldwebel Jack Cock flog in einer Lancaster als Bombenschütze während der Nacht vom 27. auf den 28. Juli: »Wir waren etwa zehn Minuten hinter der Angriffsspitze, aber wir sahen bereits riesige Feuer. Näher am Ziel flogen wir durch eine schwarze, dicke Wolke, die uns vorübergehend die Sicht auf die Erde nahm. Hier warf ich auf ein Zeichen des Navigators hin meine fünf grünen Markierungen. Ihnen folgten eine 4000-Pfund-Luftmine und fünf 1000-Pfund-Sprengbomben.«

Was damit getroffen wurde, sah niemand in diesem Flugzeug, auch nicht der US-General Anderson, der auf dem Sitz des zweiten Piloten mitflog. Er blickte fasziniert in die Tiefe, als die schwarze Wolke durchflogen war. Der Heckschütze der Lancaster, Leutnant Ashton, erzählte: »Als wir nun heimwärts flogen, konnte ich die Feuer auch noch aus siebzig Kilometer Entfernung sehen.« Und der Navigator der Maschine, Hauptmann Alan Forsdike, schilderte seinen Eindruck so: »Der Himmel über uns war roter Dunst. Unter uns brannte ein riesiger Hochofen. Niemand in der Maschine sprach ein Wort; wir hatten noch nie ein solches Feuer gesehen, und ich werde so etwas auch nie wieder sehen.«

Aus der Froschperspektive der Leidenden war das Geschehen keineswegs ein imposantes Feuerwerk. Es war ein Weltuntergang. Der Feuerwehrhauptmann Hans Brunswig tat in der Nacht vom Dienstag zum Mittwoch, dem 28. Juli, Dienst in der Peil-Zentrale der Hauptfeuerwache. Dort wußte man schon vor Mitternacht, daß eine gewaltige Luftflotte sich über die Nordsee und später über Schleswig-Holstein bewegte. Vorsichtshalber hatte man die Hamburger frühzeitig durch Sirenengeheul alarmiert. Der Window-Streifen wegen konnte man sich auf Radarbilder nicht mehr verlassen. Man war weitgehend auf die Beobachtungsposten angewiesen, die von den höchsten Türmen der Stadt meldeten, was sie sahen. Schon als vom Himmel der dumpfe Orgelton von mehreren tausend Motoren dröhnte, telefonierten sie immer noch: »Keine besonderen Vorkommnisse.« Nicht einmal die Flak schoß. Schon begann Brunswig (und nicht nur er) zu hoffen, daß Hamburg mit einem Störangriff oder einer bescheidenen Aktion zur Ablenkung von größeren Vorhaben billig davonkommen könnte und daß die Masse der Flugzeuge wieder abziehen würde.

»Doch plötzlich setzte ein ungeheurer Bombenhagel ein«, erzählte Brunswig. »Wir wurden durcheinandergeschüttelt und hatten große Angst – das soll nicht verschwiegen werden. Als der Bombeneinschlag etwas nachließ, gingen wir nach draußen, um nachzusehen, ob Brandbomben auf unser Gebäude gefallen waren. Wir sahen zunächst nur Feuer im Dachstuhl einzelner Häuser, doch nach wenigen Minuten kam ein gewaltiger Sturm auf in Richtung auf die Stadtteile Borgfelde und Hammerbrook.« Sie brannten in dieser Nacht bis auf die Grundmauern nieder, und sie waren der riesige Hochofen, den die britischen Flugzeugbesatzungen von oben mit sprachlosem Grausen betrachteten. Diese brennenden Flächen saugten die Atmosphäre von allen Seiten an und jagten damit die Flammen himmelwärts, so wie die heiße Luft in einem hohen Schornstein hochrast und dabei das Feuer durch den Luftzug immer stärker anfacht. Brunswig:

> »Je mehr man sich dem Zentrum dieser Höllenglut näherte, desto stärker wurde der Sturm, und er erreichte schließlich solche Gewalt, daß Menschen wie welkes Laub von ihm mitgenommen und ins Feuer getragen wurden...
> Es setzte eine Massenflucht auf die Hauptfeuerwache ein. Darunter viele Schwerverletzte. Eine hochschwangere Frau kam völlig nackt durchs Tor gelaufen; sie war in Hammerbrook in einen der Wasserarme gesprungen, um den Flammen zu entkommen. Wenig später brachte sie in unserem Luftschutzkeller ihr Kind zur Welt. In diesen Stunden der

Vernichtung war es uns ein Trost, daß wir melden konnten: ›Mutter und Kind wohlauf!‹ Aus einem Fenster der Hauptfeuerwache sah ich, wie aus den Fassaden jenseits des Vorplatzes die Flammen waagerecht und auf einer Länge von 20 Metern herausschossen. Als ich um eine Ecke der Hauptfeuerwache herumging, wurde ich glatt vom Feuersturm umgeworfen. Ich mußte kriechend zurück in den Windschatten. In den Straßen bildeten sich regelrechte Feuerwirbel, die in ihren Bewegungen den Sandhosen ähnelten und fauchend zwischen den Fassaden entlangrasten. Was ihnen in den Weg kam, wurde wie mit einer gewaltigen Lötlampe in Augenblicken zu Asche verbrannt.«

In den brennenden Stadtteilen hatten bisher 400 000 Menschen gewohnt, vorwiegend Arbeiter und Angestellte der im Hafen ansässigen Betriebe. Diese Familien saßen bei Beginn des Angriffs zumeist in den Kellern der Wohnhäuser, weil sie den öffentlichen Schutzraum mit seinen meterdicken Wänden und Decken in der Kürze der Zeit nicht erreichen konnten und weil diese Bunker zumeist überfüllt waren. Falls die Menschen in den Kellern rechtzeitig wahrnahmen, daß über ihnen das Haus brannte, blieb ihnen noch eine Chance zum Überleben. Viele jedoch waren gefangen wie in einer Mausefalle, weil Trümmer die Treppe nach oben und auch den Notausstieg durch das Nachbarhaus verschüttet hatten. Sie starben, weil ihnen die Flammen den Sauerstoff wegfraßen. Die Hitze war stellenweise so stark, daß sie die Körper ausglühte und zu Pulver zerfallen ließ.

Das damals noch junge Ehepaar Martens wohnte in Hammerbrook. Im Keller wurde es von der Nachricht alarmiert, daß das Haus über ihnen brenne. Der Mann rannte die Treppe bis zur Wohnung im vierten Stock hoch, doch er sah, daß dort nichts mehr zu retten war. Als er in den Keller zurückkam, war er leer; alle Insassen und auch seine Frau hatten ihn Hals über Kopf verlassen. Ausgerüstet mit einem Eimer Wasser und einem Vorhang, der aus einem Erdgeschoßfenster hing, suchte er aus dem

Labyrinth aus Trümmern und Flammen einen Ausweg. Den Vorhang steckte er ins Wasser und hängte ihn sich über den Kopf. Hinter einer Gartenmauer suchte er kriechend Deckung vor Hitze und Feuersturm. So überlebte er. Im Morgengrauen stellte er fest, daß in der Nacht in seiner unmittelbaren Nähe zwei Menschen umgekommen waren. Ihm hatte wohl der nasse Vorhang das Leben gerettet.

Im Lauf des Vormittags stieß er auf seine Frau. Sie war wohlbehalten, wenn auch verrußt, verdreckt, mit Brandlöchern im Kleid. Sie machten sich Sorgen um die Mutter der Frau, die auch aus dem Keller geflohen und bei der panischen Flucht verlorengegangen war. Im nahen Betonbunker fanden sie sie nicht. »Es lagen darin die Leichen verstreut«, erzählte Frau Martens, »auseinandergerissen, aufgedunsen oder auch ganz zusammengeschmort wie ein Stück Beefsteak. Ich bin dann später mit dem Bruder meiner Mutter durch die Krankenhäuser gegangen. Bin raufgefahren nach Schleswig-Holstein, nach Oldesloe und so weiter. Aber alles ist vergeblich gewesen. Wir wissen bis heute nicht, wo sie geblieben ist. Ist sie nach Ohlsdorf (Hamburgs Zentral-Friedhof) gekommen, ins Massengrab, oder was ist mit ihr geschehen?«

Wie groß die Katastrophe war, wurde erst allmählich erkennbar. Im Ostteil Hamburgs waren zahlreiche Straßen durch Schuttmassen für Fahrzeuge unpassierbar. Das Telefonnetz war zusammengebrochen, ebenso die Wasser-, Strom- und Gasversorgung. Erst gegen Mittag wurde es einigermaßen hell unter der Glocke von Rauch, Asche und Staub. Hauptmann Brunswig versuchte mit einem der Feuerwehrleute in das nahegelegene Hammerbrook-Viertel zu fahren. Auf Umwegen kamen sie schließlich durch, weil einige Straßen dank ihrer Breite nicht völlig von Trümmern versperrt waren. Brunswig:

> »Wir wollten zuerst zu einer Großtankstelle, wo große Mengen Benzin für uns gelagert waren. Die Häuser rechts und links der Straße waren alle ausgebrannt. In eine Querstraße abzubiegen war unmöglich. Sie waren alle verschüttet. Wir

sahen Hunderte und Aberhunderte von Toten auf den Straßen und im Schutt. An einer Stelle lagen gleich 25 dicht beisammen, fast ausschließlich Frauen und Kinder, in allen Stadien der Verbrennung. Sie hatten hinter einer dichten Hecke Deckung gesucht, doch die Feuerwalze hatte Menschen und Büsche vernichtet...
In der gleichen Straße stießen wir auf einen Sanitätskraftwagen des Roten Kreuzes. Hinter dem Lenkrad saß tot der Fahrer, neben ihm seine Frau. Sie hatte in den Armen einen etwa sechsjährigen Jungen. Vielleicht hatten sie mit dem Fahrzeug aus Hamburg fliehen wollen. Sie waren unverletzt und ohne Brandwunden. Zweifelsfrei waren sie durch Hyperthermie, durch überheiße Luft ums Leben gekommen.«

Schließlich erreichte Brunswig auch die gesuchte Tankstelle. Sie war unversehrt, aber die gesamte Mannschaft, die dort tätig gewesen war, hatte den Tod gefunden. Auf der Rückfahrt zur Hauptfeuerwache sah Brunswig in den Kanälen Hammerbrooks viele Leichen treiben; diese Menschen waren auf der Flucht vor dem Feuer ins Wasser gesprungen, waren dort ertrunken, erstickt oder von brennenden Balken und stürzendem Mauerwerk erschlagen worden.

Es gibt Zeugnisse von englischen Fliegern, die sich durchaus Gedanken über das Inferno machten, das sie in der Millionenstadt anrichteten. So berichtete ein Sergeant, daß sich der Kommandant der Maschine über die Sprechanlage vernehmen ließ: »Die armen Schweine da unten«, womit er in der Sprache der Soldaten sein Mitleid ausdrücken wollte. Ein anderer Sergeant schilderte seinen Eindruck so: »Es schien, als stünde ganz Hamburg in Flammen. Eine gewaltige Rauchsäule ragte weit über uns hinaus – und wir flogen in 6000 Metern Höhe. Man fürchtete sich vor der Vorstellung, was sich da unten abspielen mußte. Wenn ich daran denke, daß ich beigetragen habe – wenn auch nur sehr wenig – zu diesem Weltuntergang, dann quält es mich.«

Ganz so wehrlos, wie diese Bekenntnisse vermuten lassen, waren die Angegriffenen jedoch nicht. Weil die Engländer nicht ganz unerwartet kamen, hatten die Deutschen zusätzlich Scheinwerfer und Flakbatterien beordert. Ihre Zielgeräte waren durch »Window« praktisch ausgeschaltet, aber sie schossen ein Sperrfeuer, das die Männer in den Flugzeugen nur mit zusammengebissenen Zähnen passierten. Dabei standen an den Kanonen keineswegs nur Soldaten mit gründlicher Ausbildung; manche Funktionen der Batterien wurden von Mitgliedern der Hitlerjugend, von Lehrlingen und Oberschülern ausgefüllt, und zum Munitionsnachschub waren da und dort Freiwillige eingesetzt, die bis vor kurzem noch als Kriegsgefangene der Roten Armee in einem Lager gelebt hatten. Daß die Flak in jener Nacht wenig ausrichtete, war auf eine Neuerung zurückzuführen, mit der die Luftwaffe eine wirkungsvollere Abwehr durch Nachtjäger erproben wollte. Sie sah sich dazu gezwungen, weil die sogenannte »Kammhuberlinie« mit der hellen Nachtjagd bei den Masseneinflügen durchlässig geworden war.

Erfinder dieses Systems war der Luftwaffenmajor und Jagdflieger Hajo Hermann. Seine Taktik nannte er »Wilde Sau« (was in der Landsersprache soviel wie »ungehemmt« bedeutete). Sein Prinzip war: »Die feindlichen Bomber sollten, wenn sie die Kammhuber-Linie durchbrochen hatten, über den angegriffenen Städten gestellt werden.« Er bekam vor Wochen schon von Reichsmarschall Göring den Auftrag, ein Geschwader von Jägern für die freie Jagd am dunklen Nachthimmel auszubilden. Sein Oberbefehlshaber hatte ihm nach dem ersten Nachtangriff auf Hamburg befohlen, das ganze Geschwader einzusetzen, falls die Engländer wiederkämen. Göring sagte ihm: »Auch wenn die Leute noch nicht richtig ausgebildet sind, müssen sie in den Einsatz. Es ist schlimm in Hamburg. Es ist eine Katastrophe, die wir vielleicht mit dem Erdbeben in Lissabon vergleichen können.« (1775 war die Hauptstadt Portugals durch ein Erdbeben weithin zerstört worden, 30 000 Menschen waren dabei ums Leben gekommen; es zeigte sich, daß die Zahl der Toten in Hamburg noch höher liegen sollte.)

Major Hermann fand, das Kammhuber-System sei wenig effektiv, weil dabei immer nur ein Jäger durch einen Leitoffizier an einen Bomber herangeführt wurde. Später erinnerte er sich:

> »Ich fand es nicht angängig, so viele andere Nachtjäger im Skat liegen zu lassen. Sie mußten auch zum Abschießen der Feinde herangebracht werden. Dieses war aber sehr leicht gesagt und schwer getan. Man konnte zwar Hunderte von Nachtjägern starten lassen, aber die Schwierigkeit war, sie ohne Funkmeß an den Feind zu bringen. Hier gab es eigentlich nur eine Möglichkeit. Das war, die Nachtjäger über die angegriffene Stadt zu bringen, wo nämlich die britischen Bomber durch die Flakscheinwerfer beleuchtet und sichtbar gemacht wurden. Das stieß auf Widerwillen und Unverständnis. Man sagte zunächst, nicht ganz ohne Grund, das wäre nicht ganz ungefährlich. Es flögen da neben unseren 200 Jagdflugzeugen 800 Bomber oder mehr herum und Zigtausende Bomben von oben nach unten, und es würde auch von der Flak erheblich dazwischengeschossen. Die Splitter summten da nur so herum ...
> Ich hatte von meinen Bomberangriffen auf England auch einige Erfahrungen. Ich meinte, es wäre zu machen. In Hamburg flogen nicht alle das erste Mal mit. Es war die erste Gelegenheit, in die dunkle Nacht ins Ungewisse hineinzufliegen, ohne zu wissen, wo man nachher überhaupt landete. Denn ein Rückflug zum Startplatz war aufgrund unserer Reichweiten nicht möglich.«

Hermann berichtete über die Luftschlacht um und über Hamburg vierzig Jahre später:

> »Ich näherte mich mit meiner kleinen Schar der Stadt. Ich sah eine zusammengeballte schwarze Masse, aus deren unterem Rand sich rotes Feuer hervorfraß. Daß es eine Katastrophe sein müsse, war mir sofort klar. Ich flog nun an diesem feuri-

gen Turm vorbei und roch diesen penetranten Brandgeruch. Ich dachte zunächst, in meiner Maschine wäre etwas nicht in Ordnung, aber dann befaßte ich mich mit einem entgegenkommenden Engländer, kurvte hinter ihm ein, und da ich nun ein ungeübter Schütze war, ging ich ziemlich dicht ran und sogar in das Scheinwerferlicht. Der Heckschütze des Engländers merkte nichts. Er sah wohl nur nach unten. Ich schoß, und die Maschine brannte zugleich und ging dann in einer Steilkurve nach unten ab...

Es war wohl das Gefühl, daß etwas Ungewöhnliches vorgehe. Die Wirklichkeit war eigentlich entrückt. Ich war voll Verzweiflung und Wut, und so achtete ich auch nicht auf Gefahren. Angst hatten wir selbst nicht gespürt. Wir fürchteten nur, daß uns die Engländer, die wir gerade vor uns hatten, entwischten, daß sie ins Dunkel hinwegtauchen könnten, ohne daß wir sie zuvor unschädlich machen konnten.«

Die Engländer verloren in dieser Nacht nur siebzehn Maschinen; das waren 2,5 Prozent der eingesetzten Flugzeuge. Sie blieben damit weit unter der Norm. Die »Wilde Sau« hatte bei ihrem Debüt keinen Erfolg. Sie hatte außerdem die Flak insofern behindert, als deren Granaten während der zweiten Hälfte des Angriffs in höchstens 5500 Meter Höhe explodieren durften, weil der Luftraum darüber den Nachtjägern vorbehalten bleiben mußte. Genau dort aber flogen die meisten Bomber, und die noch unerfahrenen Jäger fanden sie nicht. Alles in allem hatte das Bomber Command in den ersten Morgenstunden des 28. Juli einen Sieg errungen, wie ihn sich Harris nur wünschen konnte. Auf vielfache Art hatte er die Feinde zu Tausenden in den Tod geschickt. Sie waren in den Kellern für immer eingeschlafen, weil hochgiftiges Kohlenmonoxyd aus glimmenden Kohlenvorräten eingeströmt war. Sie waren als Flüchtende mit ihren Füßen im heißen, breiig gewordenen Asphalt des Straßenbelags kleben geblieben, wie Fliegen auf Leimpapier, und ein gigantischer Grill hatte sie dann geröstet. Andere waren erstickt im Rauch, wieder andere wurden von stürzenden

Mauern erschlagen. Manche Leichen waren aufgedunsen von der Hitze, manche auf Kindergröße geschrumpft. Nie zuvor hatte es in diesem Krieg oder auch in allen vorangegangenen ein Inferno dieses Ausmaßes gegeben.

Im Lauf des Mittwochs (28. Juli) mühte sich eine Armee von Feuerwehrmännern, der Brände Herr zu werden. Sie mußten sich zunächst überhaupt zu den Brandherden durchkämpfen und Trümmer von den Straßen räumen. Dabei gelang es, aus verschütteten Kellern noch Überlebende zu befreien oder Verletzte zu bergen. Die Krankenhäuser im weiten Umkreis waren im Nu überfüllt; schließlich gingen die Transporte bis nach Kassel.

Die zerstörten Viertel wurden abgesperrt durch Wachtposten; nur die Räumkommandos, die Polizei und Beauftragte der NSDAP durften sie betreten. Zum einen war der Aufenthalt dort lebensgefährlich. Das Mauerwerk ausgebrannter Häuser stürzte bald da, bald dort ein. Zeitzünderbomben explodierten, und zahlreiche Blindgänger lagen offen herum oder steckten in der weichen Erde. (Sogar noch vierzig Jahre nach Kriegsende wurden sie als gefährliche Hinterlassenschaft der Bombennächte bei Erdarbeiten oder beim Ausbaggern der Wasserläufe gefunden.) Zum anderen mußten Plünderer von den zerstörten Häusern ferngehalten werden. Es durfte auch niemand versuchen, die Reste seiner Habe auf eigene Faust zu bergen. Wer alles verloren hatte, konnte vieles brauchen. Jedermann wußte, daß Plündern den Kopf kosten konnte, aber das war in jenen Tagen nur eine von vielen Möglichkeiten, zu Tode zu kommen.

Nach den beiden ersten Angriffen, dem vom Samstag und dem vom Sonntag, hatten immer mehr Menschen die Stadt verlassen und im bäuerlichen Umland Quartier bezogen. Insgesamt verließen in jenen Tagen 900 000 Menschen Hamburg. Anfänglich paßte dies der Gauleitung wenig; die Häuser verloren auf diese Weise ihre Brandwachen. Nun aber forderte auch der Gauleiter zum Verlassen der Stadt auf. Vor allem sollten Frauen mit Kindern abwandern. Die obdachlos Gewordenen mußten ohnehin abtransportiert werden; im Stadtgebiet waren sie nicht mehr unterzubringen. Sie wurden über Lautsprecher angewiesen, sich auf vier Sammelplätzen einzufinden. Einer davon war die Moorweide, eine große Wiesenfläche nahe der Stadtmitte. Drei weitere lagen in den Vororten. Dort wurden die Menschen, wenn nötig, mit Kleidung versorgt. Sie wurden verpflegt – erst mit Brot, Butter, Wurst, Getränken, dann mit Eintopfgerichten. Auch Bohnenkaffee und Schokolade wurden verteilt, Kostbarkeiten in den Zeiten der Lebensmittelrationierung.

Im Katastrophenplan war vorgesehen, daß die Reichsbahn im Fall einer Evakuierung die Betroffenen abtransportieren würde, doch nun kamen die Züge nicht mehr zu den Bahnhöfen im Stadtbereich durch. Kurzerhand beschlagnahmte die Gauleitung alle Kraftfahrzeuge, sogar die der Wehrmacht. Damit wurden die Wartenden von den Sammelplätzen zu den nächsten intakten Bahnhöfen gefahren. Vier Jahrzehnte später berichtete eine Frau ihre Erlebnisse jener Tage:

> »Nach dem Angriff am Mittwoch entschloß ich mich, meinen Sohn wegzubringen. Früh um sechs Uhr sind wir losgezogen: mein Vater, meine Mutter, mein Junge saß in der Kinderkarre, mit einer Tasche drauf. Auf der Flüchtlingswiese, der Moorweide, trafen wir Tausende, die hier schon zwei Tage hatten verbringen müssen. Wir warteten auf den Abtransport. Mit meiner Mutter und meinem Jungen wurde ich auf einen Lastwagen verladen. Sein Ziel war Soltau [etwa siebzig Kilometer südlich von Hamburg]. Diese kurze Strecke hat für uns zehn Stunden gedauert. Ich war froh, daß wir es geschafft hatten. Zu meiner Mutter sagte ich: ›Nun muß das wohl überstanden sein! Jetzt warte ich nur noch, daß mein Mann auf Urlaub kommt, und dann können wir später wieder aufbauen. [Jeder verheiratete Soldat bekam sofort Urlaub, wenn seine Familie bombengeschädigt war.] Aber ich mußte dann hören, daß er nicht mehr kommen konnte. Er war seit diesem Tag bei einem Gefecht bei Orel vermißt.« (Mit einer großen Offensive im Sommer 1943, der letzten an der Ostfront, wollte Hitler die im

Raum um Kursk zusammengezogenen Kräfte der Roten Armee durch eine Kesselschlacht vernichten, aber der Feind schlug sofort zurück und eroberte seinerseits einen tiefen Streifen des Mittelabschnitts mit der Stadt Orel.)

Im Lauf des 28. Juli schickte Harris wieder Aufklärer über die Hansestadt. Sie meldeten, daß die Stadt nach wie vor brenne, daß aber Einzelheiten unter einer dichten Decke von Rauch und Staub nicht zu erkennen seien. Das Gros des Bomber Command bekam deshalb einen Ruhetag. Nur vier Mosquitos jagten in der folgenden Nacht die übermüdeten, verängstigten und verzweifelten Hamburger mit ein paar Bomben wieder für Stunden in die Schutzräume. Jedoch am folgenden Tag, dem 29. Juli (Donnerstag), ließ der Luftmarschall seine Armada erneut starten. Er wollte beweisen, daß er allein mit seinen Bombern in der Lage wäre, eine Millionenstadt zu vernichten. Hätte er – so versprach er Churchill – nur genügend Flugzeuge und Munition, um auf diese Weise zehn Großstädte zu zerschlagen, dann würden die Deutschen kapitulieren, bedingungslos. Mit dem nächsten Angriff sollten der Westen und der Nordwesten Hamburgs vernichtet werden – Stadtteile, die bisher einigermaßen glimpflich weggekommen waren. Für den Start wurden 786 Flugzeuge eingeteilt.

Sie kamen am Abend des Donnerstags nicht alle in die Luft. Der Engländer Martin Middlebrook, der die amtlichen Akten der RAF gründlich studiert hat und die »Schlacht von Hamburg« in einem Buch ausführlich schildert, berichtet von einer Lancaster, die schon beim Start auf dem Fliegerhorst verbrannte. Das war kein Einzelfall. »Der Feuerschein«, schreibt er, »war schon ein vertrauter Anblick in jenem Teil Englands, in dem sich die Bomberflugplätze befanden.« Insgesamt fielen an diesem Abend bereits während des Anflugs über der Nordsee 45 Bomber aus. Die anderen wurden durch roten Feuerschein am Horizont zu ihrem Ziel hingeleitet, ehe sie noch das Festland erreicht hatten. Manche Besatzung sah ihn mit Befriedigung. Der Wille ihres Luftmarschalls zur Vernichtung des Feindes packte jetzt auch sie. Middlebrook berichtet die Äußerung eines Piloten: »Ich denke schon, daß es uns ein wenig kalt den Rücken herunterlief, und dabei empfand ich jedenfalls ein Gefühl tiefer Befriedigung. Je mehr wir auf Hamburg einschlugen, desto zufriedener waren wir damals.«

In britischen amtlichen Darstellungen des Luftkrieges wird über diesen Angriff berichtet, er habe sich »beträchtlich zersplittert«, weil die Zielmarkierungen ungenau ausgefallen seien. Den vornehmen Elbvororten im Westen Hamburgs kam dieser Fehler zugute. Für die Stadtteile Barmbek und St. Georg bedeutete er jedoch den Untergang. Das war, wenn auch ungewollt, ganz im Sinn des Luftmarschalls Harris, weil er dort wieder die »kleinen Leute« traf, die zu demoralisieren sein Ziel war. Wieder entstanden Großbrände auf etlichen Quadratkilometern. Es kam zwar nicht zu einem Feuersturm, aber Zehntausende Wohnungen wurden eingeäschert. Einer der britischen Piloten erzählte: »Alles brannte. Ich konnte meine Instrumente in der Nacht ohne Lampe ablesen. Es schien ein Verbrechen, in diese Hölle da unten weitere Bomben zu werfen.« Sich erinnernd fuhr er fort: »Es muß furchtbar gewesen sein für das Herrenvolk von Hamburg.« Mit dem Gedanken an die unmenschliche NS-Rassenpolitik ließ sich also das unmenschliche Bombardement vor dem eigenen Gewissen rechtfertigen.

Es wurden in dieser Nacht innerhalb von 45 Minuten über 2300 Tonnen Bomben über Hamburg ausgeklinkt, gut gemischt nach bewährtem Brandstifterrezept. Es war der fünfte Großangriff innerhalb von sechs Tagen. In den dazwischenliegenden Stunden waren die Menschen durch Alarm und durch die Furcht vor weiteren Schlägen wach gehalten worden. Sie wurden ferner umgetrieben von der Notwendigkeit, das Unglück in der Stadt so weit als möglich zu mildern und die Bedingungen für ein halbwegs normales Weiterleben zu schaffen. Die Zahl der Opfer war diesmal geringer als in den früheren Nächten, aber das war wohl nur darauf zurückzuführen, daß die Stadt kaum mehr die Hälfte ihrer früheren Bewohner beherbergte. Doch allein aus dem Luftschutzraum eines Warenhauses mußten 370 Leichen herausgetragen werden;

das geruch- und farblose Gas Kohlenmonoxyd aus einem benachbarten glimmenden Kohlenkeller hatte diese Menschen vergiftet. Insgesamt gab es in dieser Nacht etwa tausend Tote.

An diesem Morgen des 30. Juli, einem Freitag, war in Hamburg nahezu die Hälfte aller Wohnungen zerstört oder schwer beschädigt. Die Verkehrsmittel und die Versorgungsbetriebe waren ausgefallen. Trotzdem waren Churchill und Harris noch nicht zufrieden. Zwar hütete sich der Premierminister in seinen Memoiren, Verantwortung für Flächenbombardements zu übernehmen, aber Harris hielt sich mit Recht weiterhin an das, was Churchill am 21. Juli 1942 in einer »Übersicht über die Kriegslage« als Memorandum niedergeschrieben hatte. Darin erinnerte er an seine schon früher geäußerte Parole: »Wir werden Deutschland durch Bombardierung aus der Luft zertrümmern«, und meinte dann, trotz der inzwischen zu Englands Gunsten veränderten Kriegslage »wäre es ein Fehler, den ursprünglichen Gedanken fallenzulassen, ... daß die pausen- und gnadenlose Bombardierung Deutschlands ... auch für die Massen der deutschen Bevölkerung unerträgliche Bedingungen schaffen wird«. Deshalb hatte sich Churchill stets dafür eingesetzt, das Bomber Command zu verstärken. Damals, im Sommer 1942, hatte er sich veranlaßt gesehen, »mit Trauer und Besorgnis auf die immer schmerzlicheren Abstriche an unseren Plänen für den Ausbau der Bomberflotte zu blicken. Als Mittel zur Brechung des deutschen Kriegswillens steht die Bomberoffensive höchstens einem umfassenden Feldzug auf dem Kontinent nach.«

Zu gern hätte Harris bereits in der folgenden Nacht, also in den ersten Stunden des 31. Juli, seine Flugzeuge wieder über die Elbe geschickt, denn das schöne Sommerwetter hielt an, und die Verzweiflung der Hamburger sollte möglichst bald mit neuen Schlägen noch gesteigert werden. Doch die Politiker machten ihm einen Strich durch die Rechnung. Weil in jenen Tagen in Rom der Diktator Benito Mussolini durch den italienischen König und die hohen Militärs per Handstreich gefangengesetzt und seine faschistische Partei entmachtet worden war, sah die Regierung in London eine Chance, Italien aus dem Bündnis mit Hitler herauszubrechen und mit ihm zu einem Waffenstillstand zu kommen. Harris sollte nun mit der Bombardierung der drei wichtigsten Industriestädte Oberitaliens die diesbezüglichen Entschlüsse der neuen Regierung beschleunigen. Die Angriffe fanden jedoch nicht statt; in letzter Minute wurde die Weisung durch Churchill zurückgezogen, weil die Italiener offenbar bereits weich genug waren und bald darauf sogar Bundesgenossen der Alliierten sein würden.

Unterdessen war es zu spät geworden, für die Nacht zum 31. Juli, den Samstag, den nächsten Angriff auf Hamburg vorzubereiten. In dieser Nacht hinderten nur Angst und die Meldung, daß Mosquitos irgendwo hoch am Himmel kreisten, die restlichen Hamburger am Schlafen. Den schon vorbereiteten Start am Abend des 31. Juli verhinderte dann mit einem Feuerwerk von Blitzen, mit Sturm und Wolkenbrüchen eine gewaltige Gewitterfront über Südengland. Auch in der folgenden Nacht vom 1. zum 2. August mußte der Start abgesagt werden, weil der Sturm noch immer mächtig über die Flugplätze fegte.

Erst am Montag, dem 2. August, hoben die Geschwader gegen 23 Uhr – es war des unsicheren Wetters wegen so spät geworden – wieder von ihren Standorten ab. Es waren über 730 Maschinen. Hinsichtlich der Ziele hatte es einige Verwirrung gegeben; mal sollten es die vornehmen Viertel Hamburgs im Westen und Nordwesten sein, mal Harburg, die Industriestadt am südlichen Elbufer. Die Zeit war knapp, denn nach zwei Uhr morgens zog am Osthimmel die Dämmerung auf, und dann mußten die Besatzungen sich vor den deutschen Jägern in acht nehmen. Diese tauchten schon beim Anflug in der Höhe von Helgoland auf. Fünf Viermotorige verschwanden mit ihren Besatzungen spurlos im Meer. Über der Küste geriet der britische Bomberstrom in ein stürmisches Gewitter. Eine Anzahl Piloten scheute unter diesen Bedingungen das Risiko des Weiterflugs. Sie kehrten um, nicht ohne ihre Bomben ungezielt in die Tiefe zu schicken, meist in die offene Landschaft zwischen Elbe und Weser. Sie richteten dennoch einiges Unheil mit zufälligen Treffern in Dörfern an.

Das Gros der Bomber hielt jedoch weiterhin Kurs auf Hamburg. Dabei vereisten einige Maschinen und stürzten ab. Auch über der Elbe herrschte Sturm. Er verhinderte exakte Zielmarkierungen; die Leuchtbomben wurden abgetrieben. Auch der Window-Schutz funktionierte in der heftig bewegten Luft nur mäßig, so daß die deutsche Flak ihre Ziele diesmal wieder mit Radar anpeilen konnte. So kam es, daß die Bomben sich auf ein weites Gebiet ungezielt verteilten. Sie fielen auf landwirtschaftlich genutztes Gelände südlich von Harburg, auf Harburg selber, einige auch auf die Stadt Hamburg, auf schleswig-holsteinisches Weideland und auf die Kleinstadt Elmshorn. Dorthin hatten sich zahlreiche Hamburger geflüchtet. Sie wurden nun teilweise ein zweites Mal obdachlos, so daß das Gerücht aufkam, die geplagten Menschen würden nun auch noch systematisch aus ihren Zufluchtsorten vertrieben. Der Angriff wurde insgesamt zu einem Fehlschlag. Das war nicht der Todesstoß, den Harris mit seinem letzten Angriff der Hansestadt versetzen wollte. In dieser Nacht büßte er 35 Maschinen ein. Es war ein hoher Preis zum Abschluß seiner Schlacht von Hamburg.

Mit 10 000 Tonnen Bomben, so hatte Harris mit Hilfe des Physiker Lord Cherwell, alias Dr. Lindemann, errechnet, ließe sich Hamburg auslöschen. Er kam mit seinen vier Angriffen vom 25. Juli bis zum 3. August auf mehr als 8000 Tonnen. Damit hatte er die Stadt zwar übel zugerichtet, aber sie war kein Gomorrha, nicht einmal ein Karthago geworden. Sie lebte weiter, wenn auch nur noch mit geminderter Kraft, und sie produzierte weiter, wenn auch unter vermehrter Anstrengung. Trotzdem strich Harris sie von der Liste seiner bevorzugten Ziele; er meinte, es lohne nicht mehr, Flugzeuge, Treibstoff, Sprengstoff, Brandsätze und sogar Menschenleben diesem Trümmerfeld zu opfern. Er setzte ferner voraus, daß die tatkräftigen Deutschen inzwischen alle Betriebe, die ihnen wichtig waren, an andere Orte verlagert haben würden.

Hatte er damit sein Ziel erreicht? Gewiß, große Flächen Hamburgs waren für die Zeit des Krieges unbewohnbar geworden. 45 000 Bewohner waren umgekommen, Tausende zu Krüppeln geworden. Das alles hatte Harris ohne Bedenken getan. Er haßte die Deutschen, weil er sie als die ewigen Unruhestifter kennengelernt hatte und weil sie sein Vaterland, das britische Empire, als Weltmacht gefährdeten. Doch abgesehen davon, daß es diesen Rang auch als Sieger nicht bewahren konnte – so total, wie Harris seinen Sieg über Hamburg hatte haben wollen, war er nicht. Er wollte die Kapitulation, aber die Stadt kapitulierte nicht. Gewiß schimpften die Hamburger über alle, die dieses Unglück über sie gebracht hatten, aber ihr Zorn galt zur Stunde mehr den Tommys.

Im eigenen Land hätten Churchill und Harris lernen können, daß man mit den Wohnungen nicht auch die Moral der Bewohner zertrümmert. Die Einwohner von Coventry waren ebenso wie die von Hamburg überzeugt, daß der Feind sie mit verbrecherischen Methoden terrorisiere. Dem aber wollten sie sich nicht beugen. Ihren Widerstand stärkte auch die Überzeugung, daß sie nun als Bettler nichts mehr zu verlieren, wohl aber bei einem Sieg ihres Volkes viel zu gewinnen hatten. Wir bauen alles wieder auf, und schöner dazu, versprach ihnen die Partei. In Hamburg kam hinzu, daß der amtierende Gauleiter sich nicht als brauner Tyrann aufgeführt, sondern umsichtig regiert hatte und daß er nun, in den kritischen Phasen, mit fester Hand alles ihm Mögliche tat, um den Menschen zu helfen.

Nach den zehn schlimmsten Tagen bat Gauleiter Kaufmann seinen Führer, dieser möge den Hamburgern die Anerkennung für ihr tapferes Verhalten und sein Mitgefühl für die Verluste durch einen Besuch der schwergeprüften Stadt zeigen. Hitler lehnte ab. Er war nicht einmal bereit, eine Abordnung von Männern und Frauen zu empfangen, die sich bei der Schlacht von Hamburg durch Tatkraft und Mut besonders hervorgetan hatten. Dieser Führer wollte keine Trümmer sehen und von Trümmern nichts wissen. Wenn sein Sonderzug durch zerstörte Städte fahren mußte, ließ er in seinem Salonwagen die Fenster verhängen. Man mag darüber rätseln, was diesem Verhalten zugrunde lag – keineswegs jedoch wird er befürchtet haben, das Elend könne ihn etwa bewegen, den Kampf aufzugeben.

»Kein Dach über Europa«

Immer wieder hatte Hitler seinen »unabänderlichen Entschluß« und seinen »fanatischen Willen« verkündet, den einmal eingeschlagenen Kurs fortzusetzen. Für ihn waren die Bombardements zwangsläufige Ereignisse, die man durchzustehen hatte, wenn man mit ihm das große Ziel des germanischen Weltreiches erreichen wollte. In seinen Tischgesprächen, den Monologen im Führerhauptquartier vor Sekretärinnen, Adjutanten und den vertrautesten Parteigenossen, äußerte er nie das geringste Mitleid mit den Bombenopfern in den Städten. Wenn ihm Albert Speer, sein Rüstungsminister, von Bombenschäden berichtete, hatte er nur Interesse am Zustand wichtiger Produktionsstätten. Als er einmal im ostpreußischen Hauptquartier durch ein Telefongespräch erfuhr, daß in Berlin ein Betrieb brenne, der führend war in der Herstellung von Laufketten für Panzerfahrzeuge, beorderte er aus der ostpreußischen Ferne der »Wolfsschanze« alle Feuerwehren aus der weiteren Umgebung von Berlin dorthin – unnötigerweise, denn der Brand war bereits unter Kontrolle. Nach dem Ergehen der Berliner erkundigte er sich nicht. Wenn Speer versuchte, bei seinen Vorträgen die Leiden der Bevölkerung zu schildern, oder wenn er die Zahl der Toten erwähnte, dann unterbrach Hitler den Bericht stets mit einer ablenkenden Frage, wie etwa: Wie viele Panzer werden im nächsten Monat fertig?

Mit Sicherheit wurde Hitler über die Angriffe auf Hamburg und deren Wirkungen unterrichtet, aber in den Lagebesprechungen wurden sie nur in knappster Form erwähnt. Im Kriegstagebuch des Oberkommandos der Wehrmacht sind sie deshalb nur mit wenigen Worten notiert. So wird etwa das mörderische Bombardement vom 28. Juli mit drei Zeilen abgetan. Flächenbrände, Feuersturm, 40 000 Tote waren offenbar nicht erwähnenswert. Man liest nur: »In der Nacht zum 28. 7. führte der Gegner mit 500 Flugzeugen erneut einen schweren Angriff auf Hamburg durch. Es wird mit schweren Schäden und Verlusten gerechnet. 22 feindliche Flugzeuge wurden abgeschossen.« Wer zwischen den Zeilen zu lesen verstand, konnte aus der vagen Formulierung schließen, daß der Umfang der Zerstörungen das Ausmaß des Unglücks noch nicht einmal erkennen ließ.

Dagegen wurde Hitlers ständige Umgebung durch die Hamburger Katastrophe viel stärker beeindruckt. Sogar sein völlig ergebener Gefolgsmann und Sekretär, der NS-Reichsleiter Martin Bormann, wurde zunehmend nervös. Er telefonierte am 2. August um 23.15 Uhr aufgeregt mit seiner Frau, die sich an diesem Tag im Münchner Einfamilienhaus der Familie aufhielt. Den Anlaß lieferten ihm »eine Anzahl geradezu schauerlicher Bilder aus Hamburg, die den ganzen Hergang der Katastrophe erkennen lassen«. Mit diesen Worten leitete Bormann, pedantisch, wie er immer war, einen Brief ein, der den Inhalt des Gesprächs als Gedächtnisstütze wiederholte. Seine Frau und seine Kinder – damals acht, wenn sie gerade alle zu Hause waren – wurden von ihm angewiesen, am folgenden Tag spätestens um die Mittagsstunde München zu verlassen und zum Obersalzberg zu fahren. Dort besaß die Familie ein zweites Haus in der Nähe von Hitlers Berghof, oberhalb von Berchtesgaden. Dem Familienvorstand erschien der Aufenthalt dort sicherer als in der »Hauptstadt der Bewegung«, weil, wie er in seinem Brief weiter schrieb, »wir dort oben keine Häuserreihen und Straßen haben. Allerdings ist unser Haus ein Holzhaus, das gleich wie eine Fackel brennen würde.« Frau Gerda Bormann wurde deshalb angewiesen, schon bei jedem Voralarm zwei große Mercedes-Sechszylinder vorfahren zu lassen und mit allen Kindern eine bombensichere Unterkunft in einem Felstunnel anzusteuern. Der Abwehr durch die Luftwaffe vertraute Bormann offensichtlich nicht mehr.

Einen Monat später schien ihm auch die Streusiedlung hoch oben auf dem Berg nicht mehr sicher genug. Er schrieb an seine Frau Gerda: »Da ich mit starken Angriffen auf den Obersalzberg rechne, bin ich erst wieder beruhigt, wenn ihr aus dieser besonders gefährlichen Zone weggezogen seid.« Den Ortswechsel ließ er bereits durch einen seiner Mitarbeiter vorbereiten – in ein Einfamilienhaus am Schluchsee im südlichen Schwarzwald. Dann entdeckte er auch an dieser neuen Unterkunft, weitab von jeder Stadt und jeder Prominenz, einen Mangel. Es gab auch dort etwas, was Flieger anlocken könnte. Das Haus lag an einem Stausee! Seit die Bomben auf die Möhnetalsperre gefallen waren, konnte sich auch im Hochschwarzwald Ähnliches ereignen.

Wahrscheinlich wußte niemand besser als Bormann, weshalb Hitler sich zwar in seinen großen öffentlichen Reden über die »Luftgangster« und »Kindermörder« moralisch empörte, sich aber für deren Opfer im täglichen Kriegsgeschehen nicht sonderlich interessierte. Dem engsten Vertrauten des Führers konnte nicht entgangen sein, daß Hitler keinen Moment zögern würde, die Städte der Feinde in der gleichen Weise zu zertrümmern und den gleichen Terror auszuüben, wenn er nur die Mittel dazu besessen hätte. Erst aus den Luftangriffen der deutschen Bomber auf englische Städte im August 1940 hatte die RAF gelernt, daß mit Brandbomben weit mehr Unheil gestiftet werden konnte als mit Sprengmunition – weil sie leichter sind, sich deshalb in größeren Mengen transportieren lassen und weil ein Feuer, wenn es erst einmal richtig lodert, sich selber weitere Nahrung sucht. Der Feuerwehrfachmann Hans Rumpf hatte schon 1931 geschrieben, »die Anwendung der neuen Zerstörungswaffe« (nämlich der Brandbombe) sei ein »entsetzlicher Rückfall in die Barbarei«.

Auch Hitler war bei General Douhet in die Lehre gegangen, und auch er hätte gern Flächenbombardements praktiziert, wenn er die dafür erforderlichen Großbomber besessen hätte. Speer berichtete in seinen »Erinnerungen« von einem Abendessen 1940 in der Reichskanzlei, vermutlich in den Sommermonaten während der deutschen Bomberoffensive gegen London. Bei dieser Gelegenheit habe sich Hitler »zunehmend in einen Zerstörungsrausch hineingeredet« und Speer gefragt: »Haben Sie sich einmal eine Karte von London angesehen? Es ist so eng gebaut, daß ein Brandherd allein ausreichen würde, die ganze Stadt zu zerstören, wie schon einmal vor 200 Jahren. Göring will durch zahllose Brandbomben mit einer ganz neuen Wirkung in den verschiedenen Stadtteilen Brandherde schaffen. Überall Brandherde. Tausende davon. Die werden sich dann zu einem riesigen Flächenbrand vereinigen. Göring hat dazu die einzig richtige Idee: Die Sprengbomben wirken nicht, aber mit den Brandbomben kann man das machen – London total zerstören. Was wollen die noch mit ihrer Feuerwehr machen, wenn das erst einmal losgeht?« Die Vergeltung dafür bekamen die Hamburger zu spüren, und nun waren die Engländer an der Reihe, sich ihrer Taten zu rühmen. Als der Chef der Pfadfinder im Bomber Command, der Vize-Luftmarschall D. Bennett, vom Autor gefragt wurde, ob er als Verantwortlicher für die Zielmarkierungen sich nicht Gedanken darüber mache, daß bei den Bränden in Hamburg etwa 40 000 Menschen umgekommen seien, meinte er, die Schuld daran treffe doch wohl in erster Linie die Hamburger. Was könne er schon dafür, wenn diese Leute keine richtige Feuerwehr besäßen? In einem solchen Krieg!

Der gelernte Architekt Albert Speer hatte bei dem dilettierenden Künstler Adolf Hitler einen Stein im Brett, und er stieg noch höher in dessen Gunst, als der Diktator entdeckte, daß Speer sich auch als ein vielseitig einsetzbarer Technokrat und Organisator verwenden ließ. Ihm unterstand als Rüstungsminister zeitweise nahezu die gesamte kriegswichtige Produktion. Nach der Hamburger Katastrophe in der Nacht zum 28. Juli sagte Speer zu den in der sogenannten Zentralen Planung zusammengefaßten Experten von Wirtschaft, Staat, Partei und Wehrmacht: »Wenn die Fliegerangriffe im jetzigen Ausmaß weitergehen, sind wir nach zwölf Wochen einer Menge von Fragen enthoben, über die wir uns heute noch unterhalten. Dann geht es in einer glatten, verhältnismäßig schnellen Talfahrt den Berg hinunter.« Als er dies auch Hitler sagte und hinzufügte, daß die Rüstung zusammenbreche, wenn sechs weitere Großstädte im Reich auf diese Weise zerschlagen würden, bekam er zur Antwort: »Sie werden das schon wieder in Ordnung bringen.«

Hitler behielt recht. In Hamburg normalisierte sich, soweit dies überhaupt möglich war, das Leben rasch. Die Toten wurden auf Lastwagen zum Ohlsdorfer Friedhof transportiert, um dann unidentifiziert und ohne jede Feierlichkeit in Massengräbern beerdigt zu werden. Viele der Abgewanderten kehrten zurück, reparierten ihre Wohnungen oder bauten sich Behelfsheime aus Trümmersteinen. Die Betriebe nahmen die Arbeit wieder auf, zunächst eingeschränkt. Die Rüstungsproduktion lief wieder an. Kaum weniger als Speer waren es die Hamburger, die »das wieder in Ordnung« brachten. Hitlers Optimismus wurde auch insofern gerechtfertigt, als die von Speer befürchteten weiteren Katastrophen in anderen Großstädten zunächst nicht eintraten. Harris bekam Aufgaben, die ihm und seiner Strategie weniger lagen und bei denen seine Bomber unglücklich operierten; zudem wurde auch noch, ausgelöst durch die Hamburger Tragödie, in der englischen Öffentlichkeit wieder einmal Kritik am Bomber Command laut. Obgleich die Regierung in London steif und fest behauptete, es seien an der Elbe nur strategische Ziele angegriffen worden – wobei unvermeidlicherweise auch Zivilisten geschädigt worden seien –, konnten viele Engländer den amerikanischen Zeitungen entnehmen, wie wahllos die Bomben abgeladen worden waren.

Dafür bereiteten nun die amerikanischen Fliegenden Festungen dem deutschen Rüstungsminister schwere Sorgen. Sie griffen am 12. August 1943 mit 376 Maschinen Schweinfurt an, wie üblich bei Tag, und schickten gleichzeitig 146 Flugzeuge nach Regensburg. In der Stadt an der Donau zielten sie auf ein Werk, in dem Messerschmitt-Jäger zusammengesetzt wurden, in der fränkischen Industriestadt wollten sie die Fabriken zerstören, in denen man Kugellager herstellte. Eigentlich hätte Harris mit seiner Truppe längst vor den Amerikanern dort sein sollen; ihn hatte das britische Ministerium für wirtschaftliche Kriegführung schon im November 1942 darauf hingewiesen, daß »die Zerstörung dieser Stadt und ihrer Fabriken sowie die Tötung oder Verwundung von möglichst vielen Einwohnern derartig weitgehende Auswirkungen auf den deutschen Rüstungsstand versprechen, daß dieses Angriffsziel vernichtet werden muß, koste es, was es wolle«. Es waren aber bisher gerade die Kosten (das heißt die zu erwartenden Verluste) gewesen, die Harris bewogen hatten, sich taub zu stellen und den Amerikanern den Vortritt zu lassen. Sie verloren dann auch prompt an diesem Tage sechzig Maschinen, nahezu zwanzig Prozent der gestarteten – ein Aderlaß, den sich wohl nur die USAAF leisten konnte mit ihren scheinbar unerschöpflichen Reserven an Kriegern und Kriegsmaterial.

In Schweinfurt hielt sich der Schaden in Grenzen, aber für Speer war der Angriff ein Alarmzeichen. Auf sein Drängen hin war die Stadt bisher mit Flak-Batterien gespickt worden, aber jetzt fürchtete er weitere Angriffe. Er nutzte den Anlaß, um mit Hitler grundsätzlich über die Strategie des Luftkrieges zu sprechen. So sehr er die Flächenbombardements fürchtete, so war er doch der Meinung, daß es weniger aufwendige und auch schneller wirkende Methoden gäbe, um entscheidende Wirkungen zu erzielen. Etwa könnten deutsche Fernbomber ausgewählte Ziele anfliegen, Schlüsselpositionen in der feindlichen Rüstung, so wie es die Amerikaner ja auch taten. Nur müßte es konsequenter geschehen. Im Osten bot sich dafür eine Gelegenheit.

Die Energieversorgung der sowjetischen Rüstungsbetriebe hing von einigen wenigen Großkraftwerken ab, Produkte der kommunistischen Gigantomanie, und gerade sie ließen sich entscheidend treffen, weil sie zum Teil mit deutscher Hilfe gebaut worden waren. So hing beispielsweise die ganze Industrie der Moskauer Region von Kraftwerken an der oberen Wolga ab. Die Luftwaffe selber trug an Hitler die Frage heran, ob sie nicht »mehr zum Siege im Osten beitragen könne, wenn sie, statt Bomben vor die Infanterie zu werfen, die russische Rüstungsindustrie bekämpft«. Der Generalstab des Heeres war der gleichen Meinung: »Eine wirksame Entlastung der Front vom Materialdruck der Roten Armee könnte durch eine planmäßige, intensive Bekämpfung der Rüstungsindustrie erreicht werden.« Wohl ließ Hitler daraufhin eine Luftwaffeneinheit für diese Aufgabe drillen, aber als die Front wieder einmal wankte, verbrauchte er diese Maschinen und Männer weit unter ihrem Wert. Speer kam zur Überzeugung, daß Hitler jedes Verständnis für den strategischen Luftkrieg abging.

Für Harris waren die hohen Verluste der Amerikaner bei Schweinfurt ein weiterer Beweis, daß Bomber am Tag durch Jäger geschützt werden müssen und daß sie Angriffe, die über die Reichweite der eigenen Jäger hinausgingen, nur bei Nacht unternehmen konnten. Als er im August 1943 den Auftrag erhielt, die kleine Stadt Peenemünde an der Ostsee anzugreifen, wählte er auch dafür die Dunkelheit, obwohl es auf gezielte Treffer ankam. Mit einer neuartigen, sehr lichtstarken Beleuchtungsbombe hoffte er, ein gutes Resultat zu erzielen, worauf man in London großen Wert legte, nachdem dort bekanntgeworden war, daß in Peenemünde Versuche mit weitreichenden Raketen angestellt würden; es schien zweckmäßig, dieses Projekt schon im Ansatz gründlich zu zerstören. Am gleichen Tag, als die Amerikaner nach Schweinfurt flogen, starteten fast 600 britische Bomber in Richtung auf das Städtchen an der Ostsee. Weil es diesmal auf genaues Zielen ebenso ankam wie auf die Flächenwirkung, fiel bei diesem Angriff eine wesentliche Rolle jener Einheit zu, die seinerzeit die Staudämme von Möhne und Eder halbwegs erfolgreich bombardiert hatte. Tatsächlich wurde mit diesem Angriff die Entwicklung von V1 und V2 erheblich verzögert, aber auch das Bomber Command erlitt Verluste. Es büßte vierzig Maschinen total ein, weitere 32 wurden so beschädigt, daß sie entweder nicht mehr repariert werden konnten oder für längere Zeit ausfielen.

Nicht minder dringlich wartete auf Harris eine andere Aufgabe. Sein Vorgänger als Oberbefehlshaber des Bomber Command, Charles F. A. Portal, nun Chef des Luftstabes, verlangte Angriffe auf die Reichshauptstadt. Er stützte sich dabei auf Berichte des britischen Geheimdienstes, die als Folge der Schlacht von Hamburg die Moral der Deutschen für so angeschlagen hielten, wie sie gegen Ende des Ersten Weltkrieges nicht einmal gewesen war. Die »Heimatfront«, von der NS-Propaganda so getauft, sei bereits ins Wanken geraten; eine gründliche Zerstörung des Machtzentrums könne in der Millionenstadt eine Revolution auslösen. Am 19. August mahnte Portal schriftlich: »Ich möchte keinen Druck auf Harris ausüben, aber ich hätte doch gern einen Termin, wann die schweren Angriffe gegen Berlin beginnen werden. Glichen sie denen auf Hamburg, dann hätten sie eine gewaltige Wirkung auf ganz Deutschland.«

Unbestreitbar irrte sich der Geheimdienst. Wohl gab es Verschwörergruppen, die Hitler und seine Partei entmachten wollten, aber sie waren eine verschwindende Minderheit. Mit der Forderung nach bedingungsloser Kapitulation hatten die Alliierten den Tatendrang mancher Antifaschisten gelähmt. Die Masse des Volkes war im Grunde indifferent. Gegen Aufstände oder gar eine Revolution von unten war das NS-System abgesichert; einerseits hatte es das Monopol auf Propaganda, andererseits kontrollierten Gestapo, SD und Partei jede Regung im Volk. Die Furcht vor Verhören, KZ-Haft und Todesstrafe erstickte die Gedanken an Widerstand. Zudem bedeutete der Sturz Hitlers zugleich auch den Sieg der Feinde – und die wurden nicht müde zu verkünden, daß die Deutschen schon allein darum nichts Gutes zu erwarten hatten, weil sie in vielen Wahlen vor dem Krieg immer wieder dem Führer ihre Stimme gegeben hatten.

Das schreckliche Geschehen in Hamburg war keineswegs im ganzen Reich bekannt. Erst nach dem Krieg erfuhren die Deutschen, daß die Hansestadt während des Krieges 213mal von Flugzeugen angegriffen worden war, daß dabei 55 000 Menschen getötet worden waren – 20 000 mehr als Soldaten aus Hamburg, die an den Fronten hatten sterben müssen. Vermißt wurden am Ende des Krieges 33 000 weitere Mitbürger, so daß der Stadtstaat 123 000 Kriegstote zu beklagen hatte. 17 000 Bomber hatten über Hamburg ihre Schächte geöffnet. Dabei fielen mehr als 10 000 Sprengbomben im Gesamtgewicht von 40 000 Tonnen, dazu 1,6 Millionen Brandbomben. Sie machten nahezu eine Million Menschen obdachlos, sechzig Prozent aller Gebäude wurden zerstört, weitere zwanzig Prozent schwer beschädigt.

Das Volk durfte davon nicht mehr und nicht weniger erfahren, als es der Propagandist Goebbels für gut hielt. Zeitungen und Rundfunk mußten sich bei Luftangriffen auf die Informationen im täglichen Wehrmachtsbericht beschränken. Nur in der lokalen Berichterstattung waren ausführlichere Schilderungen erlaubt. Der Umfang der Schäden und das Ausmaß der Leiden insgesamt waren Staatsgeheimnis. Die Gauleiter waren angewiesen, jeden Vormittag bei Reichsleiter Martin Bormann im Führerhauptquartier zu melden, was bei ihnen geschehen war. Sie taten dies zumeist ohne Schönfärberei, denn da es ihre Aufgabe war, die Schäden so rasch wie möglich zu reparieren, hätten Untertreibungen ihnen nur selber geschadet. Von Bormann bekam Hitler-Adjutant Julius Schaub eine Zusammenfassung, die er vortrug, während sein Führer kurz vor der Mittagsstunde sein Frühstück verzehrte. Dessen Anteilnahme hielt sich in Grenzen; er zeigte erst Wirkung, wenn historische Bauten oder gar Theatergebäude in Mitleidenschaft gezogen waren. Dann pflegte er Churchill einen Whiskysäufer, Roosevelt einen Paralytiker und die Bomberbesatzungen verkommene Barbaren zu nennen. Er drohte, es den Feinden heimzuzahlen, wenn er erst wieder eine ausreichend große Bomberflotte beisammen haben würde.

Die Männer seines Gefolges erfuhren auf diese Weise auch stets, welche Stadt bis zu welchem Grad in den letzten 24 Stunden heimgesucht worden war. Doch erst die Bilder aus Hamburg ließen sie erkennen, wie schrecklich der Bombenkrieg sein konnte. Ähnlich wie Martin Bormann, den obersten Parteifunktionär, packte der Schrecken auch den altgedienten Soldaten Wilhelm Keitel, Generalfeldmarschall und Chef des Oberkommandos der Wehrmacht. Aus dem Führerhauptquartier schrieb er an seine in Berlin lebende Frau, daß nun Ähnliches der Reichshauptstadt bevorstehe, »sobald die Nächte länger werden für den weiteren

Flugweg«. Er wies sie an, »so bald als möglich« Berlin zu verlassen. Zur Wahrung seiner Soldatenehre fügte er hinzu, dies sei »keine Feigheit, sondern eine Erkenntnis der Ohnmacht gegen solche Auswirkungen, gegen die man mitten in der Stadt doch machtlos ist«.

Auch Bormann kam in einem weiteren Brief an Frau Gerda noch einmal auf das Thema zurück. Ihn plagte die Vorstellung, daß der Feind Giftgas einsetzen könnte. Solche »Gasbomben fallen dann sicher auf unser Hauptquartier«, schrieb er am 14. Oktober 1943. »Da der Obersalzberg als ständiges Nazi-Hauptquartier gilt, wird er dann auch bevorzugt beliefert.« Hitler habe auf seine Anregung hin genehmigt, daß die Einwohner von Berchtesgaden und des Obersalzbergs schleunigst mit Gasmasken ausgerüstet würden. »Ich schreibe Dir das, damit Du Dich nicht sträubst oder die Sache auf die lange Bank schiebst, wenn man Euch die Masken verpassen will.«

Das klingt nicht nach der Siegeszuversicht, wie sie den Deutschen damals von Amts wegen verordnet wurde. Dazu war für jedermann, der im Brennpunkt des Geschehens saß, auch keine Veranlassung. Im Osten waren die Deutschen genötigt, dem immer stärker werdenden Druck der an Menschen und Material überlegenen Roten Armee überall nachzugeben. In Italien rückten die westlichen Alliierten langsam, aber stetig nach Norden vor, und der bisherige Bundesgenosse verbündete sich mit den Gegnern. Die besetzten Gebiete wurden durch Partisanen und Widerstandskämpfer zu Nebenkriegsschauplätzen. Auf dem Balkan hatten die Kämpfe nie aufgehört. Die U-Boote schickten weniger Frachter in die Tiefe und wurden dafür häufig selbst Opfer ihrer Gegner. Die Luftangriffe mehrten sich, und die Bomber kamen immer zahlreicher. Der verbohrte Parteifunktionär Bormann verließ sich auf den Führer, der immer noch aus jeder Krise als Sieger hervorgegangen war, doch wer nicht die parteiamtlichen Scheuklappen trug, mußte sich nun fragen, wie es mit Deutschland weitergehen könnte. Goebbels schrieb am 11. April 1943 in sein Tagebuch: »Am meisten aber ist das Volk dadurch bedrückt, daß es im Augenblick keinen Überblick mehr über das Gesamtgeschehen besitzt. Man kann sich keine Vorstellungen machen, wie der Krieg einmal zu Ende gehen und wie wir den Sieg erringen werden.«

Hitler war zu Kompromissen unfähig und sogar noch stolz darauf. Der Hasardeur wußte längst, daß er den mit Siegesfanfaren begonnenen Krieg nicht mehr gewinnen konnte; als im Dezember 1941 der Vorstoß auf Moskau in Eis und Schnee steckengeblieben war, hatte er dies in einem Gespräch mit Generälen spontan und ohne Emotionen festgestellt. Doch als besessener Spieler gab er nicht auf. Er scheute sich auch nicht, jene Zuversicht zu heucheln, die er längst nicht mehr besaß. Im Frühjahr 1943 erzählte er wider besseres Wissen seinen Gauleitern, daß die U-Boote bald noch erfolgreicher sein würden, obwohl ihm die Seekriegsleitung schon das Gegenteil gemeldet hatte. Am 12. Mai hatte er in Schloß Klessheim bei Salzburg zu dem rumänischen Diktator Marschall Ion Antonescu gesagt, für den Ausgang des Krieges gebe es nur zwei Möglichkeiten: einen klaren Sieg oder die restlose Vernichtung. Als ihm die Ereignisse in der Gegenwart keinen Trost mehr boten, holte er sich Zuversicht aus der Historie. Der Ausgang des siebenjährigen Krieges zwei Jahrhunderte zuvor und die Hartnäckigkeit des großen Friedrich gaben ihm die Hoffnung, daß auch für ihn das Schicksal ein Wunder parat halte, mit dem sein Reich gerettet werde, wenn er nur lange genug ausharre.

Von allen Gefahren, die dem Großdeutschen Reich im Jahr 1943 drohten, waren diejenigen aus der Luft die bedrückendsten, weil sie jedem Deutschen sicht-, hör- und fühlbar waren. Für die meisten spielten sich die Niederlagen in Afrika und Stalingrad auf fernen Bühnen ab; echte Besorgnis empfanden nur jene, die einen Angehörigen auf den Schlachtfeldern hatten. Die Bomben waren 1943 der wesentlichste, aber auch nachdrücklichste Beitrag der Westalliierten zum Kampf gegen Hitler, da ihr schneckengleiches Vordringen in Süditalien nicht als sonderlich spürbare Bedrohung empfunden wurde. Stalin dagegen imponierte der Krieg der Bomber wenig. Grollend forderte er eine zweite Front in Europa, worunter er die Landung einer Invasionsarmee in Frankreich verstand, damit endlich deutsche Divisionen im Westen gebunden wurden und damit eine Entlastung seiner Fronten eintrat. Um ihn zu besänftigen, wurde er zwar laufend über die Luftangriffe auf deutsche Städte unterrichtet, selbstverständlich mit jenen übertreibenden Erfolgsmeldungen, wie sie sowohl die englischen als auch die amerikanischen Besatzungen zu liefern pflegten, aber er durchschaute die Absicht und blieb bei seinem Groll.

Als Hitler in einer Rede verkündete, die Festung Europa sei gegen alle feindlichen Anschläge gewappnet, spottete Präsident Roosevelt, der Festungsbauer Hitler habe das Dach über Europa vergessen. Als er dies am 12. September 1943 sagte, konnte dies nur bedeuten, daß der Luftkrieg noch härter werden würde. Mehrmals hatte Hitler in Reden seine Gegner beschuldigt, sie wagten nicht, sich in offener Feldschlacht, sozusagen Mann gegen Mann, zu stellen, statt dessen würfen sie in der Nacht feige ihre Bomben auf Frauen und Kinder. Doch in Wahrheit war der Feind eigentlich für die Deutschen greifbar, wenn auch nicht gerade dort, wo die NS-Strategen ihn gern getroffen hätten. Nichts lag näher, als die feindlichen Luftstreitkräfte zu schlagen, und zwar dort, wo sie am besten zu packen waren. Über deutschem Gebiet, wo jeder Abschuß bestenfalls in der Gefangenschaft enden mußte.

Die Luftwaffe hatte inzwischen ihre Erfahrungen in der Abwehr gesammelt. Ein schwerbeladener Bomber, der in der von Tausenden von Propellern verwirbelten Luft beim Geschwaderflug nur mit großer Anstrengung auf Kurs gehalten werden konnte, war höchst verwundbar. Beim Rückflug, wenn die Besatzung durch den Einsatz mitgenommen oder wenn die Maschine gar durch Flaksplitter beschädigt war, hatten die Jäger ihre zweite Chance. Ständig waren überdies zusätzliche Methoden der Abwehr in der Erprobung. Nach der »Kammhuber-Linie« und der Nachtjagd »Wilde Sau« wurden nun die Jäger in der »Zahmen Sau« durch einen Funkbericht über die Flugbewegungen des Feindes zum Gros der Bomber geleitet, um sodann die gegnerischen Maschinen mit den neuen Radargeräten aufzuspüren. Die Jäger schossen nicht mehr nur mit überschweren Maschinengewehren, sie verfeuerten auch schon Raketen, die mit einem guten Treffer einen viermotorigen Bomber in die Tiefe schicken konnten. Auch gegen »Window« war ein Mittel gefunden worden. Die Verluste der Engländer und der Amerikaner nahmen zu. Die Aussichten der Jäger waren also gar nicht mehr so schlecht.

Während der ersten Augusthälfte 1943 hatte Göring seine Spitzenmänner ins Führerhauptquartier nach Ostpreußen gerufen. Er predigte ihnen, eine Katastrophe wie Hamburg dürfe sich nie wiederholen. Nun sei es Aufgabe der Luftwaffe, das Reich zu verteidigen. Sie könne erst dann wieder zum Angriff übergehen, wenn die Gefahr für die Heimatfront vorbei, die feindlichen Bombergeschwader in die Flucht geschlagen seien. Seine Generäle waren sich schon lange einig, daß dies der richtige Weg sei, und hatten deshalb schon wiederholt vorgeschlagen, durch eine Verstärkung der Jägerwaffe wenigstens die Luftüberlegenheit über Europa zurückzugewinnen. Beeindruckt von soviel Einigkeit war Göring anschließend in den Führerbunker gegangen und hatte dort den Plan für eine neue Strategie vorgetragen.

Der General der Flieger und Chef der deutschen Jäger, Adolf Galland, berichtete später, wie gebrochen der Reichsmarschall und Oberbefehlshaber der Luftwaffe in ihren Kreis zurückgekehrt sei. Hitler hatte seine Vorschläge rundweg abgelehnt. Mit sich überschlagender Stimme hatte er behauptet, die Luftwaffe habe im Krieg gegen England total versagt. Dann war er wieder auf seine alte These zurückgekommen, daß Terror (den in seinen Augen nur die gegnerischen Flieger ausübten) nur mit Terror gebrochen werden könne. Deshalb würden deutsche Bomber jetzt wieder in großen Verbänden England angreifen. Die Luftwaffe habe dabei Gelegenheit, ihre Ehre wiederherzustellen. Als »Führerbefehl«, dieser dringlichsten Form der Vergatterung, erhielt die Aktion die höchste Priorität. Für die vielen Bomberbesatzungen, die dabei in den Tod fliegen mußten, war das freilich nur ein schwacher Trost. Der hohen Verluste wegen wurden die Angriffe bald wieder eingestellt.

General Galland brachte es im Verein mit Rüstungsminister

Speer trotzdem fertig, die Jagdwaffe zu verstärken. Ihnen machten weniger die nächtlichen Angriffe der Engländer Sorgen als vielmehr die Bomben, die von den Amerikanern bei Tag auf ausgewählte Ziele geworfen wurden. Am Ende wurde Galland sogar zu Hitler ins Führerhauptquartier befohlen und gefragt, wie man die US-Flieger stoppen könne. Der General verlangte noch mehr Jagdmaschinen. Stünden jedem Bomber drei oder vier Jäger gegenüber, könne man die feindlichen Luftflotten zerschlagen, wenn nicht gar gänzlich vernichten. Auf die Dauer sei allerdings zu befürchten, daß die Amerikaner eigenen Jagdschutz mitbrächten, der zur Zeit noch auf der Höhe der Reichsgrenze umkehren müsse, weil der Betriebsstoff nicht zum Weiterflug reiche. Würde es soweit kommen, wäre es notwendig, die eigenen Jäger noch einmal erheblich zu verstärken.

Dieser Ratschlag war nicht nach Hitlers Geschmack. Mit seinem Vortrag hatte sich Galland verdächtig gemacht, ein Pessimist zu sein. Hitler entgegnete, Jagdmaschinen mit solcher Reichweite werde es nie geben; Göring habe ihm versichert, eine derartige Konstruktion sei gar nicht möglich. Für Galland hatte diese Unterhaltung Folgen. Hitler informierte Göring. Und der ärgerte sich so sehr, daß er den wegen vieler Luftsiege mit den höchsten Tapferkeitsorden ausgezeichneten General einen »schlappen Defätisten« nannte. Dennoch wurde mit Speers Hilfe ein »Jägerprogramm« aufgestellt, das jeden Monat tausend neue Maschinen vorsah – allerdings nur unter Hitlers Bedingung, daß auch mehr Bomber als bisher aus den Werkhallen rollen müßten.

Tatsächlich wurden in den ersten acht Monaten des Jahres 1943 durchschnittlich fast tausend Jagdflugzeuge ausgeliefert. Die meisten gingen jedoch an die Fronten. Es fehlte zudem die Zeit für eine gründliche Ausbildung der Piloten. Zwar meldeten sich noch genug Freiwillige, weil die jungen Menschen die Aufgabe eines Jagdfliegers für attraktiver als die eines Bomberpiloten hielten und sich einbildeten, auf diese Weise schnell zu einem hohen Orden zu kommen. Sie konnten jedoch in der vor allem mangels Sprit zu kurzen Ausbildung zu wenig fliegerische Erfahrungen sammeln.

Kaum einer hatte mehr als 150 Flugstunden absolviert, als er zum ersten Mal gegen die Viermotorigen geschickt wurde. Die Hälfte des Nachwuchses kam über den zehnten Einsatz nicht hinaus.

Trotzdem stellte man im Oberkommando der Wehrmacht fest: »Die deutsche Kriegswirtschaft ist durch die schweren und anhaltenden Luftangriffe des Jahres 1943 nicht ernstlich in Mitleidenschaft gezogen worden.« Dennoch machten sich Engpässe bemerkbar. Ab Anfang September 1943 besaß die Wehrmacht keine größeren Kraftstoffreserven mehr. Sie waren in der Schlacht um den Orel-Bogen verbraucht worden oder verlorengegangen. Die Erzeugung von Flugbenzin mußte gedrosselt werden, damit an der Ostfront die Kraftfahrzeuge der Infanteriedivisionen rollen konnten. Aus den Aufzeichnungen des Wehrmachtsführungsstabes für das Jahr 1943 geht hervor, daß die Luftwaffe allein im September über 1600 Flugzeuge verlor, davon die Hälfte im Westen, wo ja noch keineswegs auf der Erde gekämpft wurde. Die Ausfälle konnten nur schwer ersetzt werden.

Bei der Flak-Artillerie fehlten 21 000 Männer. Aus der Heimat waren viele Batterien nach dem Osten abgezogen und vielfach unmittelbar hinter der Hauptkampflinie eingesetzt worden, weil sich die 8,8-cm-Kanone hervorragend zur Bekämpfung von Panzern eignete. Aus den daheimgebliebenen Batterien mußten mehr und mehr die felddiensttauglichen Männer für die Front abgestellt werden. Ersetzt wurden sie durch die älteren Schüler von Gymnasien, durch die jungen Männer aus dem Arbeitsdienst und zum Teil sogar durch Freiwillige aus den Kriegsgefangenenlagern.

Gegen die Berliner und ihre Moral

Die Aussichten wurden immer düsterer. Die Amerikaner steigerten zwar langsam, aber unaufhaltsam ihr Potential. Hitler hielt noch immer nicht viel von ihnen, aber seine Berater warnten ihn. Allerdings fanden auch die Engländer nach wie vor die Leistungen der 8. US-Luftflotte unter General Eaker nicht besonders imposant. Anthony Verrier, britischer Autor mit einem verzeihlichen Hang zum Lob der eigenen Flagge, beurteilt das Wirken der Amerikaner in seinem Buch »Bomberoffensive« streckenweise mit jenem mitleidigen Wohlwollen, das ein Schachgroßmeister einem Simultangegner in einem Wohltätigkeitsturnier entgegenbringt. »Die Angriffe waren nicht sehr häufig«, schreibt er, »... und es fehlte ihnen an Wucht und Folgerichtigkeit.« Bevorzugt hätten die Amerikaner zunächst Häfen angegriffen, weil sie sie auf Routen erreichen konnten, die nicht besonders von Flak oder Jägern bewacht waren. Die zahlreichen Angriffe der Amerikaner auf Objekte in Frankreich und Belgien nennt Verrier »Zeitverschwendung«. Auch rechnet er den Verbündeten ihre Verluste vor; es waren im Durchschnitt sieben Prozent aller Maschinen, die zum Angriff gekommen waren, nicht gerechnet jene Flugzeuge, die durch Schäden für einige Zeit ausfielen.

Wie groß diese Ausfälle waren, läßt er General Eaker beantworten. Normalerweise seien von den Maschinen, die aus dem deutschen Luftraum zurückkamen, ein Viertel bis zur Hälfte mehr oder weniger angeschlagen gewesen. Ohne es auszusprechen, predigt Verrier immer wieder das Sprichwort: Wer nicht hören will, muß fühlen. Harris und andere britische, im Luftkrieg erfahrene Soldaten hatten die Amerikaner oft genug vor dem Risiko von Tagesangriffen gewarnt.

Durch hohe Verluste war die 8. US-Luftflotte vorübergehend auf 200 einsatzfähige Flugzeuge geschrumpft. Während dieser Schwächeperiode nahmen sie es mit ihrem Grundsatz, Bomben gezielt zu werfen, nicht mehr ganz genau. Ein Beispiel dafür war ein Angriff auf Münster in Westfalen. Neben vielen Wohnhäusern wurde ausgerechnet auch der Amts- und Wohnsitz des Erzbischofs Graf Clemens August von Galen zerstört. Dieser katholische Oberhirte war in Berlin schon mehrfach unangenehm aufgefallen. So auch einige Wochen zuvor, als er gepredigt hatte, es sei unchristlich, Vergeltung für Bombenangriffe zu fordern oder gar vom Himmel zu erbeten. Nun konnte sich Göring in einer Luftwaffenkonferenz am 23. Oktober 1943 nicht die Bemerkung verkneifen, der Erzbischof werde wohl jetzt »auch die Vergeltung haben wollen«, nachdem »Gott sei Dank auch sein Haus in Schutt und Asche gelegt worden« sei.

Bis spät in den Herbst 1943 hinein wurden die amerikanischen Bomber nur bis Köln oder Aachen von Jägern begleitet und geschützt. Weiter reichte deren Aktionsradius nicht. Die deutschen Tagesjagdverbände nutzten diese Chance. Den größten Erfolg errangen sie am 14. Oktober 1943, als die Amerikaner erneut versuchten, die Kugellagerwerke von Schweinfurt zu vernichten. Die Luftwaffe konnte den 226 Bombern mehr als 350 Jagdmaschinen entgegensetzen. Die Amerikaner erlitten 111 Totalverluste, 61 US-Maschinen wurden abgeschossen, fünf weitere so schwer beschädigt, daß sie bei der Landung zerschellten. 45 Maschinen kamen schrottreif zurück, 95 mußten in wochenlange Reparatur. Nur 25 Bomber waren ungerupft entkommen. Das war selbst dem unerschütterlichen US-General H. Arnold zuviel, der alle europäischen Geschwader der USAAF befehligte. Er sah ein, daß sich seine »Fliegenden Festungen« nicht hinreichend verteidigen konnten. Nach dem Desaster von Schweinfurt schrieb US-General Eaker in seinem Bericht: »Dieser Tag bewies, daß Tageseinflüge dieser Art ohne Begleitschutz auf die Dauer untragbar waren. Die 8. USAAF sieht sich außerstande, weitere Flüge nach Schweinfurt oder anderen entfernten Städten zu unternehmen.«

Trotzdem hatten die Amerikaner mit ihren gezielten Tagesangriffen die Produktion von Jagdmaschinen empfindlich gestört. Die Zahl, die die Luftwaffe brauchte, konnte nicht mehr aus den Werkshallen rollen. Es trat zudem ein, was Galland Hitler angekündigt hatte: Die Bomber kamen nicht mehr allein. Die Amerikaner hatten Jagdflugzeuge entwickelt, die den deutschen Maschinen gewachsen, wenn nicht überlegen waren. Sie konnten, zum Teil mit Zusatztanks bestückt, die Bomber bis weit ins Reich hinein begleiten, obwohl Göring immer steif und fest behauptet hatte, solche Maschinen werde es nie geben. Nun riet er seinen Piloten, sie sollten die feindlichen Jäger einfach ignorieren und nur die Bomber angreifen. Hätten die US-Jäger ihrerseits auch ihre deutschen Kollegen ignoriert, wäre der Rat vielleicht brauchbar gewesen.

Als im August die Nächte wieder länger wurden, erinnerte der britische Premierminister den Chef des Bomber Command an Berlin. Es sei zweitrangig, ob kriegswichtige Objekte im Sinn der alliierten Vereinbarungen getroffen würden, denn die Reichshauptstadt sei insgesamt als ausgewähltes Ziel zu werten. Breche am Regierungssitz die Moral der Bevölkerung zusammen, seien Hitlers Tage gezählt. Außerdem mindere jede Bombe auf Berlin den militärischen Kredit des Deutschen Reiches in der neutralen Welt. Am 28. August 1943 notierte das Oberkommando der Wehrmacht: »Nachts führten 300 feindliche Flugzeuge Störangriffe auf Berlin und einen zusammengefaßten Angriff auf Peenemünde durch.« Neben der Hauptmacht, die auf die Raketenversuchsanstalt angesetzt war – von dieser Aktion war schon die Rede –, galt der Flug nach Berlin zunächst nur als Erkundungsvorstoß, mit dem die Stärke der Abwehr ermittelt werden sollte. Am 23. August folgte dann der erste einer ganzen Serie von Nachtangriffen. Die

RAF kam massiert in sieben Wellen. Nur fünfzig Minuten genügten, um 1700 Tonnen Bomben abzuwerfen, doppelt soviel wie bei der bisher schlimmsten Nacht im März. Dem Wehrmachtsbericht zufolge wurden fünfzig britische Maschinen abgeschossen.

Am 1. September hatte die Stadt nachts einen (laut OKW) mittelschweren Angriff hinzunehmen. Am 4. September war die RAF nur zwanzig Minuten lang über Berlin, warf jedoch tausend Tonnen Bomben ab. Den Rückweg nahmen die Bomber über Schweden und verletzten dabei die Neutralität des Landes im Bewußtsein, daß ihnen die deutschen Nachtjäger dorthin nicht folgen würden. Daß in vielen Nächten nur eine oder wenige Mosquito-Maschinen die Berliner in die Keller jagten, war in den Annalen des Krieges schon nicht mehr erwähnenswert. Wohl aber wird erwähnt, daß sich am 21. September ein kleiner britischer Verband trotz miserablem Wetter bis nach Berlin durchschlug. Die letzte große Operation der RAF im Jahr 1943 geschah am 30. Dezember. Das OKW spricht von einem mittelschweren Angriff. Eine inoffizielle deutsche Quelle behauptet dagegen, es seien 2000 feindliche Bomber am Himmel gewesen, und das Oberkommando der Wehrmacht gab immerhin »erhebliche Industrie- und Verkehrsschäden« zu.

In einer Denkschrift hatte Marshall Harris am 3. November 1943 seinem Premierminister versichert: »Wir können Berlin von einem Ende bis zum anderen zerstören!« Voraussetzung sei allerdings, daß die Amerikaner mitmachten. Die Alliierten würden dabei 500 Flugzeuge verlieren, aber sie bekämen dafür die deutsche Kapitulation, schnell und bedingungslos. So ähnlich hatten wohl auch die Erwartungen von Charles F. A. Portal, Chef des britischen Luftstabes, ausgesehen, als auch er in den Augusttagen von Harris die Angriffe auf Berlin gefordert hatte. Aus dem schnellen Ende jedoch wurde nichts, wenn man davon absieht, daß das Bomber Command tatsächlich bei seinen Angriffen auf Berlin – sie dauerten bis März 1944 – etwas mehr als die vorausgesagten 500 Maschinen einbüßte. Andererseits war die Reichshauptstadt inzwischen schwer angeschlagen. Allein in den letzten sechs Wochen des Jahres 1943 gingen bei acht britischen Angriffen über 14 000 Tonnen Spreng- und Brandbomben auf Berlin nieder.

Doch die Amerikaner spielten nicht mit. Sie hatten noch immer Bedenken, ihre Bomben teppichweise ungezielt in ein Häusermeer fallen zu lassen. Sie ließen sich ihre Hemmungen zunächst auch nicht durch den Hinweis auf die neuen Radargeräte ausreden, die es erlaubten, auch durch Wolken hindurch Ziele anzuvisieren. Erst Anfang März 1944 begannen sie mit dem Bombardement – bei Tag natürlich. Um die gleiche Zeit stellte Harris seinerseits seine Offensive ein. Er begründete dies mit der wachsenden Effizienz der deutschen Abwehr, die auf die Dauer zu untragbaren Verlusten führen würde. Dahinter steckte jedoch eine andere Überlegung: Wenn die alliierte Invasion in Frankreich beginnen würde, mußte die Bomberflotte intakt sein, und dieser Tag war nicht mehr fern. Was Harris auch verschwieg: Er hatte die Moral der Berliner keineswegs gebrochen. Sowohl Joseph Goebbels, der als Gauleiter für Berlin zuständig war, als auch Hermann Göring konnten es sich leisten, nur mit kleiner Leibwache durch die Trümmerstraßen zu gehen. Sie wurden dabei sogar von Ausgebombten ermuntert, den Kampf fortzusetzen und Vergeltung zu üben.

Widerlegt waren damit auch die wissenschaftlichen Prognosen des Professors Lindemann alias Lord Cherwell, der als persönlicher Berater Churchills kalkuliert hatte, jeder viermotorige Bomber mache durchschnittlich vier bis achttausend Deutsche obdachlos, ehe das Flugzeug abgeschossen werde oder verschrottet werden müsse – vorausgesetzt, daß die Bomben nur über Wohngebieten abgeworfen würden. Der Verlust der Wohnung treffe die meisten Menschen stärker als etwa der Tod eines Angehörigen. Hätte er recht gehabt und hätte die Regierung rechtzeitig auf ihn gehört, dann wäre bereits Ende 1943 ein Drittel aller deutschen Wohnungen zertrümmert gewesen.

Vorschnell hatte auch Harris Mitte Mai 1943 an Charles Portal geschrieben: »Wenn wir das durchhalten können« (nämlich die Angriffe auf das westdeutsche Industriegebiet, vor allem auf die

Wohnungen der Industriearbeiter), »dann wird das innerhalb kurzer Zeit tödlich enden.« Für die Deutschen, meinte er natürlich. Ebenso voreilig war das Versprechen, das Harris dem Luftfahrtminister schriftlich am 7. Dezember 1943 gab, er werde bis zum 1. April 1944 die wichtigsten Städte im Reich wenigstens bis zur Hälfte zerstört haben, und dann sei die Kapitulation nicht mehr fern. Voraussetzung sei nur, daß er pro Monat mindestens 13 500 Tonnen Bomben abwerfe. Eine Bilanz der Abwürfe bis einschließlich März 1944 ergab dann, daß die RAF im Monatsdurchschnitt sogar fast 15 000 Tonnen allein über Berlin aus ihren Schächten hatte fallen lassen. Damit mag sie zwar viele Berliner zur Überzeugung gebracht haben, daß der Krieg nicht mehr zu gewinnen sei, aber da es nicht in ihrer Macht lag, ihn zu beenden, blieb alles beim alten.

Ehe Harris vorübergehend Berlin zurückstellte, hatte er bis zur Februarmitte noch einige Abschiedsvorstellungen in großer Besetzung gegeben. Bei der letzten und wirkungsvollsten waren 2500 Tonnen Bomben gefallen. Doch am vorläufigen Ergebnis seiner Schlacht um Berlin hatte er damit nichts mehr ändern können: Nach militärischem Reglement war er der Verlierer, denn er hatte sein Ziel nicht erreicht. Das Unternehmen Berlin hatte ihn zudem über tausend Viermotorige gekostet. Unter diesen Umständen war es ihm nicht einmal unlieb, daß er und seine Art der Kriegführung wieder einmal in England öffentlich angeprangert wurden. Doch diesmal war die Kritik schärfer denn je. Sie stützte sich auf belegbare Tatsachen und wurde – unzensiert – im Oberhaus vorgetragen, noch dazu von einem Bischof der Anglikanischen Kirche.

Bischof George Bell, dessen Sitz sich in der malerischen Kleinstadt Chichester befand, hatte sich über die Verheerungen in Köln, Lübeck und Hamburg unterrichten lassen und nun auch noch erfahren, daß in Berlin bei einem Angriff 3500 Bewohner umgekommen und 100 000 Wohnungen zerstört worden waren. Er berief sich in seiner Rede vor den Mitgliedern des »House of Lords« auf Berichte schwedischer Journalisten, von denen man wußte, daß sie keineswegs hitlerfreundlich waren. Auch wenn

Hitler englische Städte wahllos bombardiert habe, erklärte er, sei es unwürdig, Vergeltung gegenüber einem Verbrecher mit dessen verbrecherischen Mitteln zu üben. Zum Beweis, daß die Flächenbombardements zudem ein ungeeignetes Mittel seien, den Krieg zu beenden, berief sich der Bischof ebenfalls auf die schwedischen Zeitungen. Sie hatten geschrieben, daß die schlimmen Schäden in Berlin die Bevölkerung nicht etwa gegen das NS-Regime aufbrachten. Die Geschädigten seien nur »erfüllt mit Kampfeswut« gegen Großbritannien.

Ein Sprecher der Regierung erklärte nach Tumulten im Oberhaus, die RAF habe nie reine Terrorangriffe durchgeführt. In Berlin schon gar nicht, denn dort gebe es kriegswichtige Ziele an allen Ecken und Enden. Dort habe die Regierung ihren Sitz, die Wehrmacht viele Dienststellen, die Gestapo ihre Zentrale. Dort gebe es nicht nur eine Anzahl rüstungswichtiger Großbetriebe, sondern unzählige Werkstätten, die sogar in Garagen für den Krieg arbeiten. Deshalb würden solche Angriffe »mit verstärkten Kräften und mit zermalmender Wirkung« fortgesetzt – bis zum Sieg. Die *Times,* Londons seriöseste Tageszeitung, verwarf die Anklage des Bischofs mit dem Ratschlag: »Deutsche Zivilisten können für ihre Sicherheit leicht selber sorgen. Wer in der Nähe eines militärischen Zieles wohnt, braucht nur sein Haus zu verlassen. In den Ländern, die von den Deutschen besetzt wurden, haben sie viele Menschen dazu gezwungen.« Und Churchill verkündete: »Der Wunsch, wir sollten auf das beste Mittel zur Abkürzung des Krieges verzichten oder es auch nur einschränken, ist unerfüllbar. Die Deutschen mögen aus ihren Städten aufs Land flüchten.«

Als Harris in der zweiten Märzhälfte 1944 seinen Feldzug gegen Berlin überraschend abbrach, hatte er zehn Quadratkilometer in eine Trümmerwüste verwandelt und 1,5 Millionen Menschen obdachlos gemacht. Er hatte erreicht, daß die meisten Schulkinder in entlegene Landstriche evakuiert worden waren, in Sammeltransporten, klassenweise, zum Teil bis nach Bayern und Österreich. Die Zeitläufte brachten es mit sich, daß einzelne Kinder sich noch bei Kriegsende dort befanden und die Familien nur mühsam wieder zusammenzubringen waren. Die älteren Schüler mußten jedoch in den Städten bleiben. Wofür sie gebraucht wurden, verrät der Text, mit dem ein Reporter der Kino-Wochenschau seinen Bildbericht ergänzte. Zu Kindern an Flakgeschützen gab er folgenden Kommentar: »In den großen Industriewerken und in luftgefährdeten Gebieten stehen die älteren Jahrgänge mit Freude und Begeisterung neben den Soldaten und Wehrmännern an den Abwehrgeschützen. Unter ihnen befindet sich der jüngste EK-Träger [Eisernes Kreuz Zweiter Klasse] Deutschlands. Er ist 16 Jahre alt und hat als Richtschütze bereits einen englischen Bomber zum Absturz gebracht.«

Der jugendliche Held blieb nicht lange der jüngste Dekorierte. Weil der Krieg so viele Männer verschlang, griff er nach den Kindern. Wenige Wochen, ehe Hitler in den Tod floh, hängte er noch eigenhändig zwischen den Trümmern der Reichskanzlei Vierzehnjährigen die Eisernen Kreuze ins Knopfloch ihrer zerschlissenen Windjacken.

Im Frühjahr 1944 mußten sich auch die Frauen mobilisieren lassen – als Rüstungsarbeiterinnen, als Luftschutzwarte, als Nachrichtenhelferinnen, vorwiegend bei der in der Heimat stationierten Luftwaffe, an Scheinwerferbatterien und Horchgeräten der Luftabwehr. Nur Frauen mit kleinen Kindern wurden von der Einplanung verschont. Im November 1943 hatte Goebbels in sein Tagebuch notiert, wenn erst einmal der Winter vorüber sei, werde das Schlimmste überstanden sein. Er klammerte sich an Hitlers Ankündigung, bald müßten die Feinde in England alles büßen, was sie dem Reich angetan hatten. Demnächst, so verhieß Hitler, würden die noch geheimen Vernichtungswaffen eingesetzt. Von ihnen munkelte man im Volk, ihre Wirkung sei so fürchterlich, daß der Führer noch zögere, sie einzusetzen. Hitler und Goebbels sorgten durch gelegentliche Andeutungen, daß diese Gerüchte nicht verstummten.

Ob die NS-Oberen nur pokerten oder ob sie, verführt vom Wunsch als Vater ihrer Gedanken, ernstlich ihren Sieg von den geheimen Waffen erwarteten, an ihn glaubten? Wer kann das heute noch entscheiden? Doch ehe diese »Wunder-Waffen« überhaupt eingesetzt werden konnten, wartete die Gegenseite mit einem von Einsichtigen schon lange befürchteten Knalleffekt auf: Die Amerikaner machten Ernst! Die ganze Zeit hatte Hitler sie mißachtet, aber nun waren sie voll da. Die USAAF hatte in der Vergangenheit wertvolle Erfahrungen – meist sehr schmerzliche – gesammelt, hatte Rückschläge überwunden und ständig an Stärke zugenommen. Nun traten die Amerikaner entschlossen ins Rampenlicht des europäischen Krieges, bestens trainiert und fähig zu harten Schlägen. Die US-Bomber wurden die entscheidende Waffe.

»An Stalin: Persönlich und streng geheim«

Im Gegensatz zu den zunehmenden anglo-amerikanischen Bombardierungen fielen kaum sowjetische Bomben auf das Reich. Es geschah ganz selten, daß deutsche Zivilisten von Sowjetmenschen aus der Luft angegriffen wurden – von den letzten Kriegswochen abgesehen. Und selbst während der letzten Tage des Reiches, als Berlin schon von der Roten Armee eingeschlossen war, fielen die sowjetischen Bomben zumeist auf deutsche Verteidigungsnester. So konnte denn auch Olaf Groehler, der für den Militärverlag der DDR eine »Geschichte des Luftkrieges« geschrieben hat, mit gewissem Recht behaupten, daß »der imperialistische Fernluftkrieg... in der Hauptsache gegen die Zivilbevölkerung, insbesondere gegen die Arbeiterklasse gerichtet« gewesen sei. »Sie [die Arbeiterklasse] erlitt die größten Verluste und hatte die höchsten Opfer zu tragen.« Richtig ist auch, was Groehler über die »Hauptaufgaben der sowjetischen Luftstreitkräfte« schreibt. Nämlich daß sie »nach der Erringung der Luftherrschaft... die Truppen des Gegners und seine Kampftechnik auf dem Gefechtsfeld zu vernichten hatten«.

Doch diese Enthaltsamkeit vom Luftterror entsprang keineswegs der Humanität marxistischer Prägung. Wenn es im Krieg eine Tugend ist, vorwiegend gegnerische Soldaten zu töten und die Nichtkämpfer zu schonen, dann waren die sowjetischen Luftstreitkräfte in erster Linie tugendsam, weil sie gar nicht erst in die

Lage kamen, zu sündigen. Sie waren in ihrer ganzen Struktur angelegt auf die Unterstützung der Armee auf dem Schlachtfeld. Der Kreml orientierte sich an dieser Zielsetzung noch viel strenger als Hitler. Zwar gab es Rote Fernfliegerkräfte, die vorwiegend in der Nacht Bomben ins feindliche Hinterland zu tragen oder den Partisanen im Rücken der Deutschen Nachschub zu bringen hatten, aber für strategische Aufgaben wurden sie nicht eingesetzt. Groehler nennt auch den Grund: Sie wurden an den infanteristischen Fronten verbraucht, so wie es auch Hitler mit den bescheidenen Anfängen seiner Fernbomberwaffe getan hatte.

Wer es wünscht, mag darüber spekulieren, ob eine Flotte deutscher strategischer Bomber den Sieg der Alliierten verhindert hätte. Stalins Fehler hatte keine großen Folgen, wenn man davon absieht, daß eine Anzahl fliegender Rotarmisten durch taktisch falschen Einsatz am falschen Ort in den Tod gegangen sein mögen. Stalin brauchte keine schweren strategischen Bomber. Seine Verbündeten besaßen sie in genügender Zahl. Er stellte für sie die Masse seines Fußvolkes. Der Generalissimus hätte keine Bedenken gehabt, Bomben auf deutsche Städte regnen zu lassen, hätte er es vermocht. Dies geht eindeutig aus den Mitteilungen hervor, die er mit US-Präsident Roosevelt und dem britischen Premier Churchill wechselte. Stalin mahnte darin immer wieder die versprochene zweite Front in Europa an – eine alliierte Landung auf dem Festland, die Hitler nötigen würde, Truppen aus dem Osten abzuziehen. Seine mit ihren Vorbereitungen noch nicht fertigen Bundesgenossen versuchten laufend, ihn mit Hinweisen auf die zerbombten deutschen Städte zufriedenzustellen.

Roosevelt an Stalin, »persönlich und streng geheim«: »Die sich jetzt entwickelnde Luftoffensive gegen das vom Feind besetzte Europa wird mit dem dreifachen Ziel intensiviert, die feindliche Industrie zu vernichten, die Stärke der deutschen Jagdfliegerwaffe zu vermindern und die Moral der deutschen Zivilbevölkerung zu brechen ...«

Churchill an Stalin am 12. August 1943, nach der Katastrophe von Hamburg: »Ich schicke Ihnen einen kleinen stereoskopischen

Apparat mit einer großen Anzahl von Diapositiven, die den Schaden zeigen, der deutschen Städten durch unsere Bombenangriffe zugefügt wurde. Sie vermitteln einen viel lebendigeren Eindruck, als er durch Fotoabzüge erreicht werden kann. Ich hoffe, Sie werden eine halbe Stunde Zeit erübrigen, um sie sich anzusehen. Wir wissen sicher, daß in Hamburg achtzig Prozent der Häuser zerstört sind. Die längeren Nächte stehen jetzt kurz bevor, und dann wird auch Berlin größeren Zerstörungen ausgesetzt werden.«

Als Churchill von Bomben auf Essen berichtete, antwortete Stalin: »Ich wäre Ihnen dankbar für die Übersendung von Fotos.« Eine Nachricht über eine Bombardierung Berlins quittierte er mit Glückwünschen. Bei einer anderen Gelegenheit funkte er an Churchill: »Ihren schweren und erfolgreichen Bombardierungen der deutschen Städte fügen wir jetzt unsere Luftangriffe auf Ostpreußen an.« Wenn auch die Luftangriffe auf deutsche Städte nicht die zweite Front seien, die er sich erhoffe, so seien sie doch eine Art von Krieg, die dem recht nahe komme. Von einem auch nur schwachen Protest, weil diese Bomben auch auf Frauen und Kinder oder die Wohnquartiere der Arbeiterklasse fallen, war nicht die Rede. Auch dann nicht, als ihm Roosevelt im Sommer 1943 mitteilte, daß sich die Luftangriffe wesentlich gegen die Zivilbevölkerung richteten.

Im Dezember 1943 trafen sich Stalin, Roosevelt und Churchill in Teheran. Drohend verkündeten sie: »Unsere Angriffe werden immer rücksichtsloser und stärker werden.« Einen Monat später, als die deutschen Truppen im Osten wieder einmal auf dem Rückzug waren, gratulierte Churchill: »Wenn wir wieder in Teheran wären, würde ich zu Ihnen sagen: ›Teilen Sie mir bitte rechtzeitig mit, wann wir aufhören sollen, Berlin zu zerstören, damit genügend Unterkünfte für die Sowjetarmeen stehenbleiben.‹« Churchill liebte solche Späße, aber Stalin hatte keinen Sinn dafür. »Berlin ist für uns noch sehr weit entfernt«, antwortete er. »Folglich brauchen Sie in der Bombardierung nicht nachzulassen. Sie sollten sie vielmehr mit allen Mitteln verstärken.«

Daß theoretisch die Bombardierung von offenen Städten auch für die sowjetische Kriegführung vorgesehen war, geht aus dem »Handbuch für den Kampfeinsatz der Bomberwaffe«, Ausgabe 1942, hervor. Dort lasen die Langstreckenflieger der UdSSR, ihre Formation sei dazu bestimmt, Angriffe gegen die Tiefe des feindlichen Hinterlandes zu führen, damit die »moralischen Kräfte der Truppen und der Bevölkerung« gebrochen würden. Rückblickend schrieb nach Kriegsende der ehemalige Generalstabschef für selbständige Luftoperationen Marschall Wassili Danilowitsch Sokolowski, nur mangels der »notwendigen Mittel« habe die sowjetische Luftwaffe die »Untergrabung der Moral des Volkes... nicht wirklich« erreichen können. Am Vorsatz fehlte es also nicht.

Wenn die sowjetischen Geschichtsschreiber seither die Westmächte eines verbrecherischen Luftterrors im Zweiten Weltkrieg beschuldigen, so geschieht das, damit die Sowjetunion den Ruhm, den Faschismus ausgerottet zu haben, nicht teilen muß. Sie allein, beseelt vom marxistisch-leninistischen Humanismus, habe darauf verzichtet, mit unmenschlichen Mitteln einen unmenschlichen Gegner niederzuwerfen. Daß Churchill kein Mitleid mit den proletarischen Bombenopfern in Deutschland empfand, paßt vorzüglich in das sowjetische Propagandabild, damals wie heute. Daß Roosevelt nicht anders dachte als Churchill, werten die östlichen Historiker als Bestätigung, daß der Kapitalismus sich gleichbleibt, unabhängig von der Nationalität. Sie verschweigen andererseits, daß Stalin seinerzeit reichlich vom kapitalistischen System profitierte, sowohl von den Bombenwürfen auf deutsche Rüstungsbetriebe als auch von Materiallieferungen, die von Waffen, Munition und Fahrzeugen bis zu Dosenfleisch reichten.

Wo gehobelt wird, fallen Späne

Im Herbst 1943 begann die 8. US-Luftflotte damit, die Reichweite ihrer Formationen zu testen. Sie war im Oktober von England aus ostwärts geflogen und hatte sich dabei den Stellungen der Sowjets bis auf 300 Kilometer genähert. Schon im August hatten eng geschlossene Geschwader eine Flugzeugfabrik in der Wiener Neustadt angegriffen. Auch Wilhelmshaven und Bremen kamen wieder einmal an die Reihe, jeweils mit 400 Fliegenden Festungen am Himmel. Und alles das geschah am hellichten Tag, ohne daß die deutschen Jäger die Phalanx der Formationen aufbrechen konnten. Sie mußten sich nun selber ihrer Haut gegen Schwärme amerikanischer Begleitjäger erwehren. Auch mußten die Bomber jetzt nicht mehr nach England zurückfliegen. Sie konnten in Italien landen und auf dem Rückweg, frisch betankt und munitioniert, den nächsten Angriff unternehmen. Seit September 1943 war die Achse Berlin-Rom zerbrochen. Die neue königliche Regierung des Marschalls Pietro Badoglio hatte sich den mutmaßlichen Siegern anvertraut. Damit stand außer der in England stationierten 8. US-Luftflotte auch die bisher nur im Mittelmeerraum operierende 15. US-Luftflotte für Einflüge in den deutschen Luftraum zur Verfügung.

Luftmarschall Harris kam ins Hintertreffen. Die amerikanischen Bundesgenossen in ihrer zahlenmäßigen Überlegenheit konnten sich nun gegen die Kahlschlagpraxis des britischen Starrkopfs durchsetzen. Waren bisher die Weisungen zur »kombinierten Luftoffensive« darauf abgestellt gewesen, einen totalen Sieg nur mittels der Bomber zu erringen – wobei die Festung Europa aus der Luft zur Kapitulation gezwungen werden sollte –, so wurde nun den Bombern die Aufgabe zugewiesen, die Luftwaffe und deren Rüstungsbetriebe so zu zerschlagen, daß sie bei der Operation »Overlord« keinen ernsthaften Widerstand mehr leisten würde. Hinter diesem Deckwort verbargen sich die Pläne für die Invasion auf dem Festland.

Mit einer »Big Week«, einer große Woche, wurde den Deutschen vom 20. bis 25. Februar 1944 angezeigt, daß der entscheidende Kampf im Westen bald beginnen würde. In diesen sieben Tagen gab es 26 schwere Luftangriffe; nachts legten die Briten ihre Bombenteppiche, tagsüber griffen die US-Piloten ausgewählte Ziele an. Sie nahmen es mit ihren Aufträgen freilich jetzt nicht mehr so genau wie früher. Trafen sie ein Wohnviertel, so war das auch nicht schlimm, wenn es nur den »Krauts« kräftig schadete. Die Amerikaner mußten bei diesen Operationen anfangs wiederum reichlich Federn lassen. In den sieben Tagen verloren sie 226 Fliegende Festungen. Die Engländer hatten 157 Bomber abzuschreiben. Doch an solche Zahlen waren Feldherrn und Staatsmänner längst gewöhnt. Ihr Motto: Wo gehobelt wird, fallen Späne.

Die deutsche Luftwaffe verlor einige hundert Jäger. Außerdem waren Flugzeugwerke bei Braunschweig, Leipzig und Regensburg für Wochen in ihrer Produktion gebremst, und die Städte Stuttgart, Schweinfurt, Augsburg und Steyr hatten neue Trümmerflächen bekommen. Der Produktionsausfall traf die Luftwaffe allerdings weniger, als die Alliierten hofften. Wenn sie ihre Luftbilder auswerteten, aufgenommen aus mehreren tausend Metern Höhe, schien oft kein Stein mehr auf dem anderen zu liegen. Doch Rüstungsminister Albert Speer dirigierte seine Reparaturkolonnen meisterhaft. Er schaffte es, daß die durch »Big Week« verursachte Minderung der Flugzeugproduktion um 400 Maschinen im Februar 1944 bereits im März nicht nur aufgeholt wurde, sondern daß nun 600 Maschinen mehr produziert wurden. Das Ministerium Speer hatte gute Hoffnung, die Lücken in der Jägerwaffe schließen zu können. Sie sollten das Dach sein über der Festung Europa. Doch wie sollte es dicht werden, solange der Feind in der Lage war, die Dachdecker an ihrer Arbeit zu hindern?

Die Lösung war: Man mußte die Flugzeugfabriken verstecken. Statt die Großfertigungsanlagen gleich wiederaufzubauen oder gar neue zu errichten, mußten kleinere Betriebe, verstreut über das ganze Reich, Teilfertigungen übernehmen. Damit mußte man auf die Vorteile des arbeitssparenden Serienbaus verzichten. Es fielen zudem mehr Transporte an, indem die Teile von einem Betrieb zum nächsten geschafft werden mußten; diese belasteten die ohnehin durch Bomben angeschlagene Reichsbahn und verschlangen den ohnehin schon knappen Treibstoff. Gefährdet waren schließlich immer noch jene Betriebe, in denen die Teilfertigungen zusammengebaut werden mußten.

In der NS-Führung war man schon lange auf die Idee verfallen, unterirdische und damit bombensichere Großbetriebe anzulegen. Die Tunnels stillgelegter Eisenbahnstrecken ließen sich dafür nutzen, ebenso die aus Beton gefertigten Lawinenschutzdächer an Alpenstraßen. Hitler schlug vor, enge Gebirgstäler mit dickem Beton zu überdecken und damit gleich mehrere Stockwerke unter einem Dach zu gewinnen. An vielen Stellen wurden Berge unterhöhlt. Die eigens für große Tiefbauvorhaben geschaffene uniformierte »Organisation Todt« (OT genannt) hatte vor dem Krieg den sogenannten »Westwall« an der deutschen Grenze zwischen Basel und Trier gebaut; sie erhielt nun im April 1944 den Auftrag, unterirdische Fabriken anzulegen. Sie sollte mächtige Stollen in Berghänge treiben – neunzig Meter breit, einige hundert Meter lang und bis zu dreißig Meter hoch, so daß bis zu sechs Stockwerke darin unterzubringen waren. Keine dieser Anlagen wurde bis zum Kriegsende fertig, aber sie verschlangen viele Monate lang große Mengen an Baustoffen und Energie sowie Hunderttausende von Arbeitskräften.

Was man den Arbeitsmarkt zu nennen pflegt, gab es schon vor Kriegsbeginn in Deutschland nicht mehr, und 1943 war erst recht jeder Mensch in die Kriegsproduktion eingespannt, ob er es wollte oder nicht. Wer nicht Soldat war oder als u. k.-Gestellter (unabkömmlich) eine kriegswichtige Arbeit leistete, war als Dienstverpflichteter irgendwo im Reich oder in den besetzten Gebieten tätig. Dort hatte man anfangs die Einwohner umworben, zur Arbeit nach Deutschland zu kommen, soweit sie nicht schon in ihrer Heimat Lebenswichtiges produzierten oder in der Rüstungsindustrie für die Wehrmacht arbeiteten. Als nicht mehr genug »freiwillige« Meldungen kamen, fingen SS-Kommandos auf den Straßen der besetzten Städte die Menschen ein, die als Zwangsarbeiter für den Krieg gebraucht wurden. Wenn das Heer bei Rückzügen sowjetische Gebiete räumen mußte, wurde die dort ansässige Bevölkerung gezwungen, mit nach Westen abzuwandern. Die SS-Kommandos sonderten unter diesen Heimatvertriebenen die jungen und kräftigen Frauen und Männer aus. Als Italiens Streitkräfte gegenüber den Westalliierten kapitulierten, wurden die Soldaten, soweit die Wehrmacht ihrer habhaft werden konnte, zunächst als Kriegsgefangene und dann als Zivilinternierte zur Arbeit nach Deutschland transportiert.

Herr über die meisten Zwangsarbeiter war Heinrich Himmler, Reichsführer-SS, Chef der deutschen Polizei und Reichsinnenminister. Für die Verwaltung der Konzentrationslager gab es in der SS-Organisation eigens ein »Wirtschafts- und Verwaltungs-Hauptamt«, das ein Heer von Häftlingen in eigenen Betrieben bis zum körperlichen Zusammenbruch schuften ließ oder sie an Industrieunternehmen als Leiharbeiter vermietete. Juden, die nicht gleich in die Todeslager abtransportiert wurden, waren zur »Vernichtung durch Arbeit« vorgesehen. Ebenso die kriegsgefangenen Rotarmisten.

Neben vielen anderen Experimentatoren und Ärzten bekam auch Luftwaffenarzt Dr. Siegfried Rascher von Himmler Häftlinge für Menschenversuche. Mit ihnen probierte er in einer Unterdruckkammer, in welcher Höhe Flieger bewußtlos werden und wann sie sterben. In einem Eiswasserbassin ließ er Versuchspersonen schwimmen, bis sie ohnmächtig wurden, um so eine Methode zu finden, wie man die über See abgeschossenen Flugzeugbesatzungen vor dem Kältetod retten konnte. Bei beiden Versuchsreihen starben die Häftlinge reihenweise.

Der Reichsführer-SS nutzte jede Gelegenheit, sich in die Ressorts anderer NS-Größen hineinzudrängen. Je mehr Göring mit seiner Luftkriegführung bei Hitler in Mißkredit geriet, desto mehr wilderte Himmler in dessen Zuständigkeitsbereichen. Eine wichtige Truppe im Luftkrieg hatte er sich schon zuvor gesichert, als die Berufsfeuerwehren 1938 in eine Feuerschutzpolizei umgewandelt und reichseinheitlich zusammengefaßt worden waren. Sie unterstanden nun Himmler in seiner Eigenschaft als Chef der deutschen Polizei. Aus ihren Reihen und durch die Erfassung der freiwilligen Feuerwehrmänner entstanden Feuerschutz-Regimenter als Eingreifreserven nach Luftangriffen.

Zur Trümmerräumung schickte Himmler Kolonnen seiner KZ-Häftlinge in die Städte. Ihre Arbeit war nicht ungefährlich, weil immer wieder stehengebliebene Fassaden von Ruinen einstürzten und weil unter den Trümmern oft Bomben mit Zeitzündern oder Blindgänger lagen, die schon durch geringe Erschütterungen explodieren konnten. Den Häftlingen wurde versprochen, ihr Dienst würde belohnt, etwa mit besserer Verpflegung oder mit einer wohlwollenden Beurteilung, wenn eine Entlassung in die Freiheit erwogen würde. So appellierte zum Beispiel 1942 der Direktor des Zuchthauses Lüttringhausen in einer Ansprache an etwa vierzig politische Häftlinge seiner Anstalt, es sei ihre Pflicht, den schwergeprüften Menschen an Rhein und Ruhr zu helfen, indem sie die nicht explodierten Bomben räumten, so daß ein Feuerwerker der Wehrmacht sie entschärfen könne. Wer sich freiwillig melde, werde vorzeitig aus der Strafhaft entlassen. Verunglückte jemand bei dieser Arbeit, so würden dessen Angehörige durch eine Rente versorgt.

Den politischen Gefangenen fiel die Entscheidung schwer. Sie kannten die Brutalität des NS-Staates und konnten sich ausrechnen, daß ihnen Hitler die Sicherheit ihrer Zelle nicht auf Dauer gönnen würde, während die Parteigenossen an der Front ihr Leben riskieren mußten. Sie wollten aber auch nicht Hitlers Krieg unterstützen, indem sie halfen, Rüstungsbetriebe wieder in Gang zu bringen. Andererseits lockten die Vergünstigungen. Die Männer fanden schließlich einen Grund, auf das Angebot ihres Anstaltsdirektors einzugehen, indem sie sich gegenseitig verpflichteten, in den zerschlagenen Städten den Bewohnern klarzumachen, wer die Schuld an ihrem Unglück trage und daß Hitlers Ende auch den Krieg beenden würde.

Einer der Männer, Heinrich Weinand, wurde einem Sprengkommando des Lagers Kalkum zugeteilt. Er führte 1943 eine Zeitlang heimlich ein Tagebuch, dessen Blätter er im Lager vergrub, bis er eine Gelegenheit fand, es hinauszuschmuggeln. Er schrieb: »Die ersten Kommandos ... brachten neue Bestätigungen, daß wir hinter Zuchthausmauern lebendig begraben waren, aber draußen unter den Massen, Polizei, Militär, regten sich neue Gedanken, Zweifel, Neugierde.« Und Anfang 1943 notierte Weinand: »Obwohl wir den Krieg nicht gewollt, so sind wir doch bereit, freiwillig unser Leben einzusetzen für die bedrohten Frauen und Kinder.«

Die Liste der Verletzten und Toten des Kommandos Kalkum ist lang. Weinand wurde schwer verletzt, als er am 26. Mai 1943 aus einem Düsseldorfer Einfamilienhaus eine Bombe entfernen sollte. Bei der Explosion wurden ein zweiter Häftling verletzt und ein dritter getötet. Weinand wurde daraufhin nicht mehr zum Bombenräumen eingesetzt, blieb aber beim Sprengkommando Kalkum als Verwalter des Kraftfahrzeugparks. Entgegen den Versprechungen wurde er keineswegs aus der Strafhaft entlassen. Da Himmler verboten hatte, politischen Strafgefangenen die Freiheit zu geben, holte die Gestapo den Häftling Weinand und steckte ihn in ein Konzentrationslager. Nur als Soldat, so wurde ihm dort versichert, könne er sich die Freiheit verdienen, und zwar in der Brigade des SS-Oberführers Oskar Dirlewanger. Dirlewanger war wegen eines Sittendelikts ins Gefängnis gekommen und damit der richtige Mann, um eine Truppe aus Vorbestraften zusammenzustellen. Ursprünglich hatte er dafür nur Wilddiebe vorgesehen, in der Annahme, sie seien mutige Draufgänger und sichere Schützen. Als

Soldat in dieser Truppe von zweifelhaftem Ruf geriet Weinand schließlich in sowjetische Gefangenschaft und überlebte so den Krieg.

Das Schicksal des Häftlings Heinrich Weinand und die Verbrechen des Dr. Siegfried Rascher mögen hier als Beispiele gelten, wie vielfältig und weitreichend der Krieg der Bomber in das Leben der Deutschen eingriff. Das gleiche läßt sich für Hunderttausende fremde Staatsangehörige sagen, die gezwungen wurden, als Hitlers Helfer für dessen Sieg täglich bis zur völligen Erschöpfung zu schuften, für einen Sieg, bei dem möglicherweise ihre Kerkermeister Gelegenheit fänden, die überlebenden Zeugen ihrer Verbrechen für immer stumm zu machen.

So gut wie verschollen waren schon 1943 jene Zwangsarbeiter, die an der Produktion technischer Neuerungen arbeiteten, von denen sich Hitler die Wende versprach. Die sogenannten V(ergeltungs)-Waffen waren in Peenemünde entwickelt worden. Die »V2« war das erste Raketengeschoß der modernen Kriegstechnik, das auch weite Entfernungen zurücklegen konnte; im engen Bereich des Gefechtsfeldes verwendeten bereits alle Kriegführenden die Raketentechnik an den Fronten, etwa als Stalin-Orgel oder als »Nebelwerfer«.

Der Wehrmacht und dem Rüstungsminister Speer war die V2 schon im Frühjahr 1942 in Peenemünde vorgeführt worden, zunächst mit einem beeindruckenden Start und dann mit einer beängstigenden Rückkehr aus der Stratosphäre. Denn unvorhergesehenerweise schlug die Rakete nur einen Kilometer vom Startplatz entfernt wieder ein, weil ihre Steuerung versagte. Doch im Oktober 1943 hatte eine andere Rakete einen 190-Kilometer-Flug geschafft und ihr Ziel nur um vier Kilometer verfehlt. Hitler war begeistert und verfügte sofort, daß 5000 Raketen für den Ersteinsatz zur Verfügung stehen müßten. Wenig später wollte er die V2 im Rüstungsprogramm an die erste Stelle setzen, vor Panzern und Flugzeugen. Monatlich sollten 900 Stück von dieser 14 Meter langen und 13 Tonnen schweren Rakete produziert werden, denn sie sei »kriegsentscheidend«.

Hitler glaubte, noch einen zweiten Pfeil gleicher Art im Köcher zu haben, eine Bombe mit Stummeltragflächen, genannt »V1«. Sie war acht Meter lang, 2,2 Tonnen schwer und trug auf ihrem Rükken eine Röhre mit der Raketentreibladung. Sie stieg nicht wie die V2 in Himmelhöhen. Auf ihrer flachen Flugbahn kam sie kaum über eine Geschwindigkeit von 600 Stundenkilometern hinaus, und spätestens nach 370 Kilometern Flug ging ihr die Kraft aus. Da sie langsamer flog als die neuen Jagdflugzeuge der Engländer und Amerikaner, fanden die feindlichen Piloten einfache Methoden ihrer Bekämpfung. Sie konnten das Geschoß mit ihren Bordwaffen erledigen; doch die Flugakrobaten unter ihnen machten sich den Spaß, parallel mit der V1 zu fliegen und sie durch ein Antippen mit der eigenen Tragfläche am Stummelflügel aus dem Gleichgewicht zu bringen, so daß sie abstürzte – wenn möglich noch über dem Ärmelkanal.

Die V-Geschosse waren echte Terrorwaffen. Zwar besaßen sie Steuerungsvorrichtungen, aber selbst bei einem programmgerechten Flug ließ sich nie genau vorhersagen, wo das Geschoß einschlagen würde. Das war Hitler keineswegs unlieb; er hatte sich vorgenommen, den Terror des Flächenbombardements mit dem ebenso schlimmen Terror von willkürlich verstreuten und von technischen Zufällen abhängigen Treffern zu vergelten. Das drohende Verderben sollte ständig wie das Schwert des Damokles über allen englischen Städten schweben. Dazu bedurfte es nur einer hinreichenden Zahl von Abschußrampen und eines Vorrats an Geschossen, der groß genug sein mußte, um das Bombardement geraume Zeit durchzuhalten.

Der Luftangriff auf Peenemünde war Hitler eine Lehre gewesen; darum mußten die Fabriken der V2 unterirdisch angelegt werden und so geheimgehalten werden, daß die Feinde sie keinesfalls finden konnten. Das war eine neue Gelegenheit für Himmler, sich in den Vordergrund zu spielen. Er bot an, Fabrik und Produktion durch die SS zu schützen. Es sollten, bis auf die Ingenieure, nur Häftlinge aus Konzentrationslagern beschäftigt werden. Sie sollten ohne jeden Kontakt zur Außenwelt arbeiten und nicht einmal ihren Angehörigen schreiben dürfen. Hitler leuchtete dies ein, und Speer als Rüstungsminister mußte sich fügen. So entstand zunächst das »Mittelwerk« bei Nordhausen in Thüringen. Dort, in einem einsamen Harztal, war schon vor dem Krieg ein weitläufiges Stollensystem in einen Bergrücken gebohrt worden. Die SS zog mit Tausenden von Häftlingen ein. Als Speer die Fabrik besichtigte, erschrak er zutiefst über die schlimmen Zustände. »Die Verhältnisse für diese Häftlinge waren in der Tat barbarisch«, schrieb er später in seinen Erinnerungen. Er erwähnte in diesem Zusammenhang einen der Häftlinge, einen »Professor des französischen Pasteur-Instituts in Paris, der als Zeuge im Nürnberger Prozeß aussagte«, so daß der Angeklagte Speer gezwungen war, dessen Bericht anzuhören.

Wenn hier ausführlicher die Aussage jenes Nürnberger Zeugen, des Professors Alfred Balachowsky, erwähnt wird, so geschieht dies, weil dieser Mann, ebenso wie der politische Gefangene Weinand und wie der Arzt Rascher, nur durch den Krieg der Bomber in diese Situation geraten war. Als Professor Balachowsky am 29. Juni 1946 im Nürnberger Zeugenstand befragt wurde, klagte er – laut Speer – »ohne Haß, nur traurig und gebrochen und auch verwundert über so viele menschliche Entartung« das System an, das sich im Lager »Dora« manifestiert hatte. Der Professor, gebürtiger Russe, ab 1932 Franzose und Laboratoriumschef am weltberühmten Pasteur-Institut geworden, zählte 34 Jahre, als er im Juli 1943 von der Gestapo verhaftet wurde. Die Nazis brachten ihn zunächst in die Gefängnisse von Fresnes und Compiègne und von dort über das KZ Buchenwald bei Weimar ins Werk »Dora«.

»Die allgemeine Leitung des Lagers Dora«, so berichtete Balachowsky, »war Gefangenen einer Sonderstufe anvertraut, und zwar Verbrechern.« Sie »waren unsere Blockleiter, verteilten unsere Suppe und kümmerten sich um uns«. Es waren Deutsche, die als Berufsverbrecher zur Sicherungsverwahrung verurteilt worden waren. Balachowsky sprach von »verkommenen Subjekten, die keinerlei Hoffnung mehr hatten, je aus dem Lager herauszukommen, und die nun dank der Hilfe der SS die Möglichkeit hatten, vorwärtszukommen«, indem sie »stahlen, die anderen Gefangenen ausplünderten und ihr möglichstes taten, um aus ihnen die von der SS verlangten Höchstleistungen an Arbeit herauszuholen. Sie schlugen uns von morgens bis abends. Um vier Uhr früh mußten wir aufstehen und in fünf Minuten fertig sein. Wir waren in unterirdischen Schlafsälen ohne Ventilation... Dort schliefen 3000 bis 3500 Gefangene in fünf übereinander angebrachten Bettreihen auf verfaulten Strohsäcken. Wir legten uns vollständig angezogen schlafen. An Schlafen war jedoch kaum zu denken, denn die ganze Nacht war ein ständiges Kommen und Gehen. Außerdem hinderten uns Läuse und anderes Ungeziefer, von dem es im Lager Dora wimmelte, am Schlafen.«

Ins Lager Buchenwald zurückversetzt, stellte der Professor fest, daß dort Menschenversuche mit Phosphorverbrennungen an sowjetischen Kriegsgefangenen gemacht wurden. »Durch die von den Alliierten abgeworfenen Bomben«, sagte er aus, »wurden bei der Zivilbevölkerung Brandwunden hervorgerufen, die schlecht heilten. Infolgedessen suchten die Deutschen nach Medikamenten. Aus diesem Grund wurden Versuche mit russischen Gefangenen vorgenommen. Es wurden an ihnen Phosphorverbrennungen durchgeführt, und anschließend wurden die Häftlinge mit verschiedenen von der deutschen Industrie gelieferten Arzneimitteln behandelt. Diese Experimente gingen immer tödlich aus.«

Wie notwendig es gewesen war, mit der Produktion der V-Waffen in die Erde zu gehen, zeigte sich schon im Dezember 1943, als die Luftwaffe die ersten Startbahnen für die V1 an der Kanalküste baute. Der Feind sah nicht tatenlos zu. Das für Tagesangriffe noch immer wenig geeignete Bomber Command der RAF überließ die Bekämpfung dieser Anlagen den Amerikanern. Während des halben Jahres bis zum Juni 1944 griffen nahezu 6000 US-Maschinen mit Bomben und Bordwaffen die Stellungen an. Viele Abschußrampen wurden zerstört und immer wieder neu aufgebaut; zweifellos wurde damit der Einsatz der Waffe verzögert. Dabei fielen die Angreifer auf eine List herein: Häufig bekämpften sie Scheinstellungen und entdeckten nicht die echten Rampen.

Hitler drängte auf Fertigstellung, denn die Invasion konnte ihm seine neue Waffe aus der Hand schlagen, ehe er sie eingesetzt hatte. Die Anzeichen mehrten sich, daß die Landung einer feindlichen Heeresmacht nicht mehr lange auf sich warten lassen würde. Die Luftangriffe auf deutsche Städte wurden schwächer. Jetzt fielen die Bomben bevorzugt in Frankreich und Belgien auf Eisenbahnen, Straßen, Brücken; wenn erst an der Küste gekämpft würde, sollte der Nachschub für die Deutschen erschwert sein. Vom alliierten Oberkommando bekam Harris den Befehl, einige Knotenpunkte deutscher Verbindungslinien zu kappen. Dagegen brachte er vor, daß seine Bomber zu wenig Übung hätten, Punktziele zu treffen. Es sei wohl nutzbringender, wenn er weiterhin die deutsche Industrie mit Flächenbombardements zerschlage. Schließlich mußte er dann doch der stärkeren Autorität des gemeinsamen Oberbefehlshabers Dwight D. Eisenhower nachgeben. Es glückte dann auch dem Bomber Command, sechs große französische Verschiebe-Bahnhöfe zu paralysieren.

Churchills immer wieder zutagetretende Abneigung gegen eine Invasion hatte den Zweck, Frankreich so weit wie möglich zu schonen, weil er voraussah, daß England künftig einen europäischen Bundesgenossen brauchen würde, damit die beiden Supermächte USA und UdSSR ihren europäischen Verbündeten noch ernst nahmen. Als er vom Oberkommando eine Liste mit 74 Bombenzielen in Frankreich und Belgien für vorbereitende Aktionen zur Invasion erhielt, in der die Zahl der voraussichtlichen Todesopfer unter den Zivilisten mit 15 000 geschätzt wurde, protestierte er und handelte den Planern einige Ziele ab, so daß nur etwa 10 000 mutmaßliche Tote übrigblieben. Doch anschließend opponierte er abermals in einem Telegramm an Roosevelt. Er warnte vor den »schlimmen Auswirkungen, denen die französische Zivilbevölkerung durch dieses Blutbad ausgeliefert sein wird«. Auch gefiel ihm die Bezeichnung »Invasion« nicht; um die Franzosen nicht zu verletzen, müsse man von der »Befreiung« Frankreichs reden und schreiben. Weit weniger zartfühlend war er, wenn es sich um Deutsche handelte. So spielte er eine Zeitlang mit dem

Gedanken, Bomben mit Milzbranderregern auf Berlin, Hamburg und Stuttgart abwerfen zu lassen. Im Sommer 1944 schrieb er an seinen Generalstabschef, er wolle den Plan noch mit Stalin und Roosevelt besprechen. Irgend jemand muß ihm wohl abgeraten haben.

Auf der Gegenseite berauschte sich Hitler an der Vorstellung, daß er nicht mehr nur Angriffe abwehren müsse, sondern endlich wieder einmal zurückschlagen könne. Er hielt nichts von der Ermattungsstrategie, die den Feind ausbluten läßt, indem man immer nur seine Angriffe pariert; seine Erfahrungen im Stellungskrieg des Ersten Weltkriegs hatten ihn geprägt. Er hatte deshalb auch die »Raketenbastler« nach Kriegsbeginn gerade noch geduldet. Material und Arbeitskräfte erhielten sie allerdings anfangs nur halb legal durch das Heereswaffenamt und die Luftwaffe. Die Erfindergruppe in Peenemünde wäre mit ihrer V2 an Auszehrung gestorben, hätte nicht die Heeresverwaltung für sie gesorgt, und die V1 wäre längere Zeit ein Reißbrettprojekt geblieben, wenn der Generalluftzeugmeister sie nicht im Volkswagenwerk und in einer Flugzeugfabrik in Kassel hätte unterbringen können. Das Volkswagenwerk war zu Hitlers Zeiten ein Schwindelunternehmen, das aus Zwangs-Mitgliedsbeiträgen der NS-Ersatzgewerkschaft »Deutsche Arbeitsfront« und den Spargroschen jener Menschen erbaut worden war, die sich davon eines fernen Tages ein Auto erhofften. Bis 1945 stand es jedoch ausschließlich im Dienst der Kriegsplanung Hitlers.

Schon während der Entwicklung der V-Waffen konkurrierten Heer und Luftwaffe mit ihren Vorstellungen. Gegen die V1 wurde eingewendet, daß der Feind leicht Mittel finden könne, sie zu bekämpfen. Andererseits war der Aufwand an Geld und Material für die V2 sehr viel höher. Beide konnten knapp eine Tonne Sprengstoff befördern. Rüstungsminister Speer machte sich rückschauend Vorwürfe, daß er das V2-Projekt bei Hitler begeistert empfohlen hatte, obwohl das Verhältnis von Aufwand und Nutzen ungünstig war. Eine »Fliegende Festung« der USAAF konnte vier Tonnen Sprengstoff pro Angriff nach Deutschland tragen.

Wollte man rein rechnerisch einen Angriff von 500 Maschinen dieser Art vergelten, dann hätten an einem Tag 2000 V-Raketen gegen England gestartet werden müssen. In seinen *Erinnerungen* schrieb Speer: »Es dürfte wohl einer meiner schwerwiegenden Fehler in der Leitung der deutschen Rüstung gewesen sein, dieser Entscheidung Hitlers nicht nur zugestimmt, sondern sie befürwortet zu haben.«

Es war lange Zeit fraglich, wann denn nun der erste Schuß feindwärts gezündet werden könnte. Nach Fehlschlägen in der Erprobung der V1 hieß es schließlich, Ende Februar 1944 sei die Waffe einsatzbereit. Eigens dazu wurde ein Flakregiment ausgebildet und nach Frankreich verlegt. Als Ende Januar die feindlichen Bomber die Startrampen – vor allem die Scheinstellungen – in großem Maßstab angriffen, lachte sich Generalfeldmarschall Milch, verantwortlich für den Einsatz der neuen Waffe, ins Fäustchen: »Diese Angriffe waren für uns Gold wert. Diese Bomben hätten wir sonst irgendwo anders bekommen.« Schließlich wurde beschlossen, Mitte April die erste V1 auf die Reise nach London zu schicken. Doch der mit dem Kommando an der Kanalküste betraute General riet ab. Solange er nicht einen Vorrat von 3000 Schuß habe, brauche man gar nicht erst anzufangen, denn die Munition müsse wenigstens für einen Monat reichen. Milch erwartete jedoch täglich die Invasion und hielt es für eindrucksvoll, wenn man am Geburtstag Hitlers, dem 20. April, mit dem Beschuß anfange: »Alle halbe Stunde oder alle zwei Stunden ein Schuß«, rechnete er sich aus, »würden schon ausreichen, die Londoner in panische Angst zu versetzen.« Als er seinem Führer im Schloß Klessheim bei Salzburg gratulierte, meldete er ihm, die Vergeltungsschläge könnten jederzeit beginnen, wobei zu berücksichtigen sei, daß nach Verkündung des Befehls noch 14 Tage Vorbereitungszeit nötig würden.

Es wurde Mitte Juni, ehe die erste V1 den Ärmelkanal überquerte. Den Befehl für den Beginn der sogenannten Vergeltung hatte Hitler am 16. Mai 1944 gegeben. Wenn die fliegenden Bomben gestartet würden, sollten gleichzeitig die an der Kanalküste stationierten Batterien der Ferngeschütze die Gegenküste beschießen, deutsche Bomber den englischen Himmel unsicher machen und einige V1 von Flugzeugen eine Strecke feindwärts getragen und in der Luft gezündet werden, womit ihre Reichweite vergrößert werde. Als Hauptziel nannte Hitler in einem schriftlichen Befehl London. »Nach schlagartiger Feuereröffnung ist zu einem ununterbrochenen nächtlichen Störungsfeuer überzugehen. Bei einer Wetterlage, die feindliche Flugtätigkeit ausschließt, wird auch untertags geschossen werden können.«

Am 16. Juni 1944 lasen die Deutschen im täglich herausgegebenen Bericht des Oberkommandos der Wehrmacht: »Südengland und das Stadtgebiet von London wurden in der vergangenen Nacht und heute vormittag mit neuartigen Sprengkörpern schwersten Kalibers belegt.« Das war für die Bevölkerung so etwas wie eine Ermunterungspille, denn sie hatte in jenen Tagen zu Befürchtungen mancherlei Anlaß: Am 6. Juni waren die Alliierten in der Normandie gelandet und entgegen schwadronierender Versprechungen Hitlers noch immer nicht ins Meer zurückgejagt worden, zudem hatten die deutschen Truppen Rom räumen müssen. Unerwähnt blieb bei der Bekanntgabe, daß schon am 12. Juni eine Art Generalprobe an der Kanalküste stattgefunden hatte. Zehn V1-Geschosse waren von den Rampen in Richtung London gestartet. Vier davon stürzten in Sichtweite ab, zwei verschwanden spurlos in der Weite des Meeres, und von den restlichen vier richtete nur eine einen nennenswerten Schaden an, indem sie zufällig eine Eisenbahnbrücke nahe der englischen Hauptstadt zerstörte.

Am 17. Juni sah sich Hitler veranlaßt, seinen Generälen in Frankreich für den Kampf gegen die Invasionstruppen Mut einzuflößen. Er versammelte sie bei Soisson und schilderte enthusiastisch den Wirkungsgrad der neuen Waffe, mit der nun England »friedenswillig« gebombt würde. Die Generale sorgten sich mehr um den Stand der Schlacht in der Normandie und meinten, es sei wohl dringlicher, die V1 gegen die Invasionstruppen einzusetzen. Sie mußten sich jedoch vom General der V-Waffen belehren lassen, daß die »Streuung« der Bombe für einen solchen Einsatz noch zu groß sei, was bedeutete, daß jeder Schuß sowohl Feind als auch Freund treffen konnte. Wie schlimm dieser Mangel war, zeigte sich, als während der Veranstaltung – so berichtete der an der Besprechung teilnehmende General Hans Speidel – ein V1-Irrläufer in der Nähe des Konferenzortes einschlug.

Innerhalb von acht Tagen wurden im Juni tausende Flugbomben nach England geschickt. Ehe die Abschußbasen in die Hände der Invasionsverbände fielen, sollen es sogar 9000 geworden sein. Nach englischen Berechnungen richteten sie für mehr als 500 Millionen Mark Schäden an, so daß wenigstens die finanzielle Bilanz positiv abschloß, denn das Hitler-Reich hat nur etwa 130 Millionen Mark für sie aufgewendet. In dieser makabren Rechnung lassen sich die Toten, Verwundeten und Verkrüppelten in London und Umgebung und die Ängste und Beschwernisse der ständig bedrohten Bevölkerung nicht unterbringen. Da nicht einmal die Absender der Bombe wissen konnten, wo sie einschlagen würde, mußte sich in London jedermann jederzeit durch sie bedroht fühlen. Trotzdem gab es in dieser Stadt die von Hitler erwartete Massenhysterie oder gar Panik ebensowenig wie in den deutschen Städten während der Luftangriffe. Die meisten Londoner nahmen die neue Gefahr hin als einen weiteren unausweichlichen Schicksalsschlag, der sie ohnehin nicht auf Dauer treffen würde, weil die auf dem Festland gelandeten Armeen sich schon nach wenigen Tagen als erfolgreich erwiesen.

Dabei hielten die Londoner die V1 für weniger gefährlich als die V2. Die fliegende Bombe kam zwar mit einem nervenstrapazierenden Lärm angereist, aber wer sie hörte, wußte damit zugleich, daß er diesmal nicht gefährdet war. Erst wenn ihr Antrieb aussetzte, verstummte sie, stürzte ab und explodierte beim Aufschlag. Dagegen fiel die V2 aus großer Höhe und nahezu lautlos. Sie ist zwar bis zu einem gewissen Grad die Urmutter aller gegenwärtigen Raketen, also sowohl der Interkontinentalgeschosse wie auch der Pershings, aber im Grunde war sie 1944 in ihrer damaligen Gestalt alles andere als ein richtiges Kriegsinstrument. Ihre Väter hatten sie ja auch keineswegs dafür gedacht.

Die V2 war für Hitler eine unrentable Investition, denn sie war viel teurer in der Herstellung als die V1 und verschlang Rohstoffe, die längst knapp geworden waren. Die *US Air University Review* hat einmal ermittelt, daß in jenen Jahren eine amerikanische Fliegende Festung den Staat wenig mehr als 850 000 Mark kostete. Eine V2 hingegen – so stellte der englische Historiker David Irving fest – kam auf nahezu 150 000 Mark. Der Bomber kostete zwar das Sechsfache der Rakete, konnte jedoch mehr als die doppelte Menge Sprengstoff tragen und verpuffte nicht schon beim ersten Einsatz.

Den Einsatz der V2 erfuhren die Deutschen mit Verspätung. Am 8. November 1944 lasen sie im Bericht des Oberkommandos der Wehrmacht: »Nachdem seit dem 15. Juni der Großraum von London mit nur kurzer Unterbrechung und in wechselnder Stärke unter dem Feuer der V1 liegt, wird dieser Beschuß seit einigen Wochen durch den Einsatz eines noch weit wirksameren Sprengkörpers, der V2, verstärkt.« Wenn dies als eine Siegesmeldung gedacht war, zur Steigerung der Moral der Deutschen, dann wäre sie schon früher am Platz gewesen, denn es dauerte nicht mehr lange, bis alle Abschußrampen von den Invasionstruppen erobert waren. Immerhin mochten etwa 1500 V2-Raketen auf London und Umgebung niedergegangen sein.

Premierminister Churchill hatte sich bereits am 6. Juli 1944 im britischen Unterhaus mit der V1-Bombe befaßt und mitgeteilt, daß bis zu diesem Tag – also innerhalb von drei Wochen – 2752 Menschen durch die fliegende Bombe getötet worden waren. »Sie ist eine Waffe«, hatte er gesagt, »die im buchstäblichen Sinne des Wortes wahllos treffen soll. Die Einführung einer solchen Waffe wirft schwerwiegende Fragen auf, mit denen ich mich heute jedoch nicht befassen will.« Hinter dieser drohenden Formulierung verbargen sich seine alten Pläne, Milzbranderreger oder gar Giftgas gegen deutsche Städte einzusetzen, die er gleichfalls an jenem 6. Juli in einem Komitee britischer und amerikanischer Militärs zur Debatte gestellt hatte – mit der Einschränkung, daß zunächst einmal nur die Raketenstellungen vergast werden sollten. Doch die Amerikaner hatten protestiert; sei Gas erst einmal angewendet, dann lasse sich diese Art von Krieg nicht mehr stoppen. Die englische Delegation hatte daraufhin verlangt, es müsse eine deutsche Großstadt so lange mit Bomben belegt werden, bis kein Stein mehr auf dem anderen liege; dies müsse durch Flugblätter den Deutschen als Vergeltung für den V1-Terror präsentiert werden. Eisenhower lehnte auch diesen Vorschlag mit der Begründung ab: »Angriffe auf die deutsche Zivilbevölkerung kommen Hitler sehr gelegen, wenn wir dafür seine Rüstungsindustrie verschonen.«

Als London als Ziel für die Wunderwaffen nicht mehr erreichbar war, wurden sie gegen jene französischen und belgischen Gebiete gerichtet, aus denen heraus nun die Angriffe gegen die zurückweichenden deutschen Truppen vorbereitet wurden. Antwerpen und seine Umgebung registrierten ab Oktober 1944 fast 2500 Einschläge von V1- und mehr als 1250 Einschläge von V2-Raketen. Eine davon zerstörte in der Vorweihnachtszeit ein großes Kino im Stadtzentrum völlig, wobei 271 Besucher getötet und 97 schwer verletzt wurden. General Speidel berichtete, daß Hitler sogar den Beschuß von Paris durch V-Waffen erwogen habe, als die Alliierten und mit ihnen General Charles de Gaulle kampflos in die französische Hauptstadt einmarschierten. Wenn dieses Bombardement unterblieb, so geschah es bestimmt nicht aus Menschlichkeit; vielleicht hatte jemand seinem Führer klargemacht, daß er mit diesem Angriff auf ein Kulturzentrum keine Lorbeeren ernten würde.

Unleugbar war Deutschland damals führend in der Raketentechnik, aber ebensowenig läßt sich abstreiten, daß die V-Waffen besser »F-Waffen« genannt worden wären – Fehlinvestitions-Waffen. Sie waren von ihren Erfindern ursprünglich gar nicht als Kriegsinstrumente gedacht gewesen; mit ihnen sollte der Weltraum erforscht werden. Welch ein Glück, daß die deutschen Physiker es vermieden hatten, eine Atombombe zu bauen. Hitler hätte gewiß nicht gezögert, sie per Rakete nach England oder Amerika transportieren zu lassen.

Albert Speer war (nach dem Krieg) der Ansicht, er hätte besser den Erfindungsgeist der Raketenfachleute, ihre Energien, ihre Rohstoffe und das Geld in eine Luftabwehr-Rakete gesteckt, die 1942 schon soweit entwickelt war, daß sie bald in Serie hätte hergestellt werden können. Sie lief unter der Tarnbezeichnung »Wasserfall«, war acht Meter lang, trug 300 Kilo Sprengstoff in den Himmel und konnte per Richtstrahl mitten in einen Bomberpulk geleitet werden, wo ihre Explosion in der dicht geschlossenen Formation verheerend gewirkt hätte. Diese Rakete – so meinte Speer – hätte »im Verein mit dem Strahljäger ab Frühjahr 1944 die Luftoffensive der westlichen Alliierten gegen unsere Industrie zusammenbrechen lassen«.

Mit »hätte« und »wäre« muß jeder Historiker vorsichtig umgehen. Zwar weiß der rückschauende Betrachter immer, daß eine Sache schiefgegangen ist, aber meist sind schon die Ursachen strittig, und noch weniger läßt sich beweisen, daß ein anderer Weg zum Erfolg geführt hätte. Nie läßt sich unfehlbar voraussagen, wie der Gegner reagiert haben würde. Und unvermeidlich stellt sich bei solchen Überlegungen immer die Frage: Hätte der Zusammenbruch der alliierten Luftoffensive den Deutschen am Ende einen Frieden gebracht, bei dem wir Hitler und seine Partei hätten behalten müssen?

»Nun, Volk, steh auf...«

Die von Speer erwähnte Luftoffensive gegen die deutsche Industrie hatte schon vor der Invasion begonnen. Es waren in den alliierten Stäben bereits mehrmals Pläne aufgestellt worden, wie die Bomberverbände durch die Zerstörung ausgewählter Ziele die Wehrkraft Deutschlands am schnellsten brechen könnten. Jedesmal wurden Listen von Städten und Industrieanlagen aufgestellt, deren Vernichtung in Kürze den Zusammenbruch der deutschen Verteidigung bewirken würde. Ohne eine im großen Maßstab lieferfähige deutsche Industrie mußte die Kraft der Soldaten innerhalb kurzer Zeit versiegen.

Wer an der Front stand, zu Lande wie in der Luft, war angewiesen auf die Produktion von Munition, von Kettenfahrzeugen (in erster Linie von Panzern), von Flugzeugen, von Motoren, Kugellagern, Einspritzpumpen, Kolben, Kurbelwellen, Reifen und nicht zuletzt von Treibstoffen, die von Anbeginn des Krieges knapp waren. Fehlte den Motoren der Treibstoff, dann war der Kriegsgott im 20. Jahrhundert ein lahmer, hilfloser Riese. Einzig die feindlichen Bomber konnten es schaffen, daß die Treibstoffquellen der deutschen Streitkräfte versiegten, indem sie die Raffinerien zerschlugen.

Die deutsche Flugzeugproduktion stieg 1944 auf bisher nie erreichte Höhen. Diesen Erfolg nutzte Göring, um zu prahlen: »Ich habe gehört, der Feind greife die Hydrierwerke [die synthetischen

Treibstoff herstellten] deshalb nicht an, weil er sie für sich selber reservieren möchte. Er meint, es genüge, die Flugzeuge kaputtzuschmeißen.« Doch bereits drei Wochen vor der alliierten Landung in der Normandie, am 12. Mai 1944, »wurde der technische Krieg entschieden«. So beurteilte Albert Speer die Luftangriffe dieses Tages, als nahezu tausend amerikanische Bomber Raffinerien und andere Treibstoffproduktionen zerstörten. Die Schäden waren kaum notdürftig geflickt, da wiederholten am 28. Mai 400 US-Bomber die Angriffe und verstärkten damit die Wirkung.

Wurden normalerweise täglich etwa 7000 Tonnen Treibstoff erzeugt, so sank nun die Produktion auf ganze 120 Tonnen. Zwar wurde in aufopfernder Tag- und Nachtarbeit die Erzeugung wieder hochgetrieben, aber der Mangel blieb bestehen. Die Rohöltransporte aus Rumänien und Ungarn wurden auf dem weiten Weg aus der Luft angegriffen und trafen nur noch verzögert ein. Die deutschen Quellen lieferten keine nennenswerten Mengen. Zwar wurde neuerdings aus Schiefergestein Öl gewonnen, aber das Verfahren war noch aufwendiger als die synthetische Produktion aus Kohle. Es kam soweit, daß die Grundausbildung künftiger Piloten vorübergehend eingestellt werden mußte, daß Bomberverbände aufgelöst wurden und daß der Einsatz von Tieffliegern zur Unterstützung der Infanterie an der Front nur noch »in entscheidenden Situationen« gestattet wurde.

Im alliierten Oberkommando war man jedoch der Meinung, die Deutschen verfügten noch immer über genügend Treibstoff, und so bekam Feldmarschall Harris den Befehl, sich den amerikanischen Aktionen gegen die deutsche Treibstoffproduktion anzuschließen. Der Chef des Bomber Command verwies jedoch auf sein seit Jahr und Tag bewährtes Programm, in jeweils zwei Monaten fünf deutsche Städte zu zertrümmern. »Sollten wir gerade jetzt«, schrieb er an seinen nächsten Vorgesetzten, »von dieser großen Aufgabe absehen, wo sie doch den Deutschen nach ihrem eigenen Eingeständnis die schlimmsten Kopfschmerzen bereitet?« Zu vernichten seien unter anderem noch die Städte Magdeburg, Leipzig, Dresden, Chemnitz, Breslau, München und Karlsruhe. Dazu kamen noch einige andere Städte, von denen bisher manche nur wenig, andere kaum etwas vom Bombenkrieg mitbekommen hätten. Auch sei er mit seiner Arbeit in Berlin und Hannover noch nicht fertig.

Sir Charles Portal, Chef des britischen Luftstabes, bestand dennoch auf seinem Befehl. Er schrieb Harris: »Wenn ich überzeugt sein könnte, daß Sie die Ölziele ebenso begeistert angreifen würden, wie es gegen die Städte geschieht, wären meine Sorgen geringer.« Doch nun drohte Harris mit Rücktritt, wenn man ihm in sein Programm hineinrede, und setzte damit seinen Willen durch. Für die deutschen Städte bedeutete dies, daß sie nahezu bis zum bitteren Ende in der Nacht großflächige Bombenziele bleiben mußten.

Albert Speer blieb auch in den Jahrzehnten nach dem Krieg überzeugt, daß der Kampf um Deutschland Monate früher hätte enden können, wenn die Bomber frühzeitig und konsequent die Produktionsstätten von Treibstoff zerschlagen hätten. Daß dies unvollkommen und spät geschah, hätte es Hitler fast möglich gemacht, auch noch seine letzte technische Trumpfkarte auszuspielen: den Strahl- oder Düsenantrieb bei Flugzeugen. Er war schon seit langem in der Entwicklung. 1941 lief in den Heinkel-Werken in Rostock ein Strahlmotor auf dem Prüfstand, aber Hitler, noch im Rausch seiner Siege, zeigte kein Interesse für die Neuheit. In Erwartung eines Blitzsieges über die Sowjetunion hielt er es für Zeitverschwendung, sich um Entwicklungen zu kümmern, die erst in ein paar Jahren Nutzen abwürfen. Doch ein Jahr später wurde Hitler durch einen englischen Zeitschriftenbericht über Versuche mit dem Düsenantrieb aufgeschreckt. Nun erinnerte er sich, daß ähnliche Experimente auch bei deutschen Werken im Gange waren, und drängte auf die Entwicklung und Herstellung solcher Triebwerke.

Das erste Flugzeug mit Düsenantrieb baute schon 1910 ein rumänischer Ingenieurstudent in Paris. Die Konstruktion besaß zwar einen Vierzylinder-Benzinmotor, aber der diente dazu, Auspuffgase zu erzeugen und einen Kompressor anzutreiben, der diese Gase in einer Brennkammer verdichtete. In das zusammengepreßte Gas wurde Treibstoff eingespritzt. Wurde dieses Gemisch gezündet, dann strömte es flammend aus einer Düse. Der Rückstoß trieb die Maschine nach vorn. Sie zerschellte beim ersten Versuch. Deshalb wurde die Idee nicht industriell weiterverfolgt, bis der Flugzeughersteller Ernst Heinkel 1935 einen 23jährigen Konstrukteur einstellte, der bisher nur als privates Steckenpferd Raketen gebastelt hatte: Wernher von Braun. Dieser ließ zwei Behälter an einen Flugzeugrumpf montieren, einen für Alkohol, den anderen für Sauerstoff. Beides strömte unter Druck in eine Brennkammer, entzündete sich dort und trieb aus einer Düse am hinteren Ende des Flugzeuges fauchend einen gewaltigen Feuerstrahl. Im Juni 1939 absolvierte eine He(Heinkel) 176 ihren ersten Flug, angetrieben von dieser Flüssigkeitsrakete. Als der Testpilot über seine Erfahrungen im Reichsluftfahrtministerium berichtete, gewann er den Eindruck, daß man dort das gelungene Experiment für »eine eindrucksvolle Spielerei« hielt. Der Generalluftzeugmeister Ernst Udet, der jahrelang sein Geld als Luftakrobat verdient hatte, mokierte sich sogar über die kurzen Tragflächen. Er nannte sie »Trittbretter«.

Das Reichsluftfahrtministerium hatte gleichwohl schon im Juli 1939 die Junkers-Werke beauftragt, ein Strahltriebwerk zu entwikkeln. Es lief 1940 erstmals probeweise. 1942 gingen die ersten dieser Triebwerke an den Flugzeugkonstrukteur Willy Messerschmitt, dessen Propellerflugzeuge Me 109 und Me 110 damals den Kern der deutschen Jagdwaffe bildeten. Im Oktober 1941 flog eine Me 163 den absoluten Geschwindigkeitsrekord für Flugzeuge mit 1002 Stundenkilometer. Die von einem Raketenmotor angetriebene Maschine stieg innerhalb einer Minute auf 3500 Meter, konnte 15 000 Meter Höhe erreichen und war auch noch, nachdem sie mit zwei Maschinenkanonen vom Kaliber 30 Millimeter bewaffnet wurde, schneller als jedes andere Flugzeug und damit nahezu unangreifbar. Ihre Nachteile: Die Rohstoffe für ihren Spezialtreibsatz waren knapp, er war schon nach Minuten verbrannt, so daß die Maschine im Gleitflug einen Landeplatz finden mußte, und sie ließ ihr Fahrwerk beim Start zurück, so daß sie auf einer

Kufe landen mußte, also anfällig für Schäden blieb. Zweckmäßiger war die Me 262 mit zwei Strahltriebwerken, in denen Dieselkraftstoff verbrannt wurde, der leichter zu beschaffen war. Sie konnten eine Stunde in der Luft bleiben.

Dann wurde es wieder still um die neuen Antriebskräfte. Im Herbst 1940 war von höchster Stelle verboten worden, sich um neue Flugzeugtypen zu kümmern, deren Entwicklung länger als sechs Monate dauern würde. Das Verbot war noch nicht aufgehoben, als 1942 auf einer Tagung der Luftwaffenprominenz der Verdacht geäußert wurde, die Feinde entwickelten einen Strahlantrieb. Im Vordergrund der Beratung stand Hitlers Forderung nach einem Schnellstbomber. Man wurde sich einig, daß der Strahlantrieb dafür noch nicht hinreichend entwickelt sei, so daß nur eine Propellermaschine in Frage käme. Doch Willy Messerschmitt, der für seine flugtechnischen Entwicklungen mit dem Professorentitel dekoriert worden war, sagte voraus, daß in naher Zukunft der Strahlantrieb die höheren Geschwindigkeiten liefern würde. Deshalb müsse man daran arbeiten – was er unter der Hand auch tun ließ. Für einen Einsatz sei es allerdings noch zu früh; falls so ein Strahlbomber den Feinden in die Hände fiele, »machen sie uns die ganze Geschichte nach«.

Obwohl zu dieser Zeit – im Herbst 1940 – nur die RAF das Reichsgebiet mit Bomben belegte, und das auch noch wenig wirkungsvoll, forderte der General der Jagdflieger Adolf Galland, man möge dann auch gleich einen Schnellstjäger entwickeln, der »vielleicht noch vor dem Schnellstbomber bitter nötig... gebraucht werde«. Selbst wenn man fürchten müsse, »daß wir eine Sache preisgeben, bevor wir sie in der nötigen durchschlagenden Menge haben«, dürften »wir da nicht Angst vor der eigenen Courage haben... vorausgesetzt, daß man auf diesem Gesamtgebiet überhaupt tätig ist – und den Eindruck habe ich derzeit nicht«. Obwohl Flugzeugbauer Ernst Heinkel ins gleiche Horn stieß und eine Maschine versprach, die »neunhundert Kilometer... auf alle Fälle schaffen« würde, blieben Milch und die Veteranen des Ersten Weltkrieges im Reichsluftfahrtministerium unentschlossen. Ihr

Fazit war, »daß man den alten Kolbenmotor mit den Luftschrauben genau kennt..., während man sich beim Strahlentriebwerk noch nicht so genau auskennt«.

Mehr als zwei Jahre später, am 28. März 1943, vernahm derselbe Personenkreis nicht mehr, als daß »die Erprobung ziemlich weit fortgeschritten« sei und die Me 262 »nach Aussagen von Messerschmitt... eine Geschwindigkeit von 850 km/h geflogen« habe. Es wurde nun beschlossen, bis Ende 1944 (also in 21 Monaten) vierzig Maschinen dieses Typs zu fertigen. Offenbar hatte es niemand eilig mit der Abwendung einer Gefahr, die – wie sich später zeigte – wesentlich zur deutschen Niederlage im Zweiten Weltkrieg beitrug.

General Adolf Galland wollte sich mit solchen saumseligen Beschlüssen nicht abfinden. Er hatte es über England erlebt, daß seine Jägerpiloten auf Gegner stießen, deren Maschinen den deutschen zumindest gleichwertig waren, und in der Folgezeit mußte er im Kampfraum Mittelmeer, an der Kanalküste und bei den Angriffen der alliierten Bomber auf das Reich feststellen, daß seine Jagdgeschwader langsam, aber sicher ausbluteten, weil die gegnerischen Maschinen immer schneller, wendiger, ausdauernder und kampfkräftiger wurden und zudem mit einer zuverlässigen Funkmeßtechnik ausgerüstet waren. Deshalb wollte Galland selber feststellen, was es mit dem als Staatsgeheimnis gehüteten Strahlantrieb auf sich hatte. Am 22. Mai 1943 stieg er in eine einsitzige Me 262. Als er das Triebwerk zündete, war ihm, »als ob ein Engel schöbe«. In einem Fernschreiben an den für die Flugzeugproduktion verantwortlichen Generalfeldmarschall Erhard Milch nannte er die Maschine »einen ganz großen Wurf, ... der uns im Einsatz einen unvorstellbaren Vorsprung sichert, falls der Gegner noch lange beim Kolbenantrieb bleibt. ... Das Flugzeug eröffnet völlig neue taktische Möglichkeiten.«

Gallands Drängen überzeugte einige Männer im Reichsluftfahrtministerium von der Notwendigkeit des Strahlantriebs. Die vereinten Argumente bewogen Hitler, im Juni 1943 die maßgebenden Männer der Flugzeugindustrie auf seinen Berghof über Berchtesgaden zu rufen. Er erklärte ihnen, er wolle sich »persönlich ein Bild von der lufttechnischen Situation machen«. Doch er blieb weiterhin skeptisch gegenüber dem Strahlflugzeug, ebenso wie Speer. Der Verbrauch an Treibstoff sei zu hoch, war nur eines ihrer Gegenargumente.

Nach der Zerstörung Lübecks meinte der oberste Kriegsherr Deutschlands, es fehle der Luftwaffe durchaus nicht an Möglichkeiten zur Abwehr feindlicher Angriffe. Das eigenwillige Völkchen der Jägerpiloten, ein beinahe sportlicher Verein von Individualisten, war ihm ohnehin verdächtig. Er setzte mehr auf die Flak, wenn es galt, Bomber zu bekämpfen. Kanoniere lagen dem Infanterie-Gefreiten Hitler besser; sie mußten doch nur Sperrfeuer schießen, eine möglichst breite Zone krepierender Geschosse, durch die jeder Bomber einmal beim Anflug und dann noch einmal beim Abflug hindurchmüsse. Darin würden viele hängenbleiben, wie einst die Soldaten an der Somme.

Als jedoch die feindlichen Bomberverbände zunehmend die deutsche Rüstungsindustrie aufs Korn nahmen, begann sein Grundsatz zu bröckeln. Man könne dieser Geißel Gottes nur Herr werden, wenn man jede Bombe mit zwei Bomben vergelte. Trafen schlimme Nachrichten ein, verlangte er lauthals nach mehr Jägern, nicht ohne deren Piloten zu beschuldigen, es fehle ihnen der rechte Kampfgeist. Damit hatte er nicht ganz unrecht. General Galland war gelegentlich Zeuge, wie zögernd seine Krieger einen feindlichen Bomberverband angriffen, wie sie ihr Pulver schon auf weite Entfernung verschossen und dann abdrehten. Doch ihr Verhalten war zu verstehen; sie waren ungenügend und allzu schnell ausgebildet worden, nur unzureichend ausgerüstet und mußten täglich mitansehen, wie ihre Kameraden im Geschoßhagel der Viermotorigen umkamen. Dennoch konnte Hitler auf sie keineswegs verzichten. Er brauchte sie, wenn er die Luftüberlegenheit wenigstens über dem Reichsgebiet wiedergewinnen wollte. Also entschied er sich widerwillig für den Strahlantrieb. Allerdings, es war noch kein Typ serienreif, weil sowohl er als auch Göring und Milch sich so lange um eine Entscheidung gedrückt hatten.

Um die Augustmitte des Jahres 1943 setzte sich auch noch General Werner Baumbach, Befehlshaber der Bomber, bei Milch dafür ein, daß die Heimatverteidigung mit Vorzug gestärkt werden müsse. Er regte an, man möge weniger Bomber fertigen »zugunsten des Strahljägers und des Strahlantriebs überhaupt«. Sein Verzicht blieb wirkungslos. Man beschwichtigte ihn, die Bomberfabriken könnten keine Strahljäger bauen, und der Führer brauche für die nächste Zeit viel mehr Bomber. Offenbar stützte sich Milchs Dienststelle wieder einmal auf Hitlers Maxime, daß Terror nur durch stärkeren Gegenterror gebrochen werden könne.

Trotz allem, der Strahlantrieb mußte her. Zunächst drängte Göring bei Messerschmitt. Der jedoch forderte ganze Hundertschaften an Konstrukteuren und Facharbeitern sowie einige tausend Hilfsarbeiter; erhalte er diese Verstärkung nicht, könne er vor Spätherbst 1944 nicht eine einzige Maschine liefern. Als Göring dies seinem Führer berichtete, »hat der fast einen Schlaganfall bekommen«, erzählte der Reichsmarschall. Denn jetzt brauchte Hitler plötzlich den Strahljäger nicht mehr so dringlich; als Mittel gegen die bevorstehende Invasion wollte er einen Bomber haben, der mit überlegener Geschwindigkeit über die Strände Südenglands und notfalls auch Frankreich hinwegdonnern und die dort massierten feindlichen Kräfte reihenweise mit Bomben bepflastern würde. Aus dem »rein in die Kartoffeln« drohte wieder ein »raus aus den Kartoffeln« zu werden.

Als Göring am 26. November 1943 auf dem Flugplatz von Insterburg in Ostpreußen Hitler die neuesten Errungenschaften der Luftwaffe vorstellte, war auch die Me 262 als einsitziger Jäger dabei. Sofort fragte Hitler, ob diese Maschine auch Bomben tragen könne. Messerschmitt ließ sich die Gelegenheit nicht entgehen, vor dem Staatsoberhaupt zu glänzen. »Jawohl, mein Führer«, schmetterte er, »sie kann ohne weiteres eine 1000-Kilo-Bombe oder zwei 500-Kilo-Bomben mitnehmen.« Hitler frohlockte: »Dies ist endlich der Blitzbomber, den ich schon seit Jahren angefordert habe. Hier steht er, nur hat ihn keiner erkannt!« Niemand widersprach. Göring und Milch wußten, daß man aus einem Jäger keinen Bomber machen konnte, aber sie genehmigten eine Abänderung des Strahljägerprojekts. Die Maschine mußte aufwendig umkonstruiert werden, weil Bombenschacht und Zielgerät ein stärkeres Fahrwerk verlangten und weil überdies der Platz für einen zweiten Mann eingebaut werden mußte. Umbau und neue Erprobung warfen den Beginn der Produktion des Strahlflugzeuges um Monate zurück.

Hitler hatte offenbar völlig vergessen, daß er vor einigen Monaten, wohl unter dem Eindruck der Hamburger Katastrophe, lautstark verlangt hatte, es müßten nun »Jäger und nochmals Jäger« gebaut werden. Als jedoch Göring im Mai 1944 die führenden Luftwaffenmänner auf dem Obersalzberg unweit von Hitlers Berghof versammelte, hatten erst zehn Maschinen vom Typ Me 262 Testflüge gemacht, die bei dreien mit Bruch geendet waren.

Seitdem die Briten auf ihrer Insel durch Luftangriffe kaum mehr behelligt werden konnten und U-Boote ihren Nachschub an Rohstoffen nicht mehr störten, steigerten sie ihre Flugzeugproduktion stärker als je zuvor. Die amerikanische Rüstung war Mitte 1943 überhaupt erst voll auf Touren gekommen. Durch ihre Materialüberlegenheit kamen die Westalliierten in die Lage, ihre Luftangriffe auf das Reichsgebiet ständig zu verschärfen, um so mehr, als ihre Anflugstrecken immer kürzer wurden, je weiter sich ihre Front nach Osten verschob. Waren es im August 1944 noch zehn schwere Angriffe am Tag und sieben in der Nacht auf das Reichsgebiet gewesen, so wurden es im Oktober und November jeweils 27 und 11, bei zunehmender Zahl der jeweils eingesetzten Maschinen.

Auf Essen regnete es wieder Bomben; diesmal 4500 Tonnen. Ebenso nahmen sich die Engländer Köln erneut vor und warfen 4000 Tonnen in die Trümmerwüste. Noch mehr, nämlich 5000 Tonnen, wurden über München abgeladen, wie immer und überall als Bombenteppich. Die Amerikaner hingegen wählten vorwiegend Hydrierwerke und Ölraffinerien zum Ziel. Sie waren inzwischen so stark geworden, daß sie gleichzeitig mit diesen strategischen Angriffen auch taktische Einsätze wirkungsvoll fliegen konnten, als Verstärkung ihrer Artillerie bei der Offensive der US-Army im Raum Aachen. Dabei wurden frontnahe Mittelstädte zerschlagen – Düren, Jülich, Heinsberg und andere. Die USAAF begann auch schon systematisch, wichtige Eisenbahnverbindungen zu lähmen.

Im Reich wurde als Stimulanz gegen Kleingläubigkeit am 18. Oktober 1944 mit viel nationalem Pathos und Theaterdonner der »Volkssturm« zur Verteidigung der Heimat aufgerufen. Mit Fanfarenstimme deklamierte Goebbels: »Nun Volk steh auf, nun Sturm brich los!« Was antrat, war nicht nur das letzte, es war sogar das allerletzte Aufgebot, in das Halbblinde, Halblahme und Halbtaube gerufen wurden, Greise wie Kinder und manchmal auch Frauen. Die Gauleiter sollten Divisionen aus diesen »levées en masse« formen. Während diese Einheiten (die nie eine Einheit wurden) im Osten wegen der Greueltaten von Rotarmisten von der Notwendigkeit des abwehrenden Widerstandes überzeugt sein mochten, erhofften sich die Volksgenossen in den Westgauen insgeheim vom Einmarsch der Feinde ein Ende des Krieges und zugleich der Bedrohung durch Parteibonzen und Gestapo. Hier brachte es der »Volkssturm« kaum zu halbherzigen Bemühungen, Straßensperren aufzubauen.

Da auch die Luftwaffe teilhaben wollte an der nur scheinbar werbewirksamen Verwendung des Wortes »Volk«, sollte nun ein »Volksjäger« den Himmel über Deutschland von allen Feinden leerfegen. Speers nächster Mitarbeiter (und zugleich Rivale) im Amt des Rüstungsministers, der Parteifunktionär Karl-Otto Saur, Chef des Jägerstabs, fand schnell die dafür geeignete Maschine: die He 162, einmotorig, mit Düsenantrieb, aufs sparsamste gebaut und kaum erprobt. Während der letzten Monate des Jahres 1944 verhandelte er mit der Parteiorganisation des NS-Fliegerkorps und den Führern der Hitler-Jugend, so daß er schließlich bombastisch verkünden konnte, »daß ein geschlossener Hitler-Jugend-Jahrgang von der Segelflugschulung unmittelbar auf die einsatzmäßige He 162 übergeht, ohne die Zwischenschaltung eines Motorflugzeugs«.

Der Hakenkreuzfunktionär Saur rechnete offensichtlich nicht damit, daß für die Ausbildung hinreichend Zeit und Kraftstoff vorhanden sein würden. »Die Schießübungen«, verkündete er, »sollen in geeigneter Form auf dem Boden erfolgen.« Für Galland stand fest, daß damit nur jugendlicher Überschwang und eingedrillter Fanatismus ausgenutzt werden sollten, um unreife Halbwüchsige als Kanonenfutter vor die Maschinenwaffen der Fliegenden Festungen zu treiben. Er protestierte gegen den Plan. Einziges Resultat: er festigte nur noch mehr seinen Ruf als »Defätist«. Glücklicherweise kamen die Maschinen so spät aus der Fabrik, daß sie über wenige Versuchsflüge nicht hinauskamen. Es wurden auch nur 116 Stück ausgeliefert.

Galland gab jedoch nicht auf, den Strahljäger Me 262 zu fordern. Er hatte bereits Ende April 1944 in einer Rüstungsbesprechung gesagt, die deutschen Jäger seien mit ihren Kolbenmotoren bei den Einflügen der US-Verbände tagsüber allein schon zahlenmäßig derart unterlegen, daß einer deutschen Maschine bis zu acht feindliche Jäger gegenüberstünden. Die Gegner seien vorzüglich ausgebildet, ihre Flugzeuge technisch hervorragend. Gegen den Vorwurf, seine Piloten seien zu feige, um anzugreifen, hatte er sich gewehrt: »Die Tagjagd hat in den letzten vier Monaten weit über tausend Mann fliegendes Personal verloren. Darunter waren zahlreiche der besten Staffelkapitäne und Geschwaderkommodore. Wir haben große Sorgen, diese Lücken zu schließen, nicht zahlenmäßig, sondern mit erfahrenen Flugzeugführern.« Galland hatte damals schon erklärt: »Es muß erstens das Zahlenverhältnis geändert werden ... Schon mit einer geringen Zahl technisch ganz überlegener Flugzeuge wie der Me 262 oder der Me 163 [also einem Strahlflugzeug oder einem Raketenflugzeug]« könne man »enorm viel erreichen«. Damit werde die Kampfmoral beim Gegner gebrochen und die der eigenen Truppe gestärkt. »Mir ist im Augenblick eine Me 262 lieber als fünf Me 119«, hatte er gesagt und damit auch das Argument vom Tisch gewischt, es würden ja Jagdmaschinen in großer Zahl geliefert.

Bis Anfang Mai 1944 hatten etwa 130 Me 262 die Werkshallen

von Messerschmitt verlassen. Davon waren viele durch Luftangriffe am Boden, andere durch Unfälle zerstört worden. Hitler wollte wissen, wie viele der verfügbaren Maschinen Bomben tragen könnten. Generalluftzeugmeister Erhard Milch hatte ihm geantwortet: »Keine, mein Führer. Die Me 262 wird ausschließlich als Jagdflugzeug gebaut.« Die Folge war ein Wutausbruch Hitlers gewesen. Die steigenden Produktionszahlen von Jagdmaschinen deckten seiner Meinung nach jeden Bedarf. Doch es waren nur die überholten Typen, in denen die Piloten damals schon nahezu chancenlos vom Gegner abgeschossen wurden. Hitler behauptete zudem, die Düsenmaschine sei gerade wegen ihrer extremen Geschwindigkeit als Jäger untauglich, weil die Fliehkräfte in engen Kurven das Gehirn des Piloten lahmlegten. Er bezog sich dabei auf die Ansicht seines Leibarztes Theo Morell, der freilich bei vielen seines Standes als Scharlatan galt. Hitler änderte seine Meinung auch dann nicht, als ihm gesagt wurde, daß die Maschine durch den Umbau gewichtiger und damit erheblich langsamer würde. Dann möge man, so seine Empfehlung, alle Waffen weglassen; wer soviel schneller fliege als alle anderen, brauche sich nicht zu verteidigen, weil er sich jedem Angriff entziehen könne.

Von nun an durfte in Hitlers Gegenwart von der Me 262 nur noch gesprochen werden, wenn man sie einen Schellstbomber nannte. Galland schrieb dazu in seinen Erinnerungen *Die Ersten und die Letzten* in bitterem Spott: »Man hätte genauso gut befehlen können, daß das Pferd in Zukunft Kuh heißen soll.« Nachdem ihm so ein Maulkorb verpaßt worden war, ließ er andere für sich reden – Fliegerkameraden, denen Hitler die höheren Orden vom Eichenlaub zum Ritterkreuz an aufwärts eigenhändig um den Hals zu hängen pflegte. Einer dieser Kandidaten war der damalige Oberst Johannes Steinhoff. Am 28. Juli 1944 bekam der erfolgreiche Jagdflieger (167 Abschüsse) nach seinem 150. Luftsieg zum Ritterkreuz das Eichenlaub mit Schwertern. Hitler fragte ihn: »Sind wir den amerikanischen und englischen Jägern unterlegen?« Als er ein Ja zu hören bekam, fragte er ärgerlich weiter: »Wollen Sie etwa ein neues Flugzeug?« Steinhoff antwortete:

»Jawohl! Den Düsenjäger!« Hitler schimpfte los: »Das Flugzeug ist nicht reif, und wenn es soweit ist, dann bekommen es die Jäger nicht!« Später bewilligte er dann doch ein Versuchskommando. Bereits dessen erstes Auftreten gab dem US-General Carl A. Spaatz Veranlassung, nach Washington zu melden, daß die »tödlichen deutschen Düsenjäger« künftig die alliierten Bombenangriffe untragbar machen würden – falls sie zahlreich genug eingesetzt werden würden.

Dazu kam es freilich nicht. Schon der Einsatz der Me 262 als Schnellstbomber bei der Invasion mißglückte. Als die Maschinen (und es waren nur wenige einsatzbereit) auf die Fliegerhorste nahe der Atlantikküste verlegt wurden, stellte sich heraus, daß die Landebahnen für den schnellen Düsenjäger zu kurz waren. Ehe sie verlängert werden konnten, hatten Truppen der Alliierten die Horste erobert. Wo die Me 262 noch starten und landen konnten, funktionierte der Nachschub nicht mehr, weil die Flugzeuge der Gegner den Luftraum beherrschten. Viele Maschinen gingen verloren, weil eine Strahlantriebsmaschine während des Startens und Landens wehrlos ist. Als amerikanische Bomber einmal wieder die Messerschmitt-Werke in Augsburg und den benachbarten Flugplatz Lechfeld angriffen, konnten ihnen ganze sechs Düsenjäger des Typs Me 262 entgegengeschickt werden. Sechzig noch nicht fertige Maschinen dieses Typs wurden am Boden zerstört.

Als Hitler im November 1944 endlich einwilligte, daß ein Geschwader mit Düsenjägern ausgerüstet wurde, war es zu spät, die Bomberströme zu stoppen. Oberst Steinhoff wurde beauftragt, die Einheit aufzustellen, aber die Piloten mußten sich erst einmal mit der neuen Maschine vertraut machen. Werner Baumbach, der General der Bomber, schrieb wenige Jahre nach Kriegsende, daß es mit Sicherheit gelungen wäre, die alliierte Bomberoffensive zu stoppen, wenn die Produktion der Strahljäger ein halbes Jahr früher angelaufen wäre und die Maschinen in größerer Anzahl hätten eingesetzt werden können. Baumbach berief sich dabei auf das Zeugnis des US-Generalmajors J. B. Anderson aus Eisenhowers Hauptquartier, der geunkt hatte, weitere Luftangriffe auf deutsches Gebiet würden unmöglich, wenn Deutschland nicht spätestens bis zum Juni 1945 besetzt und damit jede Flugzeugproduktion unterbunden wäre.

Oberst Steinhoff stürzte mit einer Me 262 im April 1945, also kurz vor Kriegsende, in München beim Start ab. Mit schwersten Verbrennungen aus dem flammenden Wrack herausgeholt, mußte er mehr als siebzig Operationen durchstehen, und auch dann noch blieb sein Gesicht von Narben gezeichnet. Doch nach Gründung der Bundeswehr flog er wieder die Düsenjäger der NATO. Als die junge bundesdeutsche Luftwaffe 1966 durch die Unfälle mit den Starfighter-Maschinen in eine Krise geriet, schaffte er es, die Schwierigkeiten als Generalleutnant und Luftwaffeninspekteur zu meistern.

Deutsche Jagdflieger lebten während der letzten neun Monate des Krieges besonders gefährlich. Als während der Kämpfe in Frankreich Hitler gemeldet wurde, es gäbe Piloten, die sich auf einen Luftkampf erst gar nicht einließen, sondern schon vorher mit dem Fallschirm absprängen, wollte er sie beim geringsten Verdacht »an die Wand stellen« lassen. Außerdem drohte er, die Jagdverbände mit wenigen Ausnahmen abzuschaffen und das Reich nur noch durch Flak verteidigen zu lassen. Rüstungsminister Speer wurde beauftragt, dafür innerhalb von zehn Tagen ein Programm vorzulegen. »Die Produktion«, befahl er, »ist von Jagdflugzeugen auf Flakartillerie umzustellen.« Zeuge dieser Szene war der General der Jagdflieger Adolf Galland. »Es kamen mir Zweifel«, schrieb er später in seinen Erinnerungen, »ob das noch etwas mit Vernunft zu tun hätte.« Ihm waren bis dahin offenbar die ungezügelten Spontanreaktionen seines Führers unbekannt geblieben. Meist wurde in solchen Fällen weniger heiß gegessen, als der kochende Diktator zu servieren beliebte. So auch diesmal. Speers Hinweis, daß man mit dem im Flugzeugbau eingesparten Aluminium keine Geschütze gießen und daß die Munition für eine verstärkte Flak nicht geliefert werden könne, weil der Sprengstoff jetzt schon mit Kochsalz gestreckt werden müsse, gab Hitler die wohl gewünschte Gelegenheit, seinen Befehl zu vergessen.

Trotzdem brach bei dem Infanteriegefreiten das Vertrauen zur Kanone erneut durch. Am 4. November 1944 unterschrieb er im Hauptquartier Rastenburg in Ostpreußen folgenden Text: »Bei seinen Terrorangriffen auf das Reich spricht der Gegner von der Hölle des deutschen Flakfeuers. Viele seiner Absichten sind durch unsere konzentrierte Flakabwehr vereitelt worden. Um diesen psychologischen und taktischen Moment [sic!] weitgehendst ausnützen zu können, gilt es, die Feuerkraft in jeder erdenklichen Weise zu verstärken. Ich befehle daher die sofortige Steigerung des Flak- und Munitionsprogramms... Gleichzeitig sind mit stärkster Beschleunigung alle laufenden Entwicklungsaufgaben hinsichtlich der Leistungssteigerung der Geschütze und Geschosse und sonstige Entwicklungen zur Flakabwehr mit Nachdruck zu betreiben.«

Es mag dies eine vorsorgliche Maßnahme gewesen sein, weil Hitler damit rechnete, daß er mit seinem nächsten Unternehmen die Jagdwaffe soweit dezimieren würde, daß das Balkenkreuz am Himmel über Deutschland bald zu einer Seltenheit werden würde. Dem Volk hatte man es anders erzählt. Als im Lauf der zweiten Hälfte des Jahres 1944 die besetzten Gebiete im Osten wie im Westen weitgehend verlorengingen, redete Goebbels den Deutschen ein, dies sei im Grunde ein Vorteil, der »Vorteil der Inneren Linie«. Nun könne nämlich die Wehrmacht schnell und überraschend ihre Streitkräfte dort massieren, wo sie am vorteilhaftesten eingesetzt würden, indessen der Feind auf diese Bewegungen immer nur mit großem Aufwand und Zeitverlust reagieren könne.

Stimmte diese Lesart, dann hätte die Luftwaffe davon besonders profitieren müssen, denn auf dem Papier war ihre Abwehr im November 1944 stärker als je zuvor. Zum I. Jägerkorps gehörten über 1100 Maschinen, an Nachtjägern waren 1300 verfügbar, und die Flak hatte schon im Sommer 1944 über 1500 Batterien im Reichsgebiet in Stellung. Galland hatte diese Streitmacht gesammelt. Für November plante er den »Großen Schlag«. 18 Geschwader mit 3700 Flugzeugen sollten dafür zum Einsatz kommen.

»Für Terror gibt es keine Entschuldigung«

Goebbels »Innere Linie« blieb eine Fiktion. Vorerst schlugen nicht die Deutschen, sondern die Feinde zu. Ihre Armeen griffen im Westen, Süden und Osten an. Von Norden kamen ihre Bomber über die Nordsee, von Süden über die Alpen, von Westen über die Befestigung des Westwalls hinweg bis in die hintersten Winkel des Reiches. Die amerikanischen Fliegenden Festungen pendelten häufig von England nach Italien, und nun kam man auch noch auf den Gedanken, zwischen Ost und West dieselbe Taktik anzuwenden.

Stalin reagierte zunächst zurückhaltend; im Kreml wohnte das Mißtrauen gegen Fremde schon zu Zeiten der alten Zaren. Schließlich erklärte er sich einverstanden, daß amerikanische Maschinen in der Ukraine landen sollten, um zu tanken und frisch zu munitionieren. Am 21. Juni 1944 war es dann soweit. 700 Fliegende Festungen warfen ihre Bomben über Berlin ab. Davon wurden vierzig abgeschossen, aber die Luftwaffe verlor mindestens die doppelte Anzahl an Jagdmaschinen, weil die 200 eingesetzten Me 109 sich gegen eine Übermacht von 700 Mustang-Langstrekkenjägern wehren mußten. Im Schatten dieser Luftschlacht hatte eine Formation von über hundert Bombern und ebenso vielen Jägern das Hydrierwerk Ruhland südlich von Berlin angegriffen. Diese Maschinen waren nicht wie die bisherigen Berlinbesucher nach Westen, sondern nach Osten weitergeflogen. Ein Aufklärer wurde beauftragt, die Formation zu verfolgen. Er stellte fest, daß die Amerikaner bei Poltawa landeten. Dort wurden sie mit russischer Gastfreundschaft begrüßt: Es gab ein kaltes Büfett mit kiloweise Kaviar, dazu Wodka aus Wassergläsern. Die Gäste ließen sich nicht lumpen und holten kistenweise Whisky aus ihren Maschinen.

Als das Fest seinen Höhepunkt erreicht hatte, wurde es abrupt beendet. Deutsche Ju-388-Bomber jagten über den Flugplatz und warfen unbehindert Bomben auf die amerikanischen Maschinen, die wie zur Truppenschau in Reih und Glied aufgestellt waren. Sie zerstörten ohne eigene Verluste 43 US-Bomber und 15 Mustang-Jäger und beschädigten zwei Dutzend weitere Flugzeuge schwer. Was noch fliegen konnte, wählte den Weg über den Balkan nach Italien. Anschließend stritten sich Moskau und Washington, wer nun eigentlich die nötige Wachsamkeit hatte vermissen lassen. Eine Wiederholung der Verbrüderung im Luftkrieg schien beiden Seiten unangebracht.

Mit dem »Großen Schlag« wollte Galland die feindlichen Bomber das Fürchten und vielleicht sogar das Nimmerwiederkommen lehren. Geplant war, daß seine Streitmacht (bei günstigem Wetter) einen Bomberstrom in mehreren Wellen angreifen, zerschlagen und dann auch noch die Reste auf der Flucht mit Vehemenz verfolgen sollte. Da er seine Kräfte nicht bei unbedeutenden Aktionen verbrauchen wollte, setzte er wochenlang seine Jäger nur sparsam ein. Galland nahm in Kauf, daß er und seine Männer mehr und mehr in Mißkredit gerieten. Er wunderte sich nur, daß seine Zurückhaltung im Führerhauptquartier keine Mahnung zu mehr Aktivität auslöste. Doch Mitte November löste sich das Rätsel: Seine Verbände sollten auf eine große Schlacht des Heeres vorbereitet werden. Am 20. November wurde ihm befohlen, die Geschwader im Westen auf engem Raum zu versammeln.

Hitler bereitete eine große Offensive vor, seine letzte. Aus den Ardennen heraus sollte ein Angriff bis Antwerpen durchstoßen und die feindlichen Kräfte spalten. Der erwartete deutsche Sieg sollte die westlichen Alliierten friedensbereit machen. Am 16. Dezember gelang zwar überraschend der Durchbruch bis tief in die feindliche Etappe. Schlechtes Wetter begünstigte die deutschen Divisionen, weil es die Geschwader der RAF und der USAAF am Boden festhielt, doch dann blieben Hitlers motorisierte Truppen aus Mangel an Treibstoff tief im Feindesland stecken, an der Nordflanke groteskerweise fast in Sichtweite eines alliierten Treibstofflagers mit 8000 Tonnen Vorräten. Es mißglückte auch der Versuch, die gegnerischen Luftstreitkräfte auf ihren Flugplätzen mit dem Einsatz aller verfügbaren Maschinen, auch derjenigen Gallands, durch Luftangriffe entscheidend zu schwächen. Der Feind verlor etwa 400 Maschinen, die er unschwer ersetzen konnte, aber Gallands Formationen büßten so viele Flugzeuge und vor allem Piloten ein, daß sie sich von diesem Aderlaß nicht mehr erholten.

Solange die deutschen Divisionen nicht wenigstens auf ihre Ausgangsstellungen zurückgetrieben waren, hielten sich die Luftangriffe auf deutsche Städte in Grenzen. Die Engländer hatten allerdings am 17. Dezember 1944 noch Ulm angegriffen, eine Mittelstadt, in der zweifelsohne auch für den Krieg gearbeitet wurde, aber ohne sonderliche Bedeutung für die Rüstung. Dem entsprachen auch die Bomben, die aus den Viermotorigen fielen: Vorwiegend waren es Brand- und weniger Sprengbomben. Die Innenstadt mit ihren alten, hochgiebeligen und feueranfälligen Fachwerkhäusern glühte im Feuersturm aus. Im Grunde jedoch war dieser Angriff mit 250 Maschinen nur der Abschluß einer Serie, bei der nacheinander süddeutsche Städte vergleichbarer Größe mit historischem Stadtkern eingeäschert worden waren. Zwei Wochen zuvor war in Heilbronn dasselbe geschehen. Nicht etwa, daß Harris den Deutschen mit ihren Kulturdenkmälern zugleich ihre nationale Identität wegnehmen wollte. Sein Ziel war es, Wohnungen zu zerschlagen, und in Ulm war ihm dies wenigstens zu 44 Prozent gelungen.

Diese Absicht hat Harris nie geleugnet. Als ihn der Autor dieses Buches darüber befragte, sagte er: »Man hat uns immer beschuldigt, die Zivilbevölkerung anzugreifen. Doch in keinem größeren Krieg hat je etwas anderes stattgefunden als Angriffe gegen Zivilisten auf die eine oder andere Art. Unser Feind hoffte damals, durch die U-Boot-Blockade unser Land auszuhungern und es dadurch zu unterwerfen. Der Hunger hätte auf unserer Insel viele Menschen und ganz besonders die Kinder elend sterben lassen.« Während des Krieges hätte sich selbst Harris solche Bekenntnisse nicht leisten können, wenigstens nicht öffentlich; die Regierung hätte ihn zum Schweigen gebracht. Nun jedoch, am 5. März 1945, wurde wieder der Vorwurf laut, man übe Terror durch Bomben aus. Diesmal geschah es im Unterhaus. Dort berichtete zunächst der Luftfahrtminister Sir Archibald Sinclair über die Heldentaten der Bomber: »Die alliierte Bombardierung aus der Luft hat ein riesiges Ausmaß angenommen. In der ersten Februarwoche wurden 16 000 Tonnen Bomben abgeworfen. Die Zahl stieg auf 23 000 Tonnen in der zweiten und auf 41 000 Tonnen in der dritten Woche. Dieses Crescendo vertilgt Ölraffinerien, Panzerfabriken und Verkehrsmittel an jeder Front, während von Westen, Osten und Süden die Alliierten nach Deutschland hineinstürmen.«

Was Luftmarschall Harris mit der Emotionslosigkeit des professionellen Soldaten aussprach – nämlich daß jeder Krieg zu allen Zeiten die Masse der Bevölkerung am härtesten zu treffen pflegt –, durfte der Minister nicht gelten lassen. Er rühmte deshalb in seiner Rede jene Taten, die von den Amerikanern zwar in Worten angestrebt, die ihnen in der Praxis aber immer nur teilweise geglückt waren, nämlich die Zerschlagung kriegswichtiger Anlagen durch gezielte Treffer. Doch im Unterhaus saß damals der Labour-Abgeordnete Richard Rapier Stokes, der aus humanitärer Überzeugung seit Jahren dagegen protestierte, daß Zivilisten im Luftkrieg von Politikern und Soldaten als Geiseln benutzt würden, die man tötet oder zu töten droht, falls die Politiker und Soldaten der anderen Seite nicht um Gnade und Frieden bitten. Die Rede des Ministers gab Stokes die lange gewünschte Gelegenheit, über die Praxis des Bomber Command zu sprechen, ohne daß eine Zensur ihn daran hätte hindern können.

Sir Archibald Sinclair habe die RAF gelobt, weil sie ihre Ziele mit ihren Bomben so sicher zu treffen verstehe, sagte Stokes. »An

Vorseite: August 1943. Berlin. Marschall Harris hat seinem Premierminister versprochen, »Berlin von einem bis zum anderen Ende in Trümmer zu legen...« Propagandaminister Joseph Goebbels (im weißen Mantel), zugleich Gauleiter der Nazi-Partei in Berlin, besichtigt zerstörte Wohnhäuser.

Oben: »Unter den Linden« wird die Staatsoper ein Raub der Flammen.

„Unsere Mauern brachen,

Durchhalteparolen an ausgeglühten Fassaden sollen den Berlinern Mut machen.

Links oben: Tarnnetze sollen die Ost-West-Achse verbergen, doch die Bomber finden sich trotzdem in Berlin zurecht. Radar, eine neue Erfindung, weist ihnen den Weg.

Links unten: Siemensstadt, bevorzugtes Angriffsziel der Amerikaner bei ihren Tagesangriffen. Treffer in einem Rüstungswerk. Außer vorübergehenden Arbeitsunterbrechungen bewirken sie jedoch wenig. Bis in das letzte Kriegsjahr hinein wird die Rüstungsproduktion gesteigert.

Rechts: November 1943. Berlin im pausenlosen Bombenhagel. Der Berliner Gauleiter Goebbels vertraut seinem Tagebuch an: »Wenn wir diesen November erst einmal hinter uns haben, dann wollen wir dem Herrgott danken.«

Breidenstein
Bunker
Fam. Stolz
Potsdam
Familie
Vogel und
Breidenstein
Vietheer
Augsburgerstr.
Vietheer: leben
alle
Dentist

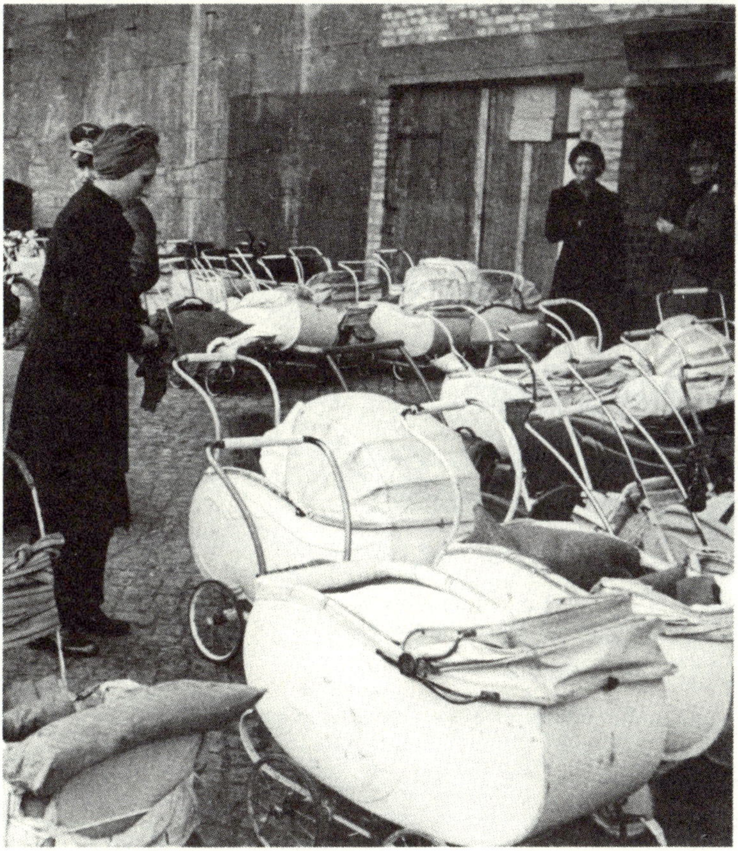

Links: Schicksal einer Berliner Hausgemeinschaft. Sie haben das Heim verloren, aber sie leben.

Oben: Zwischen den Angriffen. Parkplatz für Kinderwagen vor einem Berliner Hochbunker.

Rechts: Nach einem Angriff irgendwo in Berlin. Ausgebombte auf der Suche nach der nächsten Bleibe.

Oben: Keinen Schutz mehr garantiert das Zeichen des Roten Kreuzes auf den Dächern der Krankenhäuser. Im Bombenhagel gehen sie in Flammen auf, finden Kranke in ihren Betten den Tod.

Links: Irgendwo in Deutschland. Immer mehr Städte des Reiches teilen in den Jahren 1944 und 1945 das Schicksal von Berlin, Hamburg, Köln und Lübeck. Überall gleichen sich die Bilder. Entsetzen nach einem überstandenen Bombenangriff.

Oben: Dresden, in der Welt als »Elbflorenz« gepriesen, vor der Zerstörung.

Vorausgehende Doppelseite: Symbol des Wahnsinns. Dresden nach der Zerstörung vom 13./14. Februar 1945.

Oben: Das war die historische Frauenkirche. Davor das Denkmal des Reformators Martin Luther. Von Bomben zerschlagen. Eine Mahnung an die Welt.

diesen Humbug glaube ich nicht!« Ihm hatten Fliegeroffiziere versichert, sie hätten nie eine Fläche als Ziel zugewiesen bekommen, die kleiner gewesen sei als 16 Quadratmeilen (= 36 Quadratkilometer). »Ich habe stets behauptet«, sagte Stokes, »daß man mit dem Bombenteppich keinen Krieg gewinnen kann. Das ist Terror, und dafür gibt es keine Entschuldigung.« Als Abgeordnete gegen diese Darstellung lärmend protestierten, verlas Stokes eine Meldung, die ein Kriegsberichterstatter der amerikanischen Nachrichtenagentur Associated Press nach einer Pressekonferenz des Alliierten Oberkommandos in Paris an seine Zentralredaktion in den USA gegeben hatte. In dieser Meldung wurde eine Äußerung des britischen Air-Force-Generalleutnants C. M Grierson wiedergegeben. Er hatte den Journalisten gesagt: »Die Chefs der alliierten Luftwaffen haben endlich die seit langem erwartete Entscheidung gefällt, daß rücksichtslose Terrorbombardierungen der großen deutschen Bevölkerungszentren durchgeführt werden sollen, um damit Hitlers Schicksal rascher zu vollstrecken.« In der britischen Presse war diese Meldung nicht erschienen; die Zensur hatte zugegriffen. Zugleich hatte die Londoner Regierung beim alliierten Hauptquartier in Paris verlangt, daß es die Äußerung Griersons dementiere. Das geschah auch, aber die Veröffentlichung in den USA konnte damit nicht mehr verhindert werden.

Zudem beweisen die Ereignisse der letzten Kriegsmonate, daß dieser Beschluß der Luftwaffenchefs nicht etwa von einem ihrer Generale erfunden worden war. Die Pressekonferenz, in der General Grierson die üblichen Praktiken der RAF als neue Taktik verkündete, fand am 17. Februar 1945 statt, elf Wochen vor dem Zusammenbruch des Hitlerreichs. Es wurde also nur als Programm verkündet, was Churchill und Harris seit Jahr und Tag praktiziert hatten. Der Terror würde also weitergehen, auch wenn das Ende des Krieges bereits abzusehen war. Schon fühlte diese oder jene Nazigröße hinter Hitlers Rücken bei den gegnerischen Geheimdiensten vor, wie billig oder teuer ein Frieden zu haben sein würde und welche Rolle man in der Zukunft noch spielen könnte. Wozu bedurfte es da noch des großen Terrors?

Ausgeübt wurde er trotzdem weiterhin, und geleugnet wurde er ebenfalls weiterhin. In Berlin benutzte man die Charakterisierung des Luftkriegs – des gegnerischen natürlich nur – als Terror schon zwei Jahre lang, um die Feinde der Unmenschlichkeit und des Völkerrechtsbruches zu beschuldigen. Von dem Naziterror, von den eigenen Verbrechen gegenüber den unterworfenen Völkern, den Zwangsarbeitern, von den Judenverfolgungen und -morden und von allen anderen Scheußlichkeiten sprach niemand, weil jedermann wußte, daß man sich um Staatsgeheimnisse besser nicht kümmerte. Hörte man, daß da oder dort etwas außerhalb der Legalität geschah, so galt dies als durch feindliche Pressionen bedingt.

Der mit allen Raffinessen der Propaganda vertraute Goebbels hatte schon lange die Einsicht, daß die Wut des geschundenen Volkes feindwärts gelenkt werden mußte, wenn sie sich nicht gegen Hitler und seine Paladine richten sollte. Nach einem Angriff der RAF mit 2000 Tonnen Bomben gegen Dortmund hatte er bereits am 25. Mai 1943 in sein Tagebuch diktiert: »Wir müssen uns doch darüber klar sein, daß die Bevölkerung im Westen langsam anfängt, mürbe zu werden. Diese Hölle ist ja auf die Dauer auch nur schwer zu ertragen.« Der SD (Sicherheitsdienst) des Reichssicherheitshauptamtes registrierte eine gefährliche Lethargie der Bevölkerung, die sich aus der Ohnmacht gegenüber den fallenden Bomben entwickelte.

Schon nach dem mehrtägigen Angriff gegen Hamburg im Jahre 1943 stellte dieser Nachrichtendienst der Parteiorganisation fest, die Bomben »veränderten in weiten Teilen des Volkes die Einstellung zum Krieg von Grund auf«. Die Forderung, die Heimat möge soldatisch tapfer und standfest sein, werde von den Menschen angesichts ihrer Ohnmacht gegenüber den Bomben als sinnlos empfunden. Es fiel Goebbels deshalb leicht, einer entnervten und um Hab und Gut gebrachten Bevölkerung einzureden, daß an ihrem Unglück nur jene Männer die Schuld trügen, die in den Geschwadern am Himmel aus purer Schurkerei die Bomben auslösten – die »Luftgangster«, wie er sich ausdrückte. Wo immer die

Besatzung einer solchen Maschine zum Absprung mit den Fallschirmen genötigt war, erwartete sie ein höchst unfreundlicher Empfang auf der Erde. Die NS-Demagogen hatten keine Hemmung, die undifferenzierte Volkswut für ihre Zwecke auszubeuten. Wer Rache wollte und gewalttätig wurde, machte sich ohnedies zu ihrem Spießgesellen – eine Taktik, die von der Partei und von Hitler schon vor 1933 im politischen Kampf angewendet worden war. Je deutlicher der Diktator im Verlauf des Krieges zum Verlierer wurde, desto dringlicher brauchte er Sündenböcke, die er als Opfer für seine eigenen Fehler anbieten konnte. Nach den Juden, den marxistischen Staatsfeinden und den reaktionären Adeligen wurden nun die Soldaten aus den feindlichen Flugzeugen in diesen Kreis mit einbezogen.

Von einem Menschen, der auch nur einige hundert Meter hoch über dem Erdboden dahinrast, kann niemand erwarten, daß er zwischen Zivil und Militär, zwischen Soldaten und Frauen in Sekundenschnelle unterscheidet, wenn er Geschoßgarben aus seiner Maschine gegen die Menschen in die Tiefe schickt. Noch weniger kann er genau einen Punkt treffen, auf den er mit einer Bombe aus großer Höhe zielt. Trotzdem wurden die Besatzungen in den Flugzeugen – auf beiden Seiten – selten von Gewissenshemmungen gehindert, der feindlichen Welt unter ihnen das größtmögliche Maß an Unheil zuzufügen. »C'est la guerre«, sagten sie, sich rechtfertigend. Ende 1944 wurde über Berlin eine Fliegende Festung der Amerikaner abgeschossen, deren Besatzung ihre Fliegerkombinationen mit der Aufschrift »Murder Incorporated« (Vereinigte Mörder) verziert hatten. Sie trieben Scherz mit dem Entsetzen, vielleicht um es zu verdrängen. Es ist verständlich, daß die heimgesuchten Deutschen für diese Art von Humor wenig Verständnis aufbrachten.

Als am 26. August 1944 nach einem Angriff auf Rüsselsheim bei Frankfurt gefangene »Luftgangster« von Landsturmsoldaten durch die Straßen der zerbombten Stadt eskortiert wurden, begleitete sie eine aufgebrachte Menschenmenge. Frauen schrien: »Schlagt sie tot!« Mit Knüppeln, Holzprügeln, Schaufeln und

Schmiedehämmern drosch die blindwütige Menge auf die Gefangenen ein. Die Landsturmsoldaten wurden überrannt oder ließen sich überrennen, um nicht selber angegriffen zu werden. Die niedergeschlagenen Amerikaner wurden auf einen pferdebespannten Karren geworfen, die meisten schon tot oder sterbend. Als das Gefährt auf dem Friedhof ankam, wo man sie alle verscharren wollte, heulten die Sirenen zum nächsten Luftalarm. Die Rüsselsheimer flüchteten in die Schutzräume. So konnten wenigstens noch zwei Überlebende flüchten und sich in den Schutz einer deutschen Militärstreife retten. Nach dem Krieg hatte die Lynchjustiz von Rüsselsheim ein Nachspiel. Im Juli 1945 wurden sieben an dem Massaker Beteiligte von einem amerikanischen Militärgericht zum Tode verurteilt und gehängt. Ihre deutschen Verteidiger bezeichneten den Prozeß als fair. Einer der beiden überlebenden Amerikaner sagte aus: »Nachdem wir in den Händen der Luftwaffe waren, wurden wir sehr gut behandelt. Mißhandlungen kamen nicht mehr vor.«

Ob im Rüsselsheimer Fall die Fairneß der Luftwaffe im Sinn ihres Führers Adolf Hitler war, muß angezweifelt werden. Gemäß seinem Grundsatz mußte der Terror der Bomber durch einen noch härteren Terror bekämpft werden, und dazu gehörte auch, daß feindliche Flieger vor der Aussicht zitterten, von rasenden Deutschen gelyncht zu werden. Den schriftlichen Befehl, die »Terrorflieger« und »Luftgangster« totzuschlagen, gab es wohl ebensowenig wie die generelle Anweisung, Juden zu ermorden. Wohl aber existierte in den Akten der Parteikanzlei und von deren Sekretär Martin Bormann unterschrieben eine Mitteilung an den Reichsführer-SS Heinrich Himmler, in der dieser in seiner Eigenschaft als Chef der deutschen Polizei darauf hingewiesen wurde, daß es nicht Aufgabe seiner Beamten sei, abgesprungene Feindflieger vor der Volkswut zu schützen. Wie so häufig benutzte Hitler auch in diesem Fall einen seiner Gefolgsleute, um etwas in Gang zu bringen, was er selber nicht öffentlich verantworten wollte. Kopien des Bormann-Briefes erhielten die Politischen Leiter der Partei bis herab zu den Kreisleitern mit der Anweisung, auch die Ortsgruppenleiter zu unterrichten, wenn auch nur mündlich. Den Empfängern war hinreichend bekannt, daß niemand den Willen des Führers authentischer verkündete als der Absender.

Über diesen Komplex wurde am 15. März 1946 der Angeklagte Hermann Göring im Nürnberger Prozeß gegen die Hauptkriegsverbrecher befragt. Er sagte unter anderem: »Es war eine außerordentliche Erregung in das deutsche Volk gekommen durch die sehr schweren und fortlaufenden Angriffe auf deutsche Städte, wobei die Bevölkerung zum Teil sah, daß die eigentlich wichtigen industriellen Ziele weniger getroffen wurden als die Wohnungen... So waren einige Städte aufs allerschwerste schon in ihren Wohngebieten getroffen, ohne daß die bei diesen Städten liegende Industrie wesentlich angeschlagen war. Es kamen dann mit dem weiteren Hereinkommen der feindlichen Streitkräfte die sogenannten Tiefflieger auf... Es wurde immer wieder dem Führer gemeldet..., daß die Zivilbevölkerung mit Maschinengewehren oder Maschinenkanonen angegriffen wurde, auch einzelne Fahrzeuge, die als zivile zu erkennen waren. Einmal wurde eine Meldung erstattet – ich erinnere mich genau, weil sie den Führer besonders erregte –, daß in einen Haufen Kinder hineingeschossen worden war. Es wurde auch auf Männer und Frauen, die an Geschäften anstanden, geschossen... Der Führer war außerordentlich erregt. In der Bevölkerung geschahen zunächst Lynchakte in der Erregung; gegen diese wurde zunächst auch eingeschritten. Ich habe dann gehört, daß über die Polizei und über Bormann eine Anweisung herausgegeben wurde, nicht dagegen einzuschreiten. Die Meldungen häuften sich weiter, und der Führer befahl nun oder äußerte sich in dieser Richtung, daß die Terrorflieger an Ort und Stelle zu erschießen seien... Wir wurden uns klar, ... daß hier ein Befehl sehr schwer zu formulieren und zu vertreten sei...«

Göring erzählte dann, daß möglicherweise in einer Besprechung zwischen Himmler und Ribbentrop versucht wurde, zu definieren, wer nun eigentlich als »Terrorflieger« zu gelten habe und nach welchen Kriterien er zu bewerten sei, es sei aber an keine Dienststelle der Luftwaffe ein Befehl zum Erschießen gegeben worden. Was geschah, habe in der Verantwortung der Polizei gelegen, die jeweils gemeldet habe: Auf der Flucht erschossen. »Der Führer«, fuhr Göring fort, »hat mich wiederholt in sehr unfreundlichem Ton darauf angesprochen, er wünsche nun endlich, daß der oder diejenigen Offiziere, die wiederum abgesprungene Flieger in Schutz genommen hätten, gefunden werden; er wünsche... deren Bestrafung... Ich wies den Führer immer wieder darauf hin, daß es schon vorgekommen sei, daß sogar eigene abgesprungene Flieger von der Bevölkerung, da diese zunächst völlig benommen waren, aufs schwerste mißhandelt wurden... Es kam zu einer letzten, scharfen Auseinandersetzung, wiederum in einer Lagebesprechung,... in der dann der Führer... mich mit den Worten abfertigte: ›Ich weiß ja, daß die beiden Luftwaffen ein gegenseitiges Feigheitsabkommen abgeschlossen haben.‹ «

Wenn schon die Luftwaffe zu wenig schoß, so appellierte der Infanterist Hitler nun an das Fußvolk. Am 12. Januar 1945 stiftete er deshalb eine Dekoration: das Tieffliegervernichtungsabzeichen. Es diente als Uniformschmuck für jeden Mann, der ein Flugzeug per Hand oder kleinkalibriger Maschinenwaffe abschoß. Die Aussicht auf einen solchen Zufallstreffer war nicht besser als heutzutage die Chance, fünf Millionen Mark im Lotto zu gewinnen, denn die meisten tieffliegenden Maschinen waren gegen Schüsse von unten hinreichend gepanzert.

Um Hitlers mündliche Weisung richtig zu werten, muß man deren Vorgeschichte kennen. Die Westalliierten hatten während der Beschießung Londons mit der V1 verkündet, sie würden diesen Terror damit beantworten, daß sie nun auch kleinere Städte bombardierten. Luftangriffe auf Heilbronn, Ulm, Hildesheim und Pforzheim dürften als solche Vergeltungsschläge gelten. Hitler beantwortete diese Drohung seinerseits mit einer Drohung. Am 4. Juli 1944 verkündete er wieder nur mündlich, wer bei einem solchen Angriff über Deutschland abgeschossen würde, sei ohne Verfahren hinzurichten. Ob diese Anweisung je praktiziert wurde, muß offenbleiben. Göring bestritt in Nürnberg, daß er einen solchen Befehl an die Soldaten der Luftwaffe weitergegeben habe.

Das Heer hat ihn stillschweigend ignoriert. Die Polizei Himmlers und die Volkssturmeinheiten der Gauleiter hingegen blieben gewiß nicht untätig, falls dieses Führerwort sie erreicht hat. Die Drohgebärden dienten vorwiegend dem Zweck, den Volks- und Parteigenossen zu zeigen, daß ihr Führer alle Unbill räche. Auch wenn es ihnen eine nicht abreißende Kette von Hiobsbotschaften zunehmend schwerer machte, an den versprochenen Endsieg zu glauben, so mußte doch die Zuversicht erhalten bleiben, daß der Führer aus allen Nöten einen Ausweg zu finden fähig sei. So waren zum Beispiel zwar alle Lebensmittel rationiert, aber sie wurden wenigstens einigermaßen gerecht verteilt. Hungern mußten die Deutschen erst nach dem Kriegsende.

Wer während des Krieges seine Habe durch Bombenschaden verlor, erhielt Scheine, die ihn zum Bezug von Kleidung und Hausrat bevorzugt berechtigten. Den in dieser Hinsicht besonders stark geschädigten Bewohnern der Städte an Rhein und Ruhr bot Martin Bormann, Reichsleiter und Chef der Parteikanzlei, eine ungewöhnliche Form der Entschädigung an: Sie durften legal bei besiegten Völkern plündern. Gauleitungen wurden durch ihn autorisiert, den Hausrat von holländischen, belgischen und französischen Juden durch Transportkolonnen abholen zu lassen. Die Eigentümer waren längst nach Auschwitz abtransportiert worden. Die Partei sorgte auch dafür, daß jeder obdachlos Gewordene gleich wieder eine Bleibe bekam, wenn auch manchmal nur eine notdürftige und nicht immer wohlgelitten von denjenigen, die Räume an Bombengeschädigte abgeben mußten.

Geheimwaffe »Selbstopfer«

Soweit möglich, wurde von seiten der Nationalsozialisten alles getan, was das Volk zuversichtlich erhielt, doch die am Himmel in schöner Ordnung, militärisch exakt ausgerichtet und begleitet von einem durchdringenden Motorengedröhn dahinziehenden feindlichen Geschwader machten es täglich offenkundig, daß der Krieg entschieden war. Die Bomber waren das ständig drohende Verhängnis. Niemand konnte sie besiegen, niemand konnte ihnen jetzt noch gefährlich werden. Mit Flakgeschützen hätte man sie zwar bekämpfen, aber nie an ihrem Zerstörungswerk hindern können. In den ersten Monaten des Jahres 1945 wurden diese Geschütze zudem an allen Fronten zur Panzerbekämpfung gebraucht. Nur besonders kriegswichtige Objekte erhielten noch Flakschutz. Die Jagdwaffe war zerschlagen. Ihr Einsatz wäre nur noch erfolgreich gewesen, wenn sich die Jagdmaschinen massenweise auf die feindlichen Geschwader hätten stürzen können. Doch es waren nur wenige, die durch das konzentrierte Feuer der schwerbewaffneten Viermotorigen zerfetzt wurden, sofern sie nicht von den technisch überlegenen gegnerischen Jägern schon vorher abgeschossen worden waren. Gab es wirklich keine Abwehr gegen die feindliche Übermacht in der Luft?

Da las man von japanischen Kamikazefliegern, die sich mit einer Maschine voll Dynamit auf Kriegsschiffe der USA gestürzt und sie damit zerstört hatten. Konnte es solche Patrioten nicht auch unter den Deutschen geben? Es waren vorwiegend Mitglieder der Hitlerjugend und nicht einmal wenige, die bereit schienen, ihr Leben als moderne Winkelriede dem Vaterland zu opfern. Der SS-Sturmbannführer Otto Skorzeny hatte sich als Befreier des von seinen italienischen Gegnern inhaftierten Faschistenführers Benito Mussolini feiern lassen. Weil er seinen Ruhm nicht verblassen lassen wollte, machte er sich nun daran, die Einheit sogenannter SO-Männer aufzustellen – wobei SO »Selbstopfer« bedeutete. Himmler förderte den Plan; wenn es um ein Heldenstück ging, durfte sich die SS von niemandem übertreffen lassen. So entstand ein verwegener Haufen, der sich unter Berufung auf das nahe Ende der üblichen Komißdisziplin nur mangelhaft unterwerfen wollte.

Die Generalität der Luftwaffe lehnte die abenteuerlichen Pläne ab, aber Skorzeny überredete den Generalfeldmarschall Milch: Die fliegende Bombe V1 sollte bemannt werden. Dazu war ein Umbau des raketengetriebenen Geschosses nötig, und die ohnehin verhältnismäßig magere Sprengstoffladung mußte um das Gewicht des Piloten und der zusätzlichen Einbauten vermindert werden. In Prenzlau wurde die Einheit gesammelt – ausschließlich Freiwillige. Dort lagen auch die umgebauten Raketen, die nun erst wieder in ihren Flugeigenschaften getestet werden mußten. Ebensowenig war klar, wie das Gerät sich von einem Piloten steuern lassen würde. An Probeflüge wagte man sich noch nicht heran. Gemäß dem Sprachgebrauch jener Zeit wurde der Apparat zum »Totaleinsatzgerät« ernannt. Damit wurde erklärend umschrieben, daß es für den Piloten keine Rückkehr geben konnte und daß er mit ziemlicher Sicherheit schon von feindlichen Jägern abgeschossen würde, ehe er sein Ziel erreicht hatte, denn deren Flugzeuge waren schneller als die raketengetriebene Bombe.

Die V1 kam in dieser Form nie zum Einsatz, denn die Einheit wurde eines Tages den Bomberverbänden des Generals Werner Baumbach zugeschlagen. Er war von Anbeginn an von der Sinn- und Nutzlosigkeit dieser »Geheimwaffe« überzeugt. Als er mit den jugendlichen Heldenanwärtern sprach, ergab es sich, daß die meisten im Grunde gar nicht sterben, sondern als Berühmtheit leben wollten. Die etwas reiferen Männer dieser Einheit sahen ihre Aufgabe keineswegs in einem Flug ohne Wiederkehr, sondern in der weltanschaulichen Schulung der Jugendlichen, damit ihnen die Notwendigkeit ihres Opfertodes plausibel würde. Baumbach beschloß, den Einsatz zunächst einmal hinauszuschieben und die Einheit bei passender Gelegenheit ganz aufzulösen. Damit mußte er sich allerdings beeilen, als Skorzeny Konkurrenten bekommen hatte. In Stendal, dem ersten Standort der Fallschirmjäger, hatten sich junge, kaum flügge Piloten bereit erklärt, mit Jagdmaschinen die Viermotorigen zu rammen; sie rechneten sich eine, wenn auch nur geringe, Überlebenschance aus, falls sie vor dem Zusammenprall, also im letzten Augenblick, mit dem Fallschirm abspringen konnten. Gelang dies nicht, dann verlor die Luftwaffe nur einen Mann und eine Jagdmaschine, der Feind jedoch einen sehr viel aufwendigeren Bomber und bis zu zehn Mann Besatzung.

Solche Helden suchte das untergehende Regime zur Dekoration seiner Götterdämmerung. Der Reichspropagandaminister ließ Baumbach kommen. Er suchte theatralischen Heroismus. Man habe ihm vor Wochen gesagt, die SO-Männer würden demnächst eingesetzt. Wann das nun endlich geschehe? In einer Rede hatte er sie schon gefeiert, mit den gängigen Sätzen der Heldenverehrung. »Na, Sie wissen schon, was man da so sagt«, erinnerte sich Baumbach. Als der General vorschlug, in dieser Sache doch erst einmal den Willen Hitlers zu erkunden, wehrten Goebbels und Himmler ab; man könne doch in dieser schweren Zeit den Führer nicht mit solchen Kleinigkeiten belasten. Baumbach suchte und fand Unterstützung bei Speer, der ihn zu Hitler mitnahm. Hitler sagte: »Nein!« Der deutsche Soldat müsse immer wenigstens eine Chance des Überlebens haben. Baumbach: »Diesmal faßte *ich* die Worte als Führerbefehl auf.«

Solche Aktionen verraten, wie ratlos die NS-Führung geworden war und wie verzweifelt sie selbst nach Strohhalmen suchte, die sie vielleicht vor dem Sturz noch retten könnten. Sie hatte die vermeintlichen Trümpfe ihrer Vergeltungswaffe ausgespielt, den totalen Krieg verkündet und den Volkssturm aufgerufen, aber keine dieser Karten hatte einen Stich im europäischen Kriegsspiel eingebracht. Wer sich einen klaren Kopf bewahrt hatte und nicht auf die eigene Propaganda hereinfiel, der mußte nun wissen, daß nichts mehr die Niederlage abwenden konnte. Wenn die Militärs noch nicht bereit waren, die Feinde um Frieden zu bitten, so hinderte sie daran nur noch die von den Alliierten angekündigte Bestrafung des deutschen Volkes und die Forderung nach bedingungsloser Kapitulation.

Da gab es den Plan, weite Gebiete im Osten vom Reich abzutrennen. Da war beabsichtigt, den Rest des Reiches in Besatzungszonen aufzuteilen, die von Militärregierungen beherrscht würden. Da war angekündigt worden, daß die Sieger sich an den noch vorhandenen Gütern und Vermögen schadlos halten würden und daß die Deutschen Zwangsarbeit leisten müßten, um die Schäden in fremden Ländern zu reparieren. Und da war der Plan des US-Außenministers Henry Morgenthau, der vorsah, den verbleibenden Rest des Reiches, in dem nun mindestens sechzig Millionen Menschen leben würden, in ein Agrarland zu verwandeln, dem keine Industrie mehr zugestanden würde. Auch unter den erbitterten Gegnern Hitlers gab es in Deutschland nur wenige, die bereit waren, die Verantwortung für einen solchen Frieden zu übernehmen.

So blieb vielen als letzte Hoffnung nur Hitler, der unentwegt Siegeszuversicht heuchelte. Am 30. Januar 1945 hörten die Deutschen seine letzte Rundfunkansprache. Anknüpfend an die Machtübernahme vor zwölf Jahren, als er innenpolitisch gesiegt hatte, versprach er wieder einmal den Sieg nach draußen, wenn das Volk sich nur »mit einem noch größeren, härteren Geist des Widerstandes« wappne. Wer Ohren hatte, zu hören, dem fiel auf, daß nicht mehr von siegreichen Feldzügen die Rede war, sondern von der Ausdauer aller, Soldaten wie Zivilisten, die eines Tages den Gegner kriegsmüde werden ließe. Insgeheim und unter seinen Vertrauten hatte Hitler jedoch nunmehr gegen Friedensfühler nichts einzuwenden. Nur das Volk sollte nichts davon erfahren. Das Außenministerium durfte in Stockholm versuchen, Fäden nach London zu spinnen, und der Höhere SS- und Polizeiführer Italien, SS-Obergruppenführer Karl Wolff, durfte den US-Geheimdienst in der Schweiz ansprechen. Zu solchen Vorschlägen sagte Hitler: »Herauskommen wird dabei nichts, aber wenn Sie durchaus wollen, können Sie einen Versuch machen.«

Diese Kontakte waren wahrscheinlich Hitlers letzter Versuch, zwischen Stalin und den westlichen Alliierten Zwietracht zu säen. Sie sollten seine letzte illusionäre »Geheimwaffe« sein. Er war überzeugt, daß die weltanschaulichen, gesellschaftspolitischen und geopolitischen Gegensätze über kurz oder lang einen Konflikt zwischen Stalin und dessen westlichen Bundesgenossen auslösen mußten – spätestens in dem Augenblick, da mit der deutschen Niederlage machtentleerter Raum im Herzen Europas entstehen würde. Vorher wollte er als der lachende Dritte in diesem Streit entscheiden: Beide Seiten mußten sich bei ihm um ein Bündnis bemühen; dem Meistbietenden konnte er dann den Zuschlag erteilen.

Nur die politische Situation jener letzten Kriegsmonate macht es erklärlich, weshalb auch noch in der Schlußphase deutsche Städte brennen und in Trümmer sinken mußten. Weshalb mußte der britische Luftfahrtminister Sir Archibald Sinclair noch im Februar 1945 ein Crescendo im Luftkrieg befehlen, obwohl er schon Fortissimo gespielt hatte? Die Westalliierten wußten, daß mit der Ardennenoffensive die letzten Reserven der deutschen Wehrkraft erschöpft waren und die deutsche Wirtschaft leergepumpt oder gar zerstört war; weshalb legten sie dann noch zahlreiche Städte, auch frontferne und strategisch oder taktisch unbedeutende, in Schutt und Asche? Warum zerstörten sie Dresden? Warum Potsdam? Sie hatten auch ohne diesen Terror den Faschismus besiegt.

Als Luftmarschall Harris im Januar 1945 wieder einmal aufgefordert wurde, er möge sich nun endlich energisch an den Angriffen der Amerikaner auf die Treibstoffbasen in Deutschland beteiligen, lehnte er das Ansinnen ab. Noch habe er in seiner Liste der todgeweihten Städte eine ganze Anzahl nicht abhaken können.

Diesmal zählte er auf: Magdeburg, Leipzig, Chemnitz, Dresden, Breslau, Posen, Halle, Erfurt, Gotha, Weimar, Eisenach. Und mit Berlin sei er außerdem auch noch nicht fertig.

In jenen Tagen rückte die Rote Armee auf die Reichsgrenze in Oberschlesien vor, war Ostpreußen von ihr zum Teil schon erobert. In Posen würden, das war vorauszusehen, über kurz oder lang die Sowjets einziehen, und im Führerhauptquartier (jetzt unter der Reichskanzlei in Berlin) hatte man zeitweise bereits den Überblick über den Frontverlauf verloren. Denn im »Lagebuch« steht unter dem 22.1.45 vermerkt: »Der Gegner drang mit 40 Panzern in Gnesen ein. Anscheinend ein Loch in der Front.«

Auffällig ist, daß die von Harris genannten Bombenziele nahezu alle in jenem Gebiet liegen, das später von der Roten Armee erobert oder von ihr als Besatzungszone benutzt werden sollte. Es ist kaum anzunehmen, daß die britischen Bomber auf eine so weite Reise geschickt werden sollten, um den Vormarsch der Rotarmisten zu erleichtern oder um den Nachschub der Deutschen für ihre Ostfront zu stören. Es liegen auch keine Belege vor, wonach Churchill sich persönlich solcher Hilfe gerühmt hätte, obwohl er sonst sehr darauf bedacht war, bei Stalin gut Wetter zu machen. Es gibt nur eine Äußerung der Regierung, und von ihr wird noch die Rede sein.

Der Bundesgenosse im Kreml argwöhnte jedoch wenig später, hinter der nun einsetzenden Zerstörung mitteldeutscher oder gar künftig polnischer Städte steckten politische und strategische Überlegungen für die Zeit nach dem Krieg. Die Bomben auf Industrieanlagen und Wohngebiete – so wurde im Osten nach dem Krieg behauptet – hätten nur das Ziel gehabt, der sowjetischen Besatzungsmacht das Leben zu erschweren. Ihr würde es ja wohl obliegen, für die Bevölkerung zu sorgen, und das mußte ihr um so schwerer fallen, wenn einerseits die Deutschen keine Lebensgrundlage mehr besäßen und wenn andererseits eine bis auf die letzten Reserven erschöpfte Sowjetunion auch noch Hilfsaktionen würde durchführen müssen.

Heute noch deuten zeitgeschichtliche Darstellungen in der DDR den zögernden Einsatz der Westalliierten im letzten Halbjahr des Krieges gegen die deutsche Treibstoffindustrie als ein berechnetes Manöver, das der Luftwaffe wenigstens immer soviel Benzin beließ, wie sie zur Abwehr sowjetischer Angriffe benötigte. Solche Behauptungen stützen sich auf eine Äußerung von Rüstungsminister Albert Speer, der 1945 gesagt hatte, die Westmächte hätten nach seiner Überzeugung darauf geachtet, »daß unsere Widerstandskraft im Osten so lange aufrechterhalten blieb, bis sie ihre Etappenziele im Westen erreicht hatten«. Auf diese Weise hätten die Westmächte vermieden, »daß der Russe bis an den Rhein ging«.

Während der einst so schneidig-stramme Diktator, vorzeitig gealtert und von Verdauungskrämpfen geplagt, klaftertief unter seiner Reichskanzlei, durch meterdicke Betondecken geschützt, auf seine letzte Chance wie eine Spinne in ihrem Netz lauerte, beherrschte die Kriegsfurie den Himmel über Deutschland vom Rhein bis zur Oder. Nun waren nicht mehr nur die Städte gefährdet. Alliierte Jagdbomber und Jäger preschten im Tiefflug über das Land. Der Eisenbahnzug, der Postbus, der Bauer hinter dem Pflug, der Pferdewagen mit den Milchkannen und sogar die auf Fahrrädern heimkehrenden Schulkinder auf dem Dorf – sie alle wurden von Tieffliegern mit Maschinenwaffen beharkt. Aus dem Haus und auf den Acker zu gehen, wurde nun auf dem Land ebenso zum Risiko, wie es in der Stadt ein Risiko war, nicht in den Keller zu flüchten, wenn sich ein Strom von Bombern silberglänzend in zehntausend Metern Höhe näherte.

»Sie werden kniend um Gnade bitten«

Auf die Hauptstadt des ehemaligen Königreichs Sachsen, die Gauhauptstadt Dresden, fielen die ersten Bomben knapp drei Monate vor Kriegsende, am 13. Februar 1945, etwa 15 Minuten nach 22 Uhr. Nach einer meisterhaften Zielmarkierung entluden 773 viermotorige Maschinen der RAF ihre Bomben exakt über dem Stadtkern. Am folgenden Tag, dem 14. Februar, griffen dann die Amerikaner die Stadt mit etwa 400 Fliegenden Festungen an. Sie waren begleitet von einer Armada von Mustang-Jägern, die ursprünglich als Begleitschutz gedacht, nun aber gewissermaßen arbeitslos geworden waren, weil es deutsche Jagdflugzeuge kaum mehr gab. Also rasten sie jetzt im Tiefflug über das städtische Schlachtfeld und überschütteten die von panischer Furcht gepackten Menschen mit Geschossen aus ihren Bordwaffen.

Jeder Chronist ist versucht, aus diesen beiden Angriffen ein für den Luftkrieg charakteristisches Schreckensdrama erschütternder Szenen zu entwickeln. Allein schon der Auftakt, das erste Bild, wäre faszinierend: Nach fünfeinhalb Jahren Krieg gab es im stark verstümmelten Reich noch eine Großstadt von weltweit reichender Bedeutung ohne Trümmer, mit einem großen Hafen an der Elbe, wichtigen Bahnstrecken und 650 000 Einwohnern. Industrie gab es nicht allzu viel, aber die feinmechanischen und optischen Großbetriebe stellten im Krieg nicht mehr nur Schreibmaschinen und Kameras für Amateurfotografen her, sondern arbeiteten wie fast jede Werkstätte im Reich im weitesten Sinne für die Rüstung.

Die eigentliche Bedeutung der einstigen Residenz sächsischer Kurfürsten und Könige lag in ihrer kulturellen Substanz. Sie hatte Dresden zu dem schmückenden Beinamen »Elbflorenz« verholfen. Bauten wie der Zwinger, das Residenzschloß mit dem Grünen Gewölbe, Sammlungen, Museen, das Opernhaus mit einem Ensemble von Weltruf, die vielen kunstgewerblichen Werkstätten, das alles bildete ein riesiges kulturelles Inventar, das den Bewohnern der Stadt bisher eine Erklärung dafür zu sein schien, weshalb sie von Bombenangriffen verschont geblieben waren.

Hemmungen dieser Art hatten jedoch die für die Kriegführung Verantwortlichen in keinem Staat. Das Kloster Monte Casino in Italien, Kulturdenkmal und Kultstätte gleichermaßen, wurde von Amerikanern und Briten zerstört, obwohl die deutschen Truppen es kaum verteidigten, und Hitler hätte Moskau und Leningrad gänzlich dem Erdboden gleichgemacht, wenn er es nur gekonnt hätte. Dresden war bei Harris nur deshalb noch nicht drangekommen, weil ihm der lange Anflug zu gefährlich schien. Nun jedoch, nach dem Zusammenbruch der deutschen Abwehr, waren seine Bedenken geringer, und weil auch die Amerikaner bereit waren, bei der Zerstörung Dresdens mitzuwirken, sah die RAF in dem Angriff eine gute Gelegenheit, westliche Waffenbrüderschaft zu demonstrieren. Die Rechnung ging auf: Die Stadt war ungeschützt, die deutschen Jäger ließen sich nicht sehen, und die Flakgeschütze waren an die wankende Ostfront abgezogen worden.

Der britische Historiker David Irving, Spezialist für die Geschichte des Dritten Reiches und ein detailgenauer Rechercheur, konnte Bezeichnendes zur Vorgeschichte des Angriffs ermitteln. Er erfuhr, daß Premierminister Winston Churchill vor seiner Abreise zum Treffen mit Roosevelt und Stalin in Jalta beim britischen Luftfahrtminister Ende Januar 1945 angefragt hatte, wie die RAF die deutschen Truppen in Atem halten wolle, sobald sie sich aus der bereits von der Roten Armee gefährdeten Stadt Breslau zurückzögen. Minister Sinclair konnte nur melden, daß nichts geplant sei. Daraufhin fragte Churchill verärgert, ob denn nicht Berlin oder andere große Städte im östlichen Teil des Reiches lohnende Bomberziele sein könnten. Der Luftstab nannte Dresden, Leipzig und einige andere mitteldeutsche Orte.

Am 4. Februar 1945 begann die Konferenz in Jalta. Gewissermaßen als Mitbringsel legte Roosevelt die Meldung auf den Tisch, daß am Tag zuvor ein riesiger Verband Fliegender Festungen weitere Teile der Reichshauptstadt in Trümmerflächen verwandelt habe. Da Churchill Ähnliches bieten wollte, hatte er Harris den Befehl erteilt, während der Konferenztage Dresden anzugreifen. In Harris' Stab machten sich die Offiziere Gedanken, weshalb die Gauhauptstadt Sachsens plötzlich an die Spitze der Liste der Bomberziele geraten war. Sie erfuhren nichts Genaues, hörten aber, es seien dort Divisionen für die Ostfront versammelt, und außerdem könne man die Panik der Deutschen steigern, wenn man Bomben auf einen Ort werfe, an dem eine Million Flüchtlinge aus dem Osten mit Roß und Wagen kampierten. Dies alles schien jedoch Harris zu wenig; er wollte vom Luftstab wissen, wer eigentlich den Befehl zu einem Flug nach Dresden gegeben habe. Man sagte ihm, Churchill, die oberste Instanz des britischen Weltreiches. Als er darauf dem Premier seine Bedenken vortrug, sagte dieser, es sei notwendig, den Sowjets die westliche Bereitschaft zur Hilfe und zugleich auch die eigene Stärke demonstrativ zu zeigen.

Die wenigen Nachtstunden des 13. Februar und eine noch kürzere Zeit am frühen Nachmittag des folgenden Tages genügten – dann war zerstört, was in Jahrhunderten zuvor geschaffen worden war. Die ganze Herrlichkeit des Barock war untergegangen, verwandelt in Rauch, Hitze, Staub und Asche. Weit mehr noch Anlaß zur Trauer gab der Anblick der Toten. Sie lagen hier noch dichter als seinerzeit in Hamburg; deshalb schätzte man anfänglich die Zahl der Leichen auf weit über hunderttausend. Gemessen an der Zeitspanne, in der sich das Sterben vollzog, lief in Dresden die wirksamste Bombardierung jener Tage ab. Sie wurde in ihrer Effektivität nur noch durch den späteren Abwurf der Atombombe in Japan übertroffen.

Es wäre ein vergebliches Bemühen, wollte man den vieltausendfachen Tod, die Schrecken, die Angst, die Verzweiflung der Menschen in den Kellern, auf den Straßen, den Grünflächen und in den Parks wirklichkeitsnah zu schildern versuchen. Nachempfinden kann ein solches Geschehen nur, wer durch die Ungunst des Schicksals gezwungen wurde, es selber zu erleben, jedoch durch die Gunst des Schicksals überleben durfte. Die im Gedröhn der Bomben wankende Erde, die schwankenden Hausmauern, der Staub, der Rauch, die Gluthitze, das Brüllen der Flammen – alles das war in allen gebombten Städten gleichermaßen schrecklich. Wer es überstand, wundert sich sein Leben lang, daß ausgerechnet ihn der Tod verschonte. Die Einwohner der Stadt Mannheim schoben ihre beklemmenden Erinnerungen an ihren schwersten Bombenangriff mit der Redensart ins Unterbewußte ab: »Bombe sin genuch gefalle; wer jetzt noch lebt, is selber schuld.«

Die englischen Brandsätze fielen vor allem in gewohnter Weise in die leicht brennbare Altstadt Dresdens. Die schwersten Sprengbomben und die lungenzerreißenden Luftminen landeten wenig später im Großen Garten, wo Tausende Schutz vor der Feuersbrunst gesucht hatten. Dort explodierten noch Bomben mit Zeitzünder, als der Angriff längst vorüber war. Eine zweite Welle der Engländer konzentrierte sich auf das Viertel um den Hauptbahnhof. Er war in der Abendstunde voll Menschen, die auf Züge warteten – Einheimische, die vor der sich nähernden Front westwärts fliehen wollten, und Vertriebene aus dem Osten, die nach einer chaotischen Flucht durch eisige Kälte weiter nach Westen strebten. Auf den Geleisen standen Waggons mit Verwundeten von der Front und Kindern, die in bombensichere Gegenden verschickt werden sollten. Während der folgenden Tage holten die Bergungsmannschaften so viele Tote vom Bahnhofsgelände, daß sie sich schließlich zu einem mannshohen Stapel von zwanzig Meter Länge und zehn Meter Breite türmten.

In der Geschichtsschreibung der ersten Nachkriegsjahre stand zu lesen, daß den beiden Luftangriffen auf Dresden hunderttausend oder mehr Menschen zum Opfer gefallen seien. Das Inferno, auf nicht ganz 24 Stunden zusammengedrängt, machte diese Zahl wahrscheinlich. Nach amtlichen Feststellungen der Stadt Dresden starben am 13. und 14. Februar 1945 etwa 40 000 Menschen. Das war die Zahl der Bestattungen. Die vielen fremden Menschen im Hauptbahnhof, die vielen Flüchtlinge auf den Elbwiesen, das Durcheinander auf den Straßen der Stadt und ihrer Vororte machten zunächst die Schätzungen sehr ungenau. Auch war schwer zu sagen, wie viele Opfer von den Mustang-Jägern noch am hellichten Tag in der Umgebung der Stadt erschossen wurden. In ihrem Eifer, den »Krauts« das Fürchten zu lehren, beharkten die Jäger mit ihren überschweren Maschinengewehren sogar die Kolonnen der Sanitätsfahrzeuge, in denen – scheinbar geschützt durch das Rote Kreuz auf dem Wagendach – die Verletzten, die Verstümmelten, die vom Feuer Versehrten in die Krankenhäuser der weiteren Umgebung transportiert wurden. Wie sagte doch Generaloberst Alfred Jodl, als er als Zeuge in eigener Sache und Angeklagter im Nürnberger Prozeß am 4. Juni 1946 zum Völkerrecht im Luftkrieg gehört wurde: »Es war mir als Kenner der Kriegsgeschichte klar, daß es in der Welt noch keinen Krieg gegeben hat, in dem nicht Völkerrechtsverletzungen vorgekommen sind.«

Wenn die Bombardierung Dresdens das Völkerrecht verletzte und damit ein Verbrechen gegen die Menschlichkeit war, konnte man dafür den einzelnen Bombenschützen zur Rechenschaft ziehen? Den Besatzungen hatte man bei der Befehlsausgabe gesagt: »Unser Ziel ist das gesamte Stadtgebiet. Für den Fall, daß jemand von Ihnen moralische Skrupel hat: Nach Informationen des Luftfahrtministeriums befinden sich in Dresden außer einer Fabrik für Giftgase noch viele große Munitionsfabriken.« Diese Ziele konnte niemand treffen, weil es sie in der Dresdner Innenstadt nicht gab. Dagegen vernichteten die Bomben mehrere Krankenhäuser; Dresden war traditionell ein Zentrum für Heilbehandlungen. Es gab im Stadtbereich nur ein einziges Ziel von militärischer Bedeutung: die Eisenbahnbrücke über die Elbe. Und die blieb unbeschädigt. Zufällig, gewiß. Damit aber stellt sich erneut die Frage: Was sollte mit dieser Aktion erreicht werden?

Darauf gibt es eine zwar lapidare, aber trotzdem nicht eindeutige

Antwort von berufener Seite. Am Tag nach dem Angriff der RAF, also am 14. Februar, sendete die Rundfunkstation BBC um 18 Uhr eine gewissermaßen amtliche Verlautbarung der Londoner Regierung, allerdings nur einmal, denn in den folgenden Nachrichtensendungen wurde sie nicht mehr wiederholt. Sie lautete: »Britische und amerikanische Bomber führten in der vergangenen Nacht und an diesem Morgen einen jener schweren Schläge gegen Mitteldeutschland, die die alliierten Führer den Russen in Jalta versprochen haben. Während der Nacht sandte die RAF 800 Maschinen nach Dresden, der Hauptstadt von Sachsen, die vor dem Frontabschnitt der angreifenden russischen Truppen von Marschall Konjew liegt. Es handelt sich um den ersten schweren Angriff des Bomberkommandos auf diese große Industriestadt. Im Zentrum der Stadt wurden Brände von vernichtender Konzentration hervorgerufen.«

Glaubt man Versicherungen des Kreml, dann hat dort niemand diese Bombardierung verlangt; man gibt jedoch zu, von dem Vorhaben gewußt und ihm nicht widersprochen zu haben. Rechnete Moskau vielleicht damit, daß der Londoner Waffenbruder sich mit diesem militärisch nutzlosen und politisch schändlichen Massenmord Vorwürfe aus der ganzen Welt zuziehen würde? Selbst englische und amerikanische Zeitungen, darunter gerade die bedeutendsten, protestierten gegen den Angriff und ließen sich von schwedischen und schweizerischen Blättern Augenzeugenberichte übermitteln. In England sahen sich die Gegner des Bombenkriegs bestätigt, nachdem man sie monatelang des Verrats am Vaterland beschuldigt hatte. Das alles weckte nicht gerade Gewissensbisse bei Churchill, wohl aber kamen ihm Bedenken, daß seine Popularität Schaden leiden könnte. Denn sobald der Krieg zu Ende sein würde, sollte das Unterhaus neu gewählt werden, und dabei konnte der Vorwurf der Unmenschlichkeit dem Ruf der Konservativen, der Partei Churchills, schaden.

Als ein mit allen politischen Tricks vertrauter Fuchs verfaßte der Premierminister ein Memorandum an die Stabschefs der Streitkräfte. Darin lud er die Verantwortung auf den breiten Buckel der Militärs, indem er rügend schrieb: »Mir scheint nun der Augenblick gekommen, da man die Frage überprüfen muß, ob deutsche Städte nur deshalb bombardiert werden sollen, um den Terror zu verstärken, auch wenn für diese Angriffe andere Vorwände gegeben werden. Die Vernichtung von Dresden stellt ernsthafte Fragen über die Durchführung des alliierten Bombenkriegs. Ich halte eine stärkere Konzentration der Angriffe auf militärische Objekte, wie Ölbetriebe und Verkehrsmittel gleich hinter der Front, für notwendig, statt daß wir Terror und zügellose Zerstörung verbreiten, so eindrucksvoll das auch sein mag.« Doch diesen Trick nahmen die Stabschefs nicht hin, und der unmittelbar Betroffene, Sir Charles Portal von der RAF, setzte durch, unterstützt von seinen Amtskollegen, daß Churchill sein Memorandum zurückziehen und ändern mußte.

Der Engländer Noble Frankland, der selber als Offizier in der RAF gegen die Deutschen gekämpft hat und mit seinem Buch *The Bombing Offensive against Germany* eine halbamtliche Darstellung des Luftkrieges schrieb, wurde vom Autor gefragt, welche Notwendigkeit wohl im Februar 1945 den Angriff auf Dresden ausgelöst habe. Er sagte:

> »Einige Leute haben behauptet, daß die Bomberoffensive gegen Deutschland übertrieben wurde. Besonders gegen Ende des Krieges sei viel mehr als nötig bombardiert worden. Dieses Argument wird besonders gegen den Angriff auf Dresden angeführt. Deshalb ist es äußerst wichtig zu wissen, warum Dresden bombardiert wurde und wer die Befehle dazu gab.
>
> Es ist nicht wahr, daß Sir Arthur Harris darauf besonders erpicht war, Dresden zu bombardieren. Sicher stand Dresden schon lange auf der Liste der Zielorte, die ihm von der Regierung gegeben worden war, denn es war eine Stadt von großer Bedeutung. Aber Ende 1944 herrschte auf oberster Ebene fast so etwas wie Hoffnungslosigkeit; die Lage schien wieder wie 1940 zu sein. [Gemeint ist damit offensichtlich die Situation kurz vor dem Frankreichfeldzug, an die man sich angesichts der Ardennen-Offensive Hitlers mit Schrecken erinnerte.]

Also dachte man wieder an einen gewaltigen Luftangriff, um damit den Fortgang des Krieges zu beschleunigen. Die Stabschefs kamen aber nicht mit konkreten Vorschlägen. Churchill – und das war charakteristisch für ihn – wurde ungeduldig und sagte: ›Wir müssen einfach etwas unternehmen! Wenn schon nicht Berlin, wie wäre es mit einem gewaltigen Schlag gegen irgendeine andere Stadt im Osten? Es muß doch irgendeine Stadt geben, deren Vernichtung die gleiche Wirkung hätte wie die Zerstörung Berlins. Dies wäre auch billiger, denn diese Stadt wäre bestimmt nicht so gut geschützt wie Berlin.‹ So kam man auf Dresden.«

Trotz allen Leugnens muß also Sir Winston Churchill, »the Grand old man«, die Verantwortung für den sinnlosen Tod von 40 000 Menschen aufgebürdet werden. Sinnlos war er insofern, als dieses Massaker in keiner Hinsicht den Krieg abkürzte und nicht einmal eine Schlacht entschied. Der Londoner Premier kannte seinen Gegner viel zu gut, als daß er etwa damit gerechnet haben könnte, ein solches Massaker würde Hitler zur Kapitulation veranlassen. Er wußte auch, daß es in diesem Stadium des Krieges den Deutschen nicht mehr möglich war, gegen Hitler zu revoltieren. Hätte Hitler gesiegt, wäre Churchill wegen Dresden genauso reif für ein internationales Tribunal gewesen wie einige der deutschen Angeklagten in Nürnberg. Doch die Deutschen trugen ihm nichts nach; elf Jahre später ehrten sie ihn sogar, indem sie ihn in Aachen mit dem Karlspreis auszeichneten, weil er sich um Europa verdient gemacht habe.

Auch den Amerikanern war es später peinlich, an dem Angriff auf die Hauptstadt Sachsens beteiligt gewesen zu sein. Der ehemalige Adjutant des US-Luftwaffengenerals Eaker, der frühere Major Parton, sagte dazu: »Der Bombenangriff auf Dresden war eine sehr unglückliche Geschichte. Die Royal Air Force hatte den größten Anteil an der Zerstörung. Sie hatte einen gewaltigen Feuersturm entfacht, und als die Amerikaner mit ihren Bombern über der Stadt erschienen, um den Eisenbahnknotenpunkt zu bombardieren, konnten sie wegen des Feuersturms nichts sehen. So trug ein großer Teil des amerikanischen Bombardements ebenfalls zur Zerstörung der Stadt bei. Aber das war niemals die Absicht der Amerikaner.« Parton verwies in diesem Zusammenhang auf eine Äußerung Eakers gegenüber dem US-Luftwaffengeneral C. Spaatz, dem er am 1. Januar 1945 geschrieben habe: »Wir dürfen nicht zulassen, daß eines Tages in den Geschichtsbüchern steht, daß wir Bomber gegen den Mann auf der Straße eingesetzt haben.« Parton ergänzte diese Äußerung, indem er meinte: »Menschen waren nicht unser Ziel. Wir wollten das Kriegspotential treffen.«

Einige Jahre nach Kriegsende suchten Statistiker herauszufinden, welche deutsche Stadt im Krieg der Bomber wohl am schlimmsten gelitten habe. Die Verwaltungen hatten Buch geführt über Angriffe und Schäden, und soweit diese Unterlagen vernichtet worden waren, haben sie Buch geführt über die Räumungsarbeiten. Als einigermaßen objektive Meßzahl wählten die Statistiker, wie viele Kubikmeter Schutt abgefahren werden mußten, bezogen auf die Einwohnerzahl. Gemessen an der absoluten Zahl war Berlin mit 51 Millionen Kubikmeter Trümmer die am schlimmsten mitgenommene Stadt. Dahinter folgten Hamburg (35,8 Millionen Kubikmeter), Dresden (25 Millionen Kubikmeter) und Köln (24,1 Millionen Kubikmeter). Bezogen auf die Einwohnerzahl waren jedoch die Dresdener schlimmer dran als alle anderen deutschen Großstädte; sie mußten 39,7 Kubikmeter pro Kopf räumen. Köln kam auf 31,7 Kubikmeter pro Einwohner und lag damit an der Spitze der bombengeschädigten Städte des späteren Bundesgebietes. Um Köln so weit zu zerstören, waren 18 Großangriffe nötig gewesen. Gegen Dresden genügte ein Großangriff in zwei Wellen.

Schwächere Schläge aus der Luft trafen in jenen Tagen noch Magdeburg, Chemnitz, Leipzig, Dessau und Halle. Permanentes Ziel blieb jedoch die Reichshauptstadt. Während dreißig aufeinanderfolgender Tage wurde sie im Februar und März 1945 mindestens einmal am Tag angegriffen, einmal mit 3000 Viermotorigen. Ein andermal fielen 4000 Tonnen Bomben innerhalb kürzester Zeit. Gegenüber Stalin und der Roten Armee wurden diese Angriffe damit begründet, daß sie eine Entlastung für die roten Frontkämpfer bedeuten würden, doch niemand hatte zuvor gefragt, ob sie auch dem Bundesgenossen erwünscht seien. Gänzlich überrascht wurden die Freunde in Moskau von einem Angriff auf Potsdam am 14. April, drei Wochen vor dem faktischen Kriegsende, als die Operationen der Roten Armee zur Einkesselung Berlins schon in vollem Gang waren. 500 Flugzeuge der RAF zerstörten die ehemalige Residenz der Hohenzollern, ohne daß auch nur die geringste militärische Notwendigkeit dazu bestanden hätte.

Aber auch die Amerikaner streuten ab Februar ihre Bomben immer willkürlicher über das Reich. Darüber verwunderte sich Hitlers Rüstungsminister Speer so sehr, daß er folgende Aktennotiz verfaßte: »Der amerikanische Luftkrieg wurde bis vor kurzem ... mit großer Systematik auf die Grundpfeiler des deutschen Wirtschaftslebens geführt. Trotzdem der Gegner glaubt, daß der Krieg für ihn in kürzester Frist beendet ist, hat er nun aber eine recht merkwürdige Umstellung vorgenommen ... wenn er neuerdings Industrien wie die Elektroindustrie in Berlin, die Werkzeugindustrie im sächsischen Raum oder die Glas- und optische Industrie im Thüringer Raum systematisch angreift und zu zerstören versucht, obwohl deren Erzeugnisse sich im Rüstungsausstoß nicht vor Monaten auswirken können. Oder sind hier nicht nur reine Kriegsziele für diese Überlegungen maßgebend?« Von der DDR-Geschichtsschreibung wird in diesem Zusammenhang darauf hingewiesen, daß amerikanische Luftstreitkräfte am 15. März 1945 die Auer-Werke in Oranienburg mit einem exakt gezielten Angriff zerstörten. In Washington war bekannt, daß dieser Betrieb in der Lage war, Uranerze zu verarbeiten und spaltbares Material herzustellen. Die eigenen Atombomben der USA waren nahezu fertig, und der Schluß lag nahe, daß mit dieser Aktion die Sowjetunion gehindert werden sollte, die gleiche Waffe zu produzieren.

Für Hitler waren die Schreckensmeldungen aus Dresden Grund zu einem Wutausbruch. Für ihn waren die feindlichen (nicht jedoch die eigenen) Luftangriffe auf Zivilisten immer Verstöße gegen das Völkerrecht. Er hätte immer gern Gleiches mit Gleichem vergolten, aber dazu war er nun nicht mehr in der Lage. Goebbels schlug ihm vor, statt dessen die Genfer Konvention zu kündigen, jene völkerrechtliche Vereinbarung, die Kriegsgefangene und Zivilisten vor der Willkür feindlicher Streitkräfte schützen sollte. Zur Abschreckung der »Luftgangster« sollten nun notgelandete und abgesprungene Feindflieger erschossen werden.

Hermann Göring kam im Nürnberger Kriegsverbrecherprozeß am 16. März 1946 darauf als Angeklagter und Zeuge in eigener Sache zu sprechen. Er sagte: »Diesem Vorschlag wurde einhellig von uns allen mit lebhaftem Widerspruch begegnet. Trotzdem war der Führer tagelang immer wieder geneigt, ... sie zu kündigen.« Offenbar war Hitler vorgehalten worden, daß dann auch den Deutschen, die in Gefangenschaft geraten würden, das gleiche Schicksal drohe. Doch damit hatte man ihm nur ein weiteres Argument für seine Absichten geliefert. Im Westen, so meinte Hitler, gebe es viel mehr Überläufer und würden sich die Einheiten viel früher ergeben als an der Ostfront. Diesem Übel würde abgeholfen, wenn die Soldaten wüßten, daß sie von den Engländern und Amerikanern eine Kugel statt der Kriegsgefangenschaft zu erwarten hätten.

Martin Bormann, Sekretär des Führers und schon lange bemüht, den Rivalen Göring bei Hitler gänzlich auszuschalten, goß zusätzlich Öl ins Feuer. Bei einer Lagebesprechung in Berlin Anfang März 1945, also etwa zwei Wochen nach der Zerstörung Dresdens, legte er seinem Führer die Übersetzung eines amerikanischen Zeitungsartikels vor, in dem über die Rettung einer über Feindgebiet abgeschossenen US-Bomberbesatzung berichtet wurde. Die an Fallschirmen niederschwebenden Flieger waren auf der Erde von einer durch den Anblick brennender Häuser und toter Mitbürger in rasende Wut geratenen Menge in Empfang genommen worden. Man hatte von allen Seiten auf sie eingeschlagen, und sie wären vielleicht totgeprügelt worden, wenn nicht deutsche Flaksoldaten sie regulär gefangengenommen und beschützt hätten. Als die deutsche Einheit wenig später sich nach Osten absetzen mußte, ließ sie ihre Gefangenen zurück, so daß sie sich bei einer vorrückenden amerikanischen Einheit in Sicherheit bringen konnten.

Gemäß Hitlers Willen hätten die abgeschossenen »Terrorflieger« nicht geschützt werden dürfen. Er fiel mit Gebrüll über den Generalstabschef der Luftwaffe, General Karl Koller, her: »Der Grund, daß meine Befehle nicht ausgeführt werden, ist nur Feigheit der Luftwaffe, weil die Herren der Luftwaffe feige sind und Angst haben, es könnte ihnen auch einmal etwas passieren. Das Ganze ist nichts als ein Feigheitsabkommen zwischen der deutschen Luftwaffe und den englischen und amerikanischen Fliegern.« Dem General Koller waren diese Anschuldigungen nicht neu; er hatte sie schon mehrfach gehört. »Ich halte es durchaus für wahrscheinlich«, sagte er später einmal, »daß sich Hitler in solchen Anwürfen besonders der Luftwaffe gegenüber auch in den gewählten Ausdrücken oft wiederholt hat.« Selbstverständlich meldete er Göring den Vorfall. Der war solche Sprüche längst gewohnt und wußte, daß Hitler das Völkerrecht nur gelten ließ, wenn er es für seine Zwecke nutzen konnte.

Auch Adolf von Steengracht, Staatssekretär im Auswärtigen Amt, wußte zu diesem Punkt als Zeuge im Nürnberger Prozeß einiges auszusagen. Am 26. März 1946 berichtete er dem Tribunal, der Verbindungsmann des Reichsaußenministers Joachim von Ribbentrop in Hitlers Gefolge habe ihn »in großer Erregung« angerufen. »Er teilte mir mit, auf Vorschlag von Goebbels beabsichtige der Führer als Repressalie für die Todesopfer von Dresden englische und amerikanische Kriegsgefangene, vor allem Flieger, erschießen zu lassen.« Ribbentrop sei es dann gelungen, diesen Befehl rückgängig zu machen.

Der in Nürnberg ebenfalls angeklagte Abteilungsleiter im Propagandaministerium und Rundfunkkommentator Hans Fritzsche erzählte als Zeuge in eigener Sache, sein Vorgesetzter, der Reichspropagandaminister Dr. Goebbels, habe nach der Dresdener Katastrophe in einer Konferenz verkündet, Hitler werde nun mit solchem Terror Schluß machen, indem er die gleiche Anzahl Soldaten der englischen und amerikanischen Luftwaffen aus den Gefangenenlagern nach Dresden schaffen und in den Trümmern erschießen lasse. Goebbels habe Fritzsche beauftragt, diese Aktion propagandistisch vorzubereiten. Als jedoch Fritzsche sich geweigert habe, sei es zwischen ihm und dem Minister zu einem längeren und sehr erregten Gespräch gekommen, an dessen Ende Goebbels versprochen habe, er werde versuchen, Hitler dieses Vorhaben auszureden. Wer immer Hitler davon abgehalten hat, der Kette seiner Verbrechen noch ein weiteres Glied einzufügen, ist unerheblich, doch ihm war solch ein Massenmord um so eher zuzutrauen, als er in jenen Februartagen ohnehin wußte, daß er nichts mehr zu verlieren hatte.

Hatte Hitler es bisher vermieden, große Bombenschäden anzusehen, so hatte er sie seit dem 3. Februar vor der eigenen Haustür. An diesem Tag erschienen amerikanische Verbände über Berlin. Die einigermaßen zielsicheren Bombenschützen der USAAF visierten die Stadtmitte und die Reichskanzlei an. Zwar saß Hitler mit seinem engsten Gefolge im Bunker, tief unter der Erde und durch Stahlbeton gesichert, aber die Schäden waren doch so erheblich, daß die Reichskanzlei am Abend noch nicht telefonisch erreichbar war. Wer anrief, bekam vom Fernamt den Bescheid, sie brenne.

Ganz so schlimm war es nicht. Martin Bormann, des Führers ständiger Begleiter, schilderte seiner auf dem Berghofgelände über Berchtesgaden lebenden Ehefrau den Zustand des Regierungssitzes in zwei Briefen, von denen der erste am Morgen, der zweite am Nachmittag des 4. Februar geschrieben wurde. »Der Garten der Reichskanzlei sieht übel aus, hat tiefe Bombentrichter, Bäume wurden umgehauen, Wege sind verschüttet. Die Führerwohnung wurde mehrmals schwer getroffen, vom Wintergarten und vom Speisesaal stehen nur noch Reste, die Halle zur Wilhelmstraße ist in Trümmern. Die neue Reichskanzlei ist beschädigt.« Den Brief schrieb er am Arbeitsplatz seiner Sekretärin, weil nur dort die Fenster schon wieder verglast und alle anderen Räume ungeschützt der Februartemperatur ausgesetzt waren. Strom gab es nicht, und Wasser wurde in Tankwagen gebracht. Etwa zwei Wochen später schrieb Bormann an seine Frau: »Die Bombenangriffe schädigen jetzt erheblich unser Verkehrsnetz und unsere Rüstungsbetriebe. Dabei müssen wir damit rechnen, daß die Luftangriffe künftig eher stärker als schwächer werden, denn die Feinde haben bei diesen Angriffen keine Verluste. Was bei ihnen als Ersatz aus der Heimat kommt, dient nur noch dazu, die Verbände aufzustocken.«

Sie wurden damit stark genug, um bei uneingeschränkter Luftherrschaft und fehlender Abwehr mehrere Aktionen gleichzeitig voranzutreiben. Nahezu permanent konnten sie ihre Bomben auf das Häusermeer der Reichshauptstadt abwerfen, die mehr und mehr eine Trümmerwüste wurde, ohne daß sie deswegen etwa auf ihre Angriffe auf die Treibstoffbasen verzichten mußten. Sie konnten auch fortfahren, kleinere Städte zu zertrümmern, wie angekündigt als Vergeltung für die von den V-Waffen angerichteten Schäden. So zerstörten zwei britische Luftflotten in der Nacht vom 23. zum 24. Februar Pforzheim am Fuß der nördlichen Ausläufer des Schwarzwaldes. Die Stadt hatte in friedlichen Zeiten von der Schmuckherstellung aus Edelmetallen und Edelsteinen gelebt, in zumeist kleinen Werkstätten, neben denen sich kaum größere Rüstungsbetriebe hatten entwickeln können. Für die Front im Westen war Pforzheim kaum von Bedeutung; sie verlief in jenen Tagen noch westlich des Rheins.

Es war ein reiner Terrorangriff, bei dem nahezu zwei Drittel aller Wohnungen zerstört wurden und 17 000 Menschen starben, mehr als in jeder anderen deutschen Stadt, bezogen auf die Zahl der Einwohner. Der Feuerschein rötete den Nachthimmel bis nach Stuttgart. Dorthin trug am folgenden Tag der Wind dunkle Wolken aus Rauch und Asche. Auch Würzburg erlebte nun sein Inferno, obwohl es zur Lazarettstadt deklariert worden war. Auf die wertvollen Baudenkmäler wurde ebensowenig Rücksicht genommen, wie dies in Dresden geschehen war. Nicht besser erging es Freiburg im Breisgau und Bayreuth. In Heilbronn allein starben während einer Stunde bei einem Angriff tausend Einwohner in den Trümmern.

In jenen Tagen meldete Harris seinen Vorgesetzten, Deutschland biete nunmehr seinen Bombern kein lohnendes Ziel mehr, so systematisch und gründlich habe er gewirkt. Churchill war jedoch anderer Ansicht. Noch immer seien Gefahren nicht abgewendet, die von Kiel, von dessen Kriegshafen, Werften und U-Boot-Stützpunkt ausgingen. Er wies darauf hin, daß nach den Erkenntnissen des Geheimdienstes zwei neue U-Boot-Typen gebaut und in Dienst gestellt würden, beide mit einem Schnorchel ausgerüstet, der sie befähige, zumeist unter Wasser zu fahren, so daß sie auch mit Radar nur schwer aufzuspüren seien. Ihre neuartigen Torpedos würden sich sogar selber ihr Ziel suchen. Gelänge es nicht, den Krieg zu Land im Laufe des Frühjahrs siegend zu beenden, dann würde auf den Meeren wieder jede Schiffsbesatzung fürchten müssen, von den Deutschen in die Tiefe geschickt zu werden.

Weil Harris es für wenig wahrscheinlich hielt, daß seine Bombenschützen genau genug zielen könnten, um die Werften auszuschalten, beschränkte er sich darauf, die Kanäle zu zerstören, auf denen die vorgefertigten U-Boot-Segmente aus den verborgenen Fabriken des Binnenlandes zur Endmontage in die Werften transportiert wurden. Zusätzlich verminten seine Bomber jene Gewässer der Ostsee, in denen neue U-Boot-Besatzungen ausgebildet wurden. Die Ziele, auf die es in Kiel ankam, waren bestenfalls bei Tageslicht zu treffen. Außerdem machten viele Flakbatterien und neuerdings auch Düsenjäger ein solches Unternehmen riskant. So ließ Harris den Amerikanern den Vortritt. Sie probierten es am 11. März 1945, ziemlich erfolglos. Am 3. April schickten sie nachmittags 750 Fliegende Festungen mit 2200 Tonnen Bomben. Sie trafen geballt die Werften, zerstörten aber auch viele Wohnhäuser. Weitere 400 Viermotorige ließen ihre Ladungen am folgenden Tag fallen. Am 9. April flüchteten die Kieler zweimal in die Schutzräume. Durch Bomben sank im Hafen der schwere Kreuzer »Admiral Scheer«. Die Abwehr wurde von Angriff zu Angriff schwächer, und die Flugzeuge kamen nahezu täglich. Die letzten Bomben fielen in Kiel am 3. Mai 1945, fünf Tage vor der offiziellen Kapitulation, als schon wesentliche Teile der deutschen Wehrmacht die Waffen niedergelegt hatten. Die Bilanz: Nur einige der neuen U-Boote konnten noch auf Feindfahrt geschickt werden. Bei den insgesamt neunzig Großangriffen waren am Kriegsende nahezu sechzig Prozent aller Wohnungen Kiels zerstört worden.

Am 23. März machte sich Hitler in der Abendlagebesprechung Gedanken, wo er bei anhaltender Luftherrschaft der Alliierten künftig regieren könne. Seinem Bunker unter der Reichskanzlei traute er nicht mehr so richtig, seit die Amerikaner Bomben warfen, von denen eine zehn Tonnen wog. Bisher hätten die Treffer nur nicht tief genug durchgeschlagen, meinte er, weil sie schon in den massiven Bauten darüber detoniert seien. Es gab noch ein Bunkersystem in Zossen am Rand von Berlin, angelegt vom Oberkommando des Heeres, doch Hitler fand auch das wenig vertrauenswürdig. »Das sind durchgehend Schwindelbauten«, kritisierte er. »Wenn ein wirklicher schwerer Bombenteppich drauf kommt«, sei diese Anlage nicht mehr arbeitsfähig. Als dann auch noch gemeldet wurde, daß der Obersalzberg wegen drohender Luftgefahr eingenebelt worden sei, und gefragt wurde, ob mit dem raren Nebelgas gerade in den Bergen nicht gespart werden könne, sagte Hitler: »Ja, aber dann ist wahrscheinlich alles weg. Darüber muß man sich klar sein. Das ist eine der letzten Ausweichen, die wir haben. Dem Bunker dort geschieht nichts. Es handelt sich auch nicht um mein Haus. Aber die ganze Anlage wird weg sein. Wenn hier eines Tages Zossen zusammengeschlagen wird, wo gehen wir dann hin?«

Der Mann, der diese Frage stellte, hatte ein germanisches Weltreich gründen wollen. Er war am Ende seiner Pläne und Hoffnungen. Zwar spukte in jenen Tagen noch das Schlagwort von einer »Alpenfestung« in manchen Köpfen, aber ob Hitler je ernsthaft geplant hatte, sich dorthin zurückzuziehen und mit hinhaltender Verteidigung abzuwarten, bis sich seine Feinde zerstreiten würden, kann bezweifelt werden. Nichts war dafür vorbereitet; es gab keine ausgebauten Verteidigungsstellungen, keine Waffen- und

Munitionslager nennenswerten Umfangs, keine Generalstabspläne. Nur Martin Bormann, der wie Göring und Speer ein eigenes Haus in dem Almgelände am Hitlerschen Berghof besaß, hatte dort Stollen mit vielen Kavernen in den Fels treiben und Luftschutzräume einrichten lassen.

Sie hatten mit den Bunkern für einfache Volksgenossen wenig gemein. Hitlers Unterkunft, genannt der »Berghofstollen«, umfaßte 745 Quadratmeter, der »Bormannstollen« hatte nur 275 Quadratmeter Fläche. Das gesamte Bauvorhaben mit insgesamt acht Stollen erlaubte es, auf 4100 Quadratmetern Grundfläche allerlei Komfort unterzubringen. Eine Klimaanlage sorgte für Frischluft und Heizung. Der Parkettfußboden war teilweise mit Teppichen belegt. Badezimmer und Küche ließen auch einen vielstündigen Aufenthalt nicht zur Tortur werden. Für Hitlers Schäferhund war ein eigener Raum vorgesehen. Das alles wurde gebaut in einer Zeit, da Normalverbraucher ein Kilo Zement nur gegen einen behördlich auszustellenden Bezugsschein bekamen. Trotzdem war das Berghofgelände keine Festungsanlage.

Am Vormittag des 25. April geschah dann das, was Hitler befürchtet hatte: Einige hundert Fliegende Festungen griffen in zwei Wellen den Obersalzberg an. Er war nicht eingenebelt, und im strahlendhellen Sonnenschein hoben sich die Bauten gestochen scharf von der dünnen Schneedecke ab. Die Flaksoldaten schossen nur ein paar Salven und gingen dann, gejagt von den wie ein Platzregen niedergehenden Bomben, in die Deckung ihrer Unterstände. Die Amerikaner hatten in der Hoffnung, wenigstens den einen oder anderen Stolleneingang zum Einsturz zu bringen, die neuesten und schwersten Bomben mitgebracht. Doch die Stollen hielten stand. Hitlers Berghof, die Häuser von Bormann und Göring sowie eine Anzahl weiterer Gebäude wurden zerstört. Der Obersalzberg war unbewohnbar geworden. Frauen und Kinder der ansässigen NS-Prominenz wurden in Bussen südwärts abtransportiert, nach Bozen. Der dort amtierende Gauleiter Franz Hofer stellte ihnen Quartiere in Südtirol zur Verfügung. Hitler brauchte sich nun auch keine Gedanken mehr darüber zu machen, ob er nicht doch besser in den Alpen eine Zuflucht suchen sollte, denn seit drei Tagen hatte der Vormarsch amerikanischer Truppen Deutschland zweigeteilt. Bei Torgau an der Elbe traf am 25. April ein Stoßtrupp der 69. Division des V. Corps der 1. US-Armee auf die vorrückende Front der 58. Garde-Division der Roten Armee.

Von der deutschen Luftwaffe gab es zu diesem Zeitpunkt kaum mehr etwas zu berichten. Sie existierte praktisch nicht mehr. Ihr Oberbefehlshaber wurde am 29. April 1945 von Hitler in seinem Testament als Verräter »enterbt«. Wörtlich hieß es: »Ich stoße vor meinem Tode den früheren Reichsmarschall Hermann Göring aus der Partei aus und entziehe ihm alle Rechte«, die ihm als Stellvertreter und Nachfolger einmal zugedacht gewesen waren. Der knapp vor der Zweiteilung des Reiches und der Einschließung Berlins durch die Rote Armee nach dem Süden entwichene Göring wurde auf dem Obersalzberg einen Tag vor dem Luftangriff von der SS verhaftet und abgeschoben.

Zu seinem Nachfolger als oberster Flieger wurde von Hitler der Generaloberst der Luftwaffe Robert Ritter von Greim ernannt. Die verwegene Kunstflug-Pilotin Hanna Reitsch, die in besseren Tagen Hubschrauber-Kunststücke in der Deutschlandhalle am Berliner Funkturm vorgeführt hatte, brachte ihn in einem »Fieseler Storch«, einer Heckenspringer-Maschine, auf Luftschleichwegen nach Berlin. Beide landeten am 26. April auf der Ost-West-Achse, der letzten Notstartbahn der belagerten Hauptstadt. Den Generaloberst traf beim Anflug eine Gewehrkugel ins Bein, trotzdem konnte zwei Tage später das Paar sogar wieder ausfliegen – eine Frau und ein General ohne Stab als oberste Instanz der einst so stolzen Luftwaffe. Greim sollte deren letzte Maschinen in den Kampf um die letzten Berliner Quadratkilometer schicken, die vom Hitler-Reich noch übriggeblieben waren. Doch auch er konnte nichts mehr ausrichten; die sowjetischen Jäger und Schlachtflieger beherrschten den Himmel über der Trümmerstätte.

Es gab in jenen ereignisreichen Tagen noch weitere »Verräter« unter Hitlers einstigen Getreuen. In des Führers Testament heißt es weiter: »Ich stoße vor meinem Tode den früheren Reichsführer-SS und Reichsminister Heinrich Himmler aus der Partei sowie aus allen Staatsämtern aus.« Der Grund: Der treue Heinrich hatte versucht, mit Hilfe des SS-Brigadeführers Walter Schellenberg, Chef des Auslandsnachrichtendienstes im Sicherheitsdienst, sich den Westmächten als Führer-Nachfolger zu empfehlen, indem er sich zur Kapitulation erbötig zeigte. Himmler wollte eigene Wege gehen. Er ließ deshalb dem General der Flieger und Chef der Kampffliegerverbände, Werner Baumbach, mitteilen, daß er ihn unverzüglich zu sprechen wünsche. In dem zusammengeschrumpften deutschen Machtbereich konnte das ohne große Reise geschehen.

Baumbach hatte sein Quartier auf dem Flugplatz Travemünde, Himmler hielt sich am 28. April in Güstrow in Mecklenburg auf, etwa 150 Kilometer weiter ostwärts. Die Fahrt im Kraftwagen dorthin war der Tiefflieger wegen allerdings nicht ungefährlich. Der Wagen kam auch nur langsam voran, weil alle Straßen durch die Elendszüge der Flüchtlinge verstopft waren, die mit Pferdegespannen, Handwagen und zu Fuß mit Sack und Pack westwärts zogen, gejagt von der Furcht vor den Rotarmisten.

In einem schloßartigen Gutshaus empfing Himmler den Fliegergeneral. Er wollte wissen, ob Flugzeuge zur Verfügung stünden, falls er in der nächsten Zeit im neutralen Ausland über ein Ende der Kämpfe verhandeln würde. Er werde der einzige sein, der in Deutschland ein Chaos verhindern könne, »und ich meine, daß das Ausland mit mir verhandeln wird«. Baumbach antwortete zweideutig: »Reichsführer, ich habe mir gestern auf der Weltkarte angesehen, wohin wir fliegen könnten. Ich habe Flugzeuge und Flugboote ausgerüstet, um zu jedem Punkt der Erde zu fliegen. Die Maschinen sind mit sicheren Besatzungen besetzt. Ich habe Anweisung gegeben, daß nur auf einen mündlichen Befehl von mir geflogen wird.« Als er merkte, daß es Himmler nicht etwa auf eine Flucht und damit auf ein Untertauchen in der weiten Welt ankam, sagte Baumbach: »Es sind genügend Flugzeuge jederzeit startbereit, um Verhandlungen führen zu können.«

Weil die Westalliierten es ablehnten, mit Himmler auch nur durch einen Mittelsmann zu verhandeln, wurde Baumbach nicht mehr um Hilfe gebeten. Die Frage bleibt offen, für wen er diese Flugzeuge bereitgestellt hatte. In seinem Buch erweckt er den Anschein, als habe er damals selber geplant, sich aus dem geschlagenen Vaterland abzusetzen – etwa nach Südamerika, wo zeitweise dann auch der General der Jagdflieger Adolf Galland und der Fliegeroberst Hans-Ulrich Rudel für den Diktator Juan Peron flogen. Rudel war als Stukaflieger mit dem höchsten Orden dekoriert worden, den Hitler sich hatte einfallen lassen: Für »einmalige fliegerische und kämpferische Erfolge« und »in Würdigung eines unablässig bewiesenen höchsten Heldentums« hatte der Führer ihm am 1. Januar 1945 das »Goldene Eichenlaub zum Ritterkreuz mit Schwertern und Brillanten« verliehen.

Vielleicht war es Zufall, aber symbolisch war es gewiß, daß dieser Oberst Rudel, Hitlerverehrer bis zu seinem Tod in den achtziger Jahren, als einer der letzten Flieger seinen Pilotensitz räumte. Er hatte am Tag der Unterzeichnung der deutschen Kapitulation in Karlshorst noch in den Vormittagsstunden nördlich von Prag Panzer der Roten Armee aus der Luft bekämpft, worauf er spezialisiert war. Seine Ju 87 war mit zwei Maschinenkanonen vom Kaliber 3,7 cm bewaffnet. Mit ihnen hatte er innerhalb von zweieinhalb Jahren 519 sowjetische Panzer aus der Luft abgeschossen. Als er auf seinem Feldflughafen bei Prag landete, erfuhr er, der Krieg sei zu Ende. Weil die Tschechoslowaken bereits auf alles, was deutsch war, Jagd machten und er keine Lust hatte, in sowjetische Gefangenschaft zu geraten, starteten er und sechs weitere Maschinen seiner Einheit in Richtung Westen. Sie landeten in Kissingen auf dem von Amerikanern besetzten Flugplatz. Rudel beschädigte dabei absichtlich sein Flugzeug; der Feind sollte es nicht einsatzfähig bekommen. Als ihm ein US-Soldat das Goldene Eichenlaub vom Hals reißen wollte, wehrte er sich erfolgreich. Ein US-Offizier verschaffte ihm die medizinische Betreuung, deren er bedurfte, weil ihm vor kurzem erst ein Fuß wegen einer Schußverletzung abgenommen worden war und der in einer

Prothese steckende Stumpf frisch verbunden werden mußte. Den Siegern erzählte er in der Offiziersmesse, der deutsche Soldat sei keineswegs weniger tapfer gewesen als sie; nur durch die Übermacht an Material hätten sie gesiegt.

Wem soldatische Leistungen die Maßstäbe sind für ein erfülltes Leben, den mochte diese Überzeugung stärken. Doch darum ging es jetzt nicht mehr. Wer tapfer gekämpft hatte, mußte sich sagen lassen, daß er damit Deutsche geschützt habe, die hinter seinem Rücken Millionen Menschen ermordet hatten.

»Kriege sind keine Boxkämpfe«

Erinnerungen der Sieger sind begreiflicherweise auf eine andere Tonart gestimmt. Als sich im Frühjahr 1952 die Veteranen des Bomber Command in London bei einer Wiedersehensfeier trafen, mit viel Marschmusik und zahlreichen Ansprachen, versicherte ihnen Arthur Harris, Ex-Luftmarschall und nunmehr Privatmann, es sei ihm eine Ehre und ein Vergnügen gewesen, gemeinsam mit ihnen Bomben auf deutsche Städte zu werfen. Da gebe es nichts zu bereuen, und was damals geschehen sei, würde er ruhigen Gewissens ein zweites Mal tun. Der Beifall war gewaltig.

Die Kameraden konnten ihn freilich nur hören, nicht sehen. Seine Stimme kam von einer Schallplatte, die er in Kapstadt hatte herstellen lassen. Im September 1945 hatte er seinen Abschied aus dem Soldatenstand genommen, mit 53 Jahren, grollend, weil er sich bei den Siegerehrungen übergangen fühlte. In London hatte es nach Kriegsende Orden und Titel förmlich geregnet, auf Briten und alle Verbündeten. Er aber war leer ausgegangen und sogar ohne eine verbale Anerkennung geblieben, obwohl er mehrmals verkündet hatte, er und seine Bomber hätten den Krieg um mindestens ein Jahr abgekürzt. An Orden fehlte es ihm trotzdem nicht; aus Paris, aus Moskau, aus Warschau, aus Washington und sogar aus Brasilien waren sie eingetroffen. Doch Downing Street und Buckinghampalast hatten so getan, als habe es ihn nie gegeben. Manche Leute hatten ihn den »Schlachter« genannt; damit roch er ein wenig nach dem Henker, und das war stets jemand gewesen, mit dem man nichts zu tun haben wollte. Daß ihm der Ort seines einstigen Hauptquartiers, High Wycombe, die Würde eines Ehrenbürgers verliehen hatte, mußte ihm fast wie Hohn vorgekommen sein. Von dem gleichfalls bombenbegeisterten britischen Feldmarschall Jan Christiaan Smuts, dem maßgeblichen Mann in der Südafrikanischen Union, hatte er sich auf einen Direktorenposten in Kapstadt vermitteln lassen.

Dort war er ein erfolgreicher Geschäftsmann geworden, aber wenn er aus seiner soldatischen Vergangenheit erzählte, pflegte er dokumentarisch nachzuweisen, was er für das Vaterland getan hatte. Er besaß eine Sammlung großformatiger Fotos von den zertrümmerten deutschen Städten. Der britische Historiker Alexander McKee berichtet, sie sei so eindrucksvoll gewesen, daß man damit eines Tages sogar Stalin hatte imponieren wollen. Es ist jedoch kaum anzunehmen, daß es diese Sammlung war, die dann den Anstoß zu einer verspäteten Ehrung von Harris gab: Er durfte 1953 seinem Namen das Adelsprädikat »Sir« voranstellen, als Baronet mit vererbbarem Titel.

Ob Harris tatsächlich mit seinen Bombern den Krieg abgekürzt hat, ist sehr umstritten. Er könnte seine Behauptung mit dem Hinweis stützen, daß seine Formationen erhebliche Kräfte der deutschen Luftwaffe von den Kämpfen an den Fronten abgezogen haben – Jagdflieger, Zerstörer und (wichtiger noch) Flakbatterien. Ohne die Luftangriffe wäre die Rüstungsindustrie Hitlers leistungsfähiger gewesen; wer die Nacht im Luftschutzkeller gezittert hatte, brachte am nächsten Tag im Betrieb weniger zustande. In zerschlagenen Werkshallen wurde nichts produziert. Im Herbst 1944 waren mehr als eine Million Arbeiter damit beschäftigt, Schäden an Fabriken und Verkehrswegen zu reparieren. Der Atlantikwall, vorgesehen zur Abwehr der Invasion, wurde nicht rechtzeitig fertig, weil die Arbeiter abgezogen worden waren, um Bombenschäden zu beheben. Churchill notierte in seinen Erinnerungen: »Unsere Bomberoffensive zwang die Deutschen, eine große Zahl von Leuten und gewaltige Materialmengen zur Verteidigung der Heimat aufzubieten.« Jedoch hatte Harris sein mehrfach der britischen Regierung abgegebenes Versprechen nicht erfüllt, er werde die Deutschen so zermürben, daß sie kniend um Gnade flehten.

Einige Seiten weiter schrieb Churchill: »In den bombardierten Städten erlitt die Moral der Bevölkerung zwar einen harten Stoß; aber es wurde verhindert, daß er sich zu einer nationalen Panik auswuchs.« Mit dieser ziemlich unbestimmten Formulierung überspielte der Premier, daß er – und ebenso Harris – sich in einem wichtigen Punkt ihrer Strategie gründlich geirrt hatte und deshalb der unbegrenzte Bombenkrieg nicht den erhofften Erfolg gehabt hatte. Im westlichen Lager erwarteten nicht nur Churchill und Harris, daß die von Bombern permanent terrorisierten deutschen Zivilisten sich über kurz oder lang gegen ein Regime erheben würden, das sie in diese Situation hineingeführt hatte und sie nun unentwegt zum Durchhalten aufforderte. Doch wer dies hoffte, hatte keine Ahnung, wie sehr eine diktatorisch regierte, nach außen abgeschottete Nation durch Propaganda und durch Drohungen mit staatlicher Gewalt gelenkt werden konnte. Ebenso irrig war der Glaube, die Deutschen würden gefügig, wenn ihnen ihr Besitz und ihre Wohnungen genommen und ihre nächsten Angehörigen in einem städtischen Feuersturm verbrannt waren.

Einer der besten deutschen Publizisten dieses Jahrhunderts, Paul Sethe, schrieb 1954 in einem Leitartikel für die *Frankfurter Allgemeine Zeitung:* »Indem sich die westliche Welt der trügerischen Hoffnung hingab, der Krieg lasse sich durch Angriffe gegen Wehrlose gewinnen, verlor sie ihn ... Die Russen haben sich niemals mit der militärischen Torheit aufgehalten, ihre Kräfte für den Kampf gegen Wohnviertel zu verschwenden ... Die Westmächte hatten geglaubt, die Göttin des Sieges betrügen zu können, indem sie Mr. Harris seine Bomber gegen die Wohnstädte losschicken ließen. Haben die Westmächte heute begriffen, daß diese Göttin sich nicht betrügen läßt; sehen sie, warum sie ... 1945 die Palme den Russen gegeben hat?« Sethe stellte fest, »daß zu den Verlierern« im Zweiten Weltkrieg »auch die Angelsachsen gehören«, und die Schuld an dieser Niederlage bürdete er Churchill und Harris auf.

Die beiden haben sich auch in anderer Hinsicht getäuscht: Sie glaubten, die Engländer seien »aus einem härteren Holz geschnitzt« als die Deutschen. Zu diesem Irrtum verleiteten sie ihre Erfahrungen in der Zeit des deutschen »Blitzes«, als 1940/41 die Bomben auf englische Städte fielen. Doch solche Fehleinschätzungen gab es häufig. Lord Trenchard, der nach dem Ersten Weltkrieg die Direktiven gegeben hatte für den Aufbau der Royal Air Force, hatte schon behauptet, die Franzosen könnten in einem Krieg schnell durch Bomben weichgeklopft werden. Lord Portal, der Stabschef der britischen Luftwaffe im Zweiten Weltkrieg, prophezeite 1943, die Deutschen würden von der Medizin umgeworfen, die von den Engländern 1940 stoisch geschluckt worden war. Albert Speer behauptete nach dem Krieg in einem Verhör, die Moral der Italiener wäre frühzeitig zusammengebrochen, wenn ihre Städte ähnlich verheert worden wären, wie dies mit den deutschen geschah. Und in Hitlers Hauptquartier malte sich eine nächtliche Tafelrunde genüßlich die Panik aus, die in New York entstünde, wenn dort deutsche Fernbomber oder gar Raketengeschosse Wolkenkratzer einstürzen ließen. Alle unterschätzten sie die Gegner.

Das scheinbare Wunder des Durchhaltens der Deutschen, mit dem Harris um seinen Triumph gebracht wurde, ist simpel zu erklären. Sie hatten in diesem Stadium nichts mehr zu verlieren als die Ketten (frei nach Marx), die ihnen die Sieger für alle Fälle zugedacht hatten. Sie konnten nach den Beschlüssen von Casablanca, Teheran und Jalta nur bedingungslos kapitulieren. Sie wußten, daß ihr Reich in Besatzungszonen zerteilt würde. Und es war ihnen klar, daß sie für alles Unheil verantwortlich gemacht würden, das dieser Krieg über die Völker Europas gebracht hatte. Sie sollten für alle Schäden aufkommen, aber für ihre eigenen Verluste würde sie niemand entschädigen, denn ihr eigener Staat würde entweder aufhören zu bestehen oder so ausgeplündert werden, daß er jahrelang nur den Mangel verteilen konnte.

Das alles wirkte zusammen, daß die Deutschen zwar besiegt wurden, aber anders, als es General Douhet vorausgesagt hatte. Nicht die Bomberflotten, die Heere hatten den Krieg entschieden. Deutschlands oberster Brandbekämpfer im Bombenkrieg, der General der Feuerlöschpolizei Hans Rumpf, schrieb 1952 bilanzierend, »daß das Industrieland Deutschland ... nicht den Folgen des jahrelangen Luftterrors, sondern schließlich doch dem direkten militärischen Angriff der alliierten Armeen erlegen ist, wobei der Bomberwaffe gewiß ein sehr wesentlicher Anteil am Erfolg zufällt, wie etwa der einer wirkungsvollen Artillerievorbereitung zur Lähmung des Gegners vor dem entscheidenden Infanterieangriff«. Auch Rumpf kam wie Sethe zu dem Schluß, mit den Bomben auf Wohnviertel seien Kräfte und Material vergeudet worden, die den Sieg schneller herbeigeführt hätten, wenn sie zweckmäßiger anderswo eingesetzt worden wären. »Wenn die deutsche Industrie« der Bomberoffensive »so lange und wider alles Erwarten standgehalten hat, so in der Hauptsache deshalb, weil die Städte die Hauptwucht der Angriffe abfingen und ihr gewissermaßen als Schild gedient haben«.

Dies bestätigte indirekt auch Rüstungsminister Speer im Nürnberger Prozeß. Als Zeuge in eigener Sache sagte er aus, daß im August 1944 mehr Munition an die Wehrmacht geliefert worden war als in allen Monaten zuvor und daß im September 1944 die Flugzeugproduktion ihren höchsten Stand erreicht hatte. In England arbeitete nahezu die Hälfte der Rüstungsindustrie nur für das Bomber Command. Auch darin zeigte sich, daß die deutschen Wohnviertel stellvertretend die Schläge ertragen mußten, die bei einer herkömmlichen Strategie auf die Streitkräfte niedergegangen wären. Aus der Sicht des US-Generals George S. Patton war der Krieg der Bomber sogar »militärisch ein großer Fehler«. Er hätte sich gewiß noch drastischer ausgedrückt, hätte er gewußt, was sich erst nach dem Krieg ergab: Die alliierten Bomberstreitkräfte verloren bis Kriegsende etwa 9000 Flugzeuge und weit über 150 000 hochqualifizierte Soldaten, die mit ungeheurem Aufwand an Zeit und Geld ausgebildet worden waren.

Generalleutnant Patton, wildester Draufgänger unter den US-Generalen, scheute sich auch nicht, die Bombenangriffe auf Städte moralisch zu bewerten und sie »rechtswidrig« zu nennen. Der amerikanische Fliegergeneral Hensell präzisierte diesen Gedanken noch – öffentlich natürlich erst nach dem Krieg. Er verurteilte »aus humanitären Gründen« jede Bombardierung von Wohnvierteln und fand »die Vorstellung unerträglich, strategische Luftkriegführung mit Massenmord an Männern, Frauen und Kindern zu verbinden«.

Ähnlich urteilten namhafte Militärschriftsteller. So sagte der britische General Fuller, mit den Flächenbombardements seien schlimmere Verwüstungen angerichtet worden, als sie den germanischen Stämmen nach der Völkerwanderung oder den Hunnen bei ihren Eroberungszügen zur Last gelegt wurden. Der Engländer Liddell Hart erklärte, unter dem Vorwand, die europäische Kultur vor der Nazibarbarei zu retten, habe man mit den unzivilisiertesten Kriegsmitteln geradezu mongolische Verheerungen hinterlassen. Und 1963 schrieb der englische Publizist und Labour-Politiker Richard Crossman in der Zeitschrift *New Statesman:* »Die Zerstörung von Dresden im Februar 1945 war eines jener Verbrechen gegen die Menschlichkeit, deren Urheber in Nürnberg unter Anklage gestellt worden wären, wenn jener Gerichtshof nicht in ein bloßes Instrument alliierter Rache pervertiert worden wäre.«

Sir Arthur Harris wertete solche Äußerungen als Geschwätz von Blinden, die ihm etwas über Farben erzählen wollen. Er kannte den Krieg. Er war ein junger Farmer in Rhodesien gewesen, als der Erste Weltkrieg ausbrach. Als 22jähriger hatte er in Südwestafrika gegen die Deutschen gekämpft, ehe er nach einem infanteristischen Jahr 1915 zum Königlichen Fliegerkorps versetzt worden war. Als er Jahrzehnte später für den Fernsehfilm »Krieg der Bomber« vom Autor dieses Buches interviewt wurde, behauptete er, daß er nur ungern Soldat geworden sei. Das klang jedoch wenig glaubhaft von einem Mann, der schon nach zweijährigem Militärdienst zum Offizier aufgestiegen war, im dritten Jahr Geschwader-Commodore wurde und auch Soldat blieb, nachdem der Friede in

Versailles geschlossen war. Obwohl damals die Briten ihre Streitkräfte weitgehend demobilisierten, hat er, weil in Europa nicht mehr geschossen wurde, nacheinander in den unruhigen britischen Machtbereichen Indien, Irak, Palästina und Transjordanien Himmel und Erde unsicher gemacht.

Er sagte vor der Fernsehkamera, es sei schlimm für ihn gewesen, die deutschen Städte gemäß den Befehlen von oben bombardieren zu müssen. »Ich muß aber hinzufügen: Wenn man sagt, der Bombenkrieg hätte sich immer gegen die Zivilbevölkerung gerichtet, welcher Krieg tut das nicht? Was versucht denn der Feind zu tun? Er versucht doch, alle Zivilisten auszuhungern. Welche Ergebnisse brachten die vergangenen Kriege? Wenn man genügend Soldaten getötet hatte und genügend Elend unter den Familien der Gegenseite geschaffen hatte, dann entschloß sich diese, aufzugeben. Alle großen Kriege richteten sich immer gegen die ganze Nation. Das sind ja keine Boxkämpfe zwischen einzelnen Individuen. Die große Last eines Krieges müssen immer alle Menschen einer Nation tragen.«

Es wurde schon behauptet, Kriege seien geeignet, die edelsten Fähigkeiten und Charakterzüge im Menschen hervortreten zu lassen, und dies wird dann belegt durch eine Unzahl rührender Geschichten von ritterlichen Helden, die besiegten Feinden Leben und Freiheit schenkten. Doch schon der Umstand, daß solche Geschehnisse zumeist aus grauer Vorzeit überliefert sind und daß sie vorzugsweise von romantisch gestimmten Dichtern zu Balladen verarbeitet wurden, kann als Beweis gelten, daß solche Vorkommnisse die Ausnahmen darstellen. Der einzelne Soldat kann sich möglicherweise Großmut gegenüber einem einzelnen Feind leisten, aber sobald sich auch nur zehn Männer hüben und drüben gegenüberstehen, kann diese Großmut tödlich sein. Sie ist erst recht unmöglich, wenn sich Massen bekriegen und wenn der einzelne Kämpfer seinen einzelnen Gegner gar nicht mehr zu sehen bekommt. Das ist in den Kriegen unseres Jahrhunderts die Regel gewesen. Geht es dabei gar um Sein oder Nichtsein – wie in allen Volkskriegen seit der Großen Französischen Revolution –, dann kennt die Not angeblich kein Gebot mehr. Sie ist stärker als jede Neigung zur Ritterlichkeit. Dann erfindet ein deutscher Chemiker und hochangesehener Geheimrat sogar die Waffe der Giftgase, von denen er sich den Sieg seines Volkes im Ersten Weltkrieg erhoffte.

Im Zweiten Weltkrieg haben Giftgase keine Rolle gespielt. Obwohl jede der kämpfenden Nationen sich davon einen großen Vorrat angelegt hatte – für den Fall, daß der Gegner den Anfang machte –, entfielen jene Schreckensszenen, die von Pazifisten in aller Welt als Warnung vor weiteren Kriegen erdacht worden waren: Aus Flugzeugen fällt Gas auf die Erde, und die gesamte Einwohnerschaft einer Großstadt oder gar eines Landes verendet würgend und röchelnd in qualvollen Todeskämpfen, indessen das Land und alle seine Werte unversehrt erhalten bleiben, so daß der Sieger alles in Besitz nehmen kann, sobald sich das Gas verzogen hat. Der Verzicht auf diese Art des Tötens schränkte die Unmenschlichkeit des Krieges keineswegs ein. Ob Giftgas, ob Feuer, ob Kohlenmonoxyd, ob Rauch, ob Bombensplitter oder das Grab unter Trümmern – welcher Art von Tod könnte man den Vorzug geben? Der schon erwähnte General Hans Rumpf sagte lapidar: »Der Luftangriff wurde durchaus zutreffend als umwälzendste von allen neuen Kampfmethoden empfunden. Er dehnte den Krieg aus bisher zwei Dimensionen in die dritte aus, er überstieg die Fronten und drang in die Tiefe des angegriffenen Landes. Durch die Technik des Fliegens wurde der ursprüngliche Sinn des Kampfes eingetauscht gegen die Vernichtung.«

Es ließ sich exakt nie feststellen, wie viele deutsche Zivilisten im Zweiten Weltkrieg durch feindliche Bomben getötet wurden. Werden ganze Großstädte zertrümmert, dann ist es später unmöglich, alle zu finden, die von den Trümmern erschlagen oder begraben, von Bombensplittern zerfetzt, zu Asche verbrannt oder von Tieffliegern zersiebt wurden. Das Statistische Bundesamt errechnete, daß im Gebiet des Deutschen Reiches (in den Grenzen vom 31. Dezember 1937) 593 000 Menschen durch die Luftangriffe zu

Tode gekommen sind. 32 000 dieser Opfer waren die Bomben keineswegs zugedacht, es waren Kriegsgefangene und andere Ausländer. Zählt man noch die Opfer in Österreich, im Sudetengau, in Danzig, Westpreußen und in jenen Gebieten hinzu, die Hitler ins Reich »heimholte«, dann kommt man auf 635 000 Tote, fast das Zehnfache der Opfer, die in Großbritannien durch die deutschen Luftangriffe gestorben waren.

Wenn heutzutage nach einem Flugzeugunglück die Zahl der Toten mit hundert angegeben wird, so wird uns das Ausmaß des Unglücks eigentlich erst vorstellbar, wenn wir auf Bildern die Reihen der Opfer oder ihrer Särge vorgeführt bekommen. Doch wenn wir erfahren, daß etwa in Indien einige tausend Menschen durch eine Flutwelle umgekommen sind, ist eine normale Phantasie außerstande, sich das Unglück vorzustellen. Die Toten sind nur noch eine abstrakte Zahl. Natürlich starben – wie in jedem Krieg der Neuzeit – im Krieg von 1939 bis 1945 mehr deutsche Soldaten als Nichtkombattanten, aber auf sechs Menschen, die in der Wehrmacht ihr Leben verloren, kam jeweils ein Zivilist in der Heimat. Man muß mehr als drei Jahrhunderte zurückgehen – nämlich bis zum dreißigjährigen Krieg –, um auf ein ähnliches Zahlenverhältnis zu stoßen.

Wer den Luftkrieg in einer größeren Stadt ohne Schaden an Leib und Leben überstand, das Dach über seinem Kopf behielt und damit auch seine Habe, der durfte sich glücklich preisen. Die Zahl der vom Luftkrieg Verwundeten ist zwar mehr geschätzt als gezählt, aber sie dürfte mit mehr als 900 000 nicht zu hoch gegriffen sein. Von den rund 19 Millionen Wohnungen, die es im Reichsgebiet bei Kriegsausbruch gegeben hatte, wurden 2,7 Millionen durch Bomben total zerstört und weitere 1,3 Millionen so sehr beschädigt, daß sie praktisch neu errichtet werden mußten, um bewohnbar zu sein. Theoretisch war damit jede fünfte Familie obdachlos geworden, doch in der Praxis war die Situation viel schlimmer: In das Rest-Reich drängten nun Millionen Vertriebene aus dem Osten. Von ihnen besaßen viele nicht mehr, als sie tragen konnten. In Berlin waren mehr als eine halbe Million Wohnungen zerschlagen, in Hamburg nahezu 300 000, und in Köln waren nur noch drei von zehn Wohnungen benutzbar. Mittelstädte, auf die sich der Angriff ganzer Geschwader konzentriert hatte, waren nach Prozenten gerechnet noch stärker zerstört. Die Häuser von Paderborn waren zu 95 Prozent unbewohnbar. Die alliierten Westmächte gaben nach Kriegsende bekannt, daß sie auf Deutschland 1,5 Millionen Tonnen Bomben abgeworfen hatten.

Doch das war anscheinend noch nicht ausreichend gewesen, um bei den Deutschen den Douhet-Effekt auszulösen; weiße Fahnen wurden in den Städten und Dörfern erst gezeigt, wenn feindliche Panzer auf den Straßen rasselten. Bis zu diesem Zeitpunkt hatten die Propaganda der Partei und die Drohung mit der Gestapo und dem Galgen alle Regungen unterdrückt, den Kampf aufzugeben. Transparente in den Trümmern hatten versichert, daß wohl die Häusermauern, aber niemals die Herzen wanken würden. Wie wenig solche Sprüche die Gesinnung der Massen wiedergaben, zeigte sich, sobald eine amerikanische oder britische Uniform auftauchte; die Deutschen krochen aus den Kellern und hoben die Hände. Der »Werwolf«, eine Partisanenorganisation Goebbelsscher Erfindung, löste sich auf wie Dunstschleier in der Morgenstunde eines Sommertages. In der Hinterlassenschaft der Bomber wirkten von nun an mangels der in den Gefangenenlagern festgehaltenen Männer die Trümmerfrauen, die aus den Schutthalden die noch brauchbaren Ziegelsteine herausklopften, und die Ex-Parteigenossen, die ihre Hitlergläubigkeit sühnen mußten, indem sie mit Schaufel und Pickel die Straßen freilegten.

Luftmarschall Harris hatte schon am 3. November 1943 eine Bilanz des bis dahin vom Bomber Command Geleisteten bei Churchill abgeliefert, in der er 19 deutsche Städte als »praktisch zerstört«, weitere 19 als »schwer beschädigt« und neun als »beschädigt« einstufte. In einem Nachtrag zu dieser Liste hatte er geschrieben: »Zusätzlich gibt es ungeheuer viel ›zufälligen‹ Schaden in bestimmten bebauten Gegenden außerhalb der genannten Städte, z. B. im gesamten Ruhrgebiet und in einigen Städten, die zufällig oder durch Nebenumstände getroffen wurden, wie z. B.

Delmenhorst und Wedel.« (Die Kleinstadt Wedel hatte Bomben bekommen, die eigentlich Hamburg zugedacht waren.)

In der Folgezeit hatte sich das, was man als Bombenterror bezeichnete, noch verstärkt. Am 5. Juli 1944 war dann der britische Luftstab in seiner 222. Sitzung zu dem Schluß gekommen, »daß in nicht so ferner Zukunft die Zeit kommen könnte, in der ein uneingeschränkter Angriff mit allen uns zur Verfügung stehenden Mitteln auf die deutsche zivile Moral entscheidend sein könnte«. Der Luftstab hatte damals dem Premierminister Churchill empfohlen, »daß die Methode, mit der ein solcher Angriff ausgeführt würde, untersucht und alle möglichen Vorbereitungen getroffen werden sollten«. Das geschah dann auch. Dresden verbrannte. Allein gegen die Reichshauptstadt wurden von Januar bis April 1945 7384 viermotorige Bomber und 1233 zweimotorige Mosquito-Bomber eingesetzt. Sie warfen Zehntausende Tonnen Bomben ab. Es war abzusehen, wann die ganze Stadt eine riesige Trümmerstätte sein würde. Doch niemand revoltierte. Als die Rote Armee die Stadt einschloß, wurde sie besonders erbittert verteidigt; jedes Viertel, jede Straße, jede Ruine mußten die Infanteristen der Roten Armee kämpfend erobern und mit hohen Verlusten bezahlen.

Damit schienen die Theorien des Generals Douhet durch die Praxis widerlegt: Auch bei absoluter Luftherrschaft waren gewaltige Flugzeuggeschwader offensichtlich außerstande, allein oder wenigstens als hauptsächliche Streitmacht einen Krieg zu beenden und ein zu allem entschlossenes Regime zur Kapitulation zu zwingen. Erst als sich der deutsche Diktator am 30. April in seiner unterirdischen Betonburg selber umgebracht hatte, trauten sich die Hinterbliebenen seines Machtapparats, über eine Kapitulation wenigstens untereinander zu reden und Verhandlungen einzuleiten. Der Einsatz von Bombern hatte sie dazu nicht bewogen, wohl aber die Panzer Stalins, die nur wenige hundert Meter vor der letzten Residenz des Dritten Reiches in Stellung gegangen waren.

Der Bomber jedoch hatte Hitler noch am Vortag, am 29. April 1945, gedacht, als er sein »Politisches Testament« einer Sekretärin diktierte. Er habe – so sagte er unter anderem – niemanden »im unklaren gelassen, daß diesmal nicht nur Millionen erwachsener Männer den Tod erleiden und nicht nur Hunderttausende an Frauen und Kindern in den Städten verbrannt und zu Tode bombardiert werden würden, ohne daß der eigentlich Schuldige, wenn auch durch humanere Mittel, seine Schuld zu büßen hat«. Einmal mehr bezichtigte er, der diesen Krieg vom Zaun gebrochen hatte, die Juden, sie hätten die Welt zur Vernichtung der Deutschen angestiftet. Sie seien deshalb auch verantwortlich für den Krieg der Bomber, und es sei ein Akt der Gerechtigkeit gewesen, als er sie habe umbringen lassen.

Die Niederlage Hitlers und der Deutschen war totaler, als sie je ihren Krieg hatten führen wollen. Für den Marschall des Bomber Command endete er jedoch ebenfalls mit einer Niederlage; Harris hatte seine Versprechungen nicht erfüllen können. Was jedoch ein Vierteljahr später in Japan geschah, konnte er zumindest vorübergehend als eine Bestätigung seiner Strategie ansehen.

Am 6. August 1945, einem Montag, flog eine amerikanische Boeing B-29 »Superfortress« über dem Stillen Ozean mit Kurs auf die japanische Hauptinsel. An der Spitze ihres über 30 Meter langen Rumpfes trug sie seitlich ihren Namen aufgemalt: »Enola Gay«. Der Chefpilot hieß Paul Tibbets und war Hauptmann, ebenso wie der zweite Pilot Lewis. Der Bombenschütze Tom Ferebee hatte den Rang eines Majors. Im eigens dafür umgebauten Bombenschacht schlummerte »Little Boy«, nur scheinbar ein »Kleiner Junge«, ein zylindrischer Metallkörper, viel schmächtiger als die amerikanischen Zehn-Tonnen-Bomben, die als Spitzenprodukt amerikanischer Munitionshersteller gelegentlich auf Berlin abgeworfen worden waren.

Die vier Motoren der Maschine mit jeweils 16 Zylindern und zwei Turboladern leisteten 2300 PS, auch noch in der dünnen Luft von mehr als 7000 Metern über dem Meer. Die Superfortress war eigens entwickelt worden, damit man Japan auch über die großen Entfernungen des fernöstlichen Kriegsschauplatzes hinweg mit einer großen Bombenlast angreifen konnte. Auf Tokio waren schon Ende Mai 1945 an zwei aufeinanderfolgenden Tagen insgesamt 1,75 Millionen Brandbomben aus solchen Maschinen niedergegangen. Sie hatten gewaltige Flächen der leicht entzündlichen Häuschen aus Holz in Flammen aufgehen lassen. Die US-Air-Force, die sich über Deutschland zeitweise viel darauf zugute getan hatte, daß sie keine Terrorangriffe fliege, hatte bereits dort während der letzten Phase ihrer Angriffe keine Rücksicht mehr auf die Zivilbevölkerung genommen. Jetzt, in Japan, setzte sie diese Praxis hemmungslos fort. Am 29. Juli waren sechs Städte unter Schauern von Brandbomben in Flammen aufgegangen. Die Opfer zählten bereits nach Hunderttausenden, aber noch immer wollten die Japaner nicht aufgeben.

Um 8.50 Uhr sah die Besatzung der »Enola Gay« unter sich die japanische Küste. Die Maschine hatte dann noch einen etwa vier Minuten dauernden Anflug auf ein völlig offen daliegendes Ziel, die Stadt Hiroshima. Als die Bombe ausgelöst wurde, um 9.14 Uhr, wußte keiner von der Besatzung, was geschehen würde. Co-Pilot Lewis sah trotz seiner Brille mit dunklen Gläsern einen »grauenvollen Blitz ... Ich ließ die Maschine eine Kurve fliegen, so daß alle sehen konnten, was sich 6500 Meter unter uns abspielte. Es war die größte Explosion, die jemals ein Mensch gesehen hat. Die Stadt war zu neun Zehnteln von einem sich aufblähenden Qualm bedeckt ... Wir sahen eine Rauchsäule, die ... bis mindestens 16000 Meter emporstieg ... Wie viele Japse haben wir umgebracht? ... Mein Gott, was haben wir getan?«

Es starben mehr als 70000 Menschen sofort, weitere Zehntausende erlagen ihren Verletzungen und Verbrennungen in den folgenden Tagen und Wochen, weitere Abertausende starben erst nach Jahren an den Folgen radioaktiver Strahlen. Ähnliches ereignete sich am 9. August, als aus der Superfortress »Bock's Car« eine zweite Atombombe abgeworfen wurde und die Stadt Nagasaki auslöschte. Diese Bombe sah anders aus als »Little Boy«: ein dickes, nahezu rundes Ei. Sie hieß deshalb »Fat Man«, also etwa »Fettwanst«. Militärs entwickeln eben eine besondere Art von Humor.

Schon nach »Little Boy« hatten die Japaner ihre Bereitschaft zur bedingungslosen Kapitulation signalisiert, aber »Fat Man« mußte trotzdem noch explodieren – vermutlich weil diese Bombe anders konstruiert war. Als Experiment und auch aus politischen Gründen war der zweite Massenmord wohl notwendig. Die Welt, vor allem aber Stalin, sollten glauben, die USA besäßen ein Arsenal von Atombomben. Tatsächlich gab es jedoch nur die beiden – was Stalin auch wußte, denn er hatte mit dem Physiker Klaus Fuchs in der amerikanischen Nuklearforschung einen guten »Kundschafter«. Noch 1949 konnten die Amerikaner pro Woche nur eine Bombe produzieren.

Hiroshima und Nagasaki waren für die japanische Rüstungsproduktion fast ohne Bedeutung gewesen. Es war also nur die Furcht vor weiterem Luftterror dieses Ausmaßes, die Japans Regierung veranlaßte, am 10. August die Kapitulation anzubieten. Damit schien es, als habe der italienische Fliegergeneral doch das richtige Rezept gefunden, um langwierige und verlustreiche Feldzüge und Stellungskämpfe zu vermeiden. Mit dieser Begründung rechtfertigte dann auch der US-Kriegsminister Henri Stimson den Einsatz der Atombomben.

Als die beiden Atombomben auf Japan fielen, war Hitler etwa drei Monate tot. Wäre es ihm gelungen, Berlin erfolgreich zu verteidigen, die Rote Armee über die Oder zurückzuwerfen und den Krieg fortzusetzen – immer hoffend auf den Bruch zwischen Ost und West –, dann hätte auch Berlin an die Stelle von Hiroshima treten können. Churchill und einige seiner engsten Vertrauten spielten geraume Zeit mit dieser Idee. Denn schon ein Jahr nach Kriegsbeginn hatten zwei aus dem NS-Bereich emigrierte Physiker, Otto Frisch, ein Neffe der Kernforscherin Lise Meitner, und Rudolf T. Peierls, der britischen Regierung vorgeschlagen, die neuesten Entdeckungen auf dem Gebiet der Atomspaltung zur Konstruktion einer Bombe zu nutzen. Eile sei geboten, denn auch in Deutschland würde daran gearbeitet, und wenn die Nazis diese Bombe als erste besäßen, würden sie die ganze Welt unterjochen.

Premierminister Churchill ließ sich damals auch in dieser Sache von seinem Freund Lord Cherwell beraten, der als Professor der

Physik an der Universität Oxford mit dieser neuartigen Materie vertraut war, um so mehr, als er bei seinen Studien in Deutschland mit jenen Wissenschaftlern Umgang gehabt hatte, die damals schon Atomforschung betrieben. Gemeinsam mit einer Sachverständigenkommission stellte Lord Cherwell fest, daß 25 Pfund spaltbaren Materials bereits die Gewalt von 1800 Tonnen besten Sprengstoffs entwickeln würden. Bei dieser Explosion würde eine Großstadt durch die Druckwelle und durch Feuer weitgehend zerstört und außerdem durch große Mengen radioaktiven Staubes so verseucht, daß sie für längere Zeit unbewohnbar würde.

Getarnt als »Direktorium für Röhrenmetallurgie« entwickelte seitdem in England ein Team von Wissenschaftlern und Technikern ein Verfahren zur Herstellung von Atombomben. Churchill und Cherwell sehnten den Tag herbei, an dem sie Hitler und die Deutschen durch einen einzigen Schlag mittels der neuen Waffe in die Knie zwingen könnten. Sie würde zugleich den britischen Premier aus seiner inferioren Stellung gegenüber Roosevelt und Stalin emporheben und ihn zu einem umworbenen Partner machen. Allerdings ergab es sich bald, daß die Briten auf die Hilfe der USA auch in dieser Sache angewiesen waren. England fehlten nicht nur die Mittel für das Entwicklungsprojekt; allein schon der Gedanke war erschreckend, daß eine Bombenfabrik auf der Insel durch deutsche Flugzeuge angegriffen werden könnte.

Deshalb mußte auch der Chef des britischen »Wissenschaftsbüros« in Washington in das Geheimnis eingeweiht werden. Ihm kamen Gewissensbisse. An seinen Vorgesetzten in London schrieb er: »Wären der Premierminister und der US-Präsident etwa bereit, die totale Zerstörung Berlins mit seiner Umgebung durch einen einzigen Schlag zu gestatten?« Als er in Washington über die britischen Pläne berichtete, wurde man hellhörig. Auch dort hatten bereits aus Deutschland und Italien emigrierte Physiker gedrängt, man müsse Hitler mit der Bombe zuvorkommen. Doch ihre Warnungen hatte man bisher eher saumselig behandelt. Nun aber trieb die Konkurrenz des Bundesgenossen zur Eile. In einem unwahrscheinlichen Tempo entstanden im Nordwesten der

USA riesige Industrieanlagen in Landstrichen, die dünn besiedelt geblieben waren und nun von ihren Bewohnern geräumt werden mußten. Anfänglich wollte man die Engländer überhaupt nicht mitarbeiten lassen. Schließlich genehmigte man ihnen eine Gruppe von 28 Wissenschaftlern.

Einer von ihnen war ein aus Deutschland emigrierter Physiker namens Klaus Fuchs. Er war Kommunist. Deshalb unterrichtete er den sowjetischen Geheimdienst laufend über die Entwicklung der Bombe. Bei der Potsdamer Konferenz von Mitte Juli bis Anfang August 1945 erfuhr Stalin offiziell von Präsident Harry S. Truman, die USA hätten eine neue Waffe von unvorstellbarer Vernichtungskraft entwickelt. Die amerikanische Delegation wunderte sich, wie gleichmütig der rote Zar reagierte. Daß er längst Bescheid wußte, verriet er ihnen nicht.

So überheblich Politiker und Militärs der Westmächte sich wegen ihrer neuen Waffe gebärdeten, so verzweifelt reagierten nun viele jener Wissenschaftler, die – gewollt oder ungewollt – etwas zur Entwicklung der Bombe beigetragen hatten. In den USA forderten einige von ihnen die Mitbestimmung über den Einsatz der Bombe. Sie warnten in einem Bericht den Kriegsminister vor der Waffe, »die ebenso heimtückisch ist wie das deutsche Raketengeschoß, nur tausendmal stärker in der Vernichtungskraft«. Ihr Protest blieb ungehört; Politiker und Militärs ließen sich ihre neu gewonnene Macht nicht durch moralische Skrupel schmälern.

Fast genau ein Jahr nach den Massenmorden in Hiroshima und Nagasaki nahm am 16. Juni 1946 ein Jurist in Deutschland die Gelegenheit einer weltweit beachteten Gerichtsverhandlung wahr, den Einsatz der Atombomben als verbrecherisch im Sinne des Völkerrechts zu bezeichnen. Gesagt wurde dies ausgerechnet im Nürnberger Gerichtsgebäude, wo die siegreichen Alliierten ihren Triumph krönten, indem sie überlebenden Größen des Dritten Reiches wegen Kriegsverbrechen den Prozeß machten. Dabei wurde unter anderem dem Großadmiral Karl Dönitz vorgeworfen, mit seinen Befehlen habe er den Tod von Zivilisten – Matrosen und Passagieren – verschuldet, als seine U-Boote Schiffe versenkten. Dessen Verteidiger, der ehemalige Flottenrichter Otto Kranzbühler, wies deshalb auf »Tausende oder Zehntausende von Zivilpersonen« hin, die bei den »Angriffen auf die Wohnviertel deutscher Städte« umgekommen waren. Zwar hätten die Alliierten stets behauptet, sie hätten militärische Ziele angegriffen, aber nun habe »die Verwendung der Atombombe die letzte Klarheit gebracht«, daß in diesem Krieg »die Zivilbevölkerung mit ein Ziel« gewesen sei.

Dabei ist es bis heute geblieben, auch bei den Kriegen, die seitdem bald da, bald dort die Menschen heimsuchten. Wie viele Filmberichte beweisen, war es in Vietnam nicht anders, und im Libanon zeigt es sich derzeit jeden Tag aufs neue. Einen Krieg der Bomber in der Art des Zweiten Weltkrieges wird es allerdings nicht mehr geben. Was sich damals schon mit V1 und V2 ankündigte, ist inzwischen eine Bedrohung der ganzen Menschheit geworden. Das Flugzeug wurde weitgehend ersetzt durch die Rakete. Sie fliegt feindwärts und setzt dabei nicht einmal das Leben eines einzigen Soldaten aufs Spiel. Wohl aber kann sie im Ziel Hunderttausende töten. Zivilisten! Für sie ist das Völkerrecht nur noch Makulatur.

Das gleiche gilt für die Theorien des Generals Douhet. Es geht jetzt nicht mehr um Luftherrschaft. Dem Krieg ist die irdische Atmosphäre zu eng geworden. Es geht bereits um die Herrschaft im Weltall. Dort wird (hoffentlich nie) fortgesetzt, was einmal damit begann, daß Kain seinen Bruder Abel erschlug.

Literaturnachweis

Alte Synagoge Essen (Hrsg.) *Essen unter Bomben*, Essen 1984
Aigner, Dietrich: *Winston Churchill, Ruhm und Legende*, Göttingen 1975
Armstrong, Anne: *Bedingungslose Kapitulation*, Wien 1961
Baumbach, Werner: *Zu spät?*, München 1949
Bekker, Cajus: *Angriffshöhe 4000*, Oldenburg 1964
Bergander, Götz: *Dresden im Luftkrieg*, Köln 1977
Boelcke, Willi A.: *Kriegspropaganda 1939 – 1941*, Stuttgart 1966
Boog, Horst: *Luftkrieg über Deutschland*, Information für die Truppe, Bonn 1983
Brecht, Hans: *Operation Gomorrha*, NDR Hamburg
Brunswig, Hans: *Feuersturm über Hamburg*, Stuttgart 1982
– *Einsatzerfahrungen des Brandschutzmeisters*, Bundesamt f. Zivilschutz Bonn
Buchheim, Hans: *Anatomie des SS-Staates*, Olten 1965
Buttlar, Horst Freiherr von: *Zeppeline gegen England*, Zürich, Wien
Churchill, Winston: *Der Zweite Weltkrieg*, Frankfurt/Berlin 1985
Demand, Carlo / Emde, Heiner: *Meilensteine der Luftfahrt*, Herrsching 1975
Domarus, Max: *Hitler*, München 1965
Douhet, Giulio: *Luftherrschaft*, Berlin 1935
Euler, Helmut: *Als Deutschlands Dämme brachen*, Stuttgart 1983
Galland, Adolf: *Die ersten und die letzten*, München 1953
Geiss, Josef: *Obersalzberg*, Berchtesgaden 1958
Girbig, Werner: *... im Anflug auf die Reichshauptstadt*, Stuttgart 1977
Goebbels, Joseph: *Tagebücher 1945*, Hamburg 1977
– *Das eherne Herz*, München 1943

Golücke, Friedhelm: *Schweinfurt und der strategische Luftkrieg 1943*, Paderborn 1980
Groehler, Olaf: *Geschichte des Luftkrieges* Berlin (Ost) 1981
– *Berlin im Bombenvisier*, Berlin (Ost) 1982
Halder, Franz: *Kriegstagebuch*, Stuttgart 1962
Hensell, jr. / Haywood S.: *The air plan, that defeated Hitler*, Washington 1972
Heiber, Helmut (Hrsg.): *Lagebesprechungen im Führerhauptquartier*, Stuttgart 1962
Hitler, Adolf: *Mein Kampf*, München 1932
Holmsten, Georg: *Kriegsalltag 1939 – 1945 in Deutschland*, Düsseldorf
Internationaler Militärgerichtshof Nürnberg: *Der Nürnberger Prozeß gegen die Hauptkriegsverbrecher*, München 1984
Irving, David: *Der Untergang Dresdens*, Gütersloh 1983
– *Die Tragödie der deutschen Luftwaffe*, Frankfurt/Berlin 1970
– *... und Deutschlands Städte starben nicht*, Zürich 1967
– *Von Guernica bis Vietnam*, München
Krüger, Norbert: *»Wenn Sie nicht ins KZ wollen ...« Häftlinge in Bombenräumkommandos*, Politik und Zeitgeschichte 1977
– *Die Zerstörung der Staumauer* Wehrforschung
Köster, Hans G.: *Essen, Stunde null*, Düsseldorf 1982
von Lang, Jochen: *Der Sekretär*, Stuttgart 1977
– *Der Adjutant*, München 1985
Lochner, Louis (Hrsg.): *Goebbels Tagebücher*, Zürich 1948
Löffler, Fritz: *Dresden, so wie es war*, Düsseldorf
Mann, Thomas: *Tagebücher 1940 – 1943*, Frankfurt 1983
McKee, Alexander: *Dresden 1945*, Wien 1983
Mendelsohn, Kurt: *Walter Nernst und seine Zeit*, Weinheim 1976
Middlebrook, Martin: *Hamburg Juli '43*, Frankfurt/Berlin 1983
Monday, David: *Das große Buch der Flugzeuge*, München 1977
Picker, Henry (Hrsg.): *Hitlers Tischgespräche*, Stuttgart 1963
Plötz: *Geschichte der Weltkriege*, Freiburg
Pöchlinger, Josef (Hrsg.): *Front in der Heimat*, Berlin 1942
Price, Alfred: *Luftschlacht über Deutschland*, Stuttgart 1983
Rumpf, Hans: *Der hochrote Hahn*, Darmstadt
Schmidt, Paul: *Statist auf diplomatischer Bühne. 1923–1945*, Königsstein 1949
Schramm, Percy E. (Hrsg.): *Kriegstagebuch des Oberkommandos der Wehrmacht*, München 1982

Schwinge, Erich: *Churchill und Roosevelt*, Marburg 1983
Speer, Albert: *Erinnerungen*, Frankfurt/Berlin 1969
Springer, Hildegard: *Es sprach Hans Fritzsche*, Stuttgart 1949
Taylor, Eric: *1000 Bomber auf Köln*, Düsseldorf 1979
Toland, John: *Das Finale*, München 1968
Townsend, Peter: *Duell der Adler*, Stuttgart 1970
Überschar, Gerd E. / Wette, Wolfram: *Bomben und Legenden,* Freiburg 1981
Verrier, Antony: *Bomberoffensive gegen Deutschland*, Frankfurt 1970
Weidauer, Walter: *Inferno Dresden*, Berlin 1983
Winterbotham, Frederick W.: *Aktion Ultra*, Frankfurt/Berlin 1976
Wolf, Werner: *Luftangriffe auf die deutsche Industrie 1942 – 1945*, München 1985

Bildnachweis: Ullstein Bilderdienst;
Bild 6 Universitätsbibliothek Freiburg im Breisgau;
Bilder 9 und 15 BBC Hulton Picture Library, London.

Ein Wort noch:

Zum Schluß möchte der Autor jenem Manne Dank sagen, ohne den das Projekt »Krieg der Bomber« niemals möglich gewesen wäre. Dem Programmdirektor des Südwestfunks, Dieter Ertel, der mit ihm das Anliegen teilte, daß die Geschichte des Luftkrieges bis in den letzten Winkel ausgeleuchtet werden müsse.

Anerkennung schuldet der Autor dem englischen Historiker David Irving, auch wenn dessen spätere geistige Entwicklung und sein politischer Weg ihm völlig unverständlich bleiben werden. Mit seinen Werken »Und Deutschlands Städte starben nicht« sowie »Der Untergang Dresdens« hat Irving schon frühzeitig dazu beigetragen, die Geschichte des Luftkrieges im 2. Weltkrieg durchsichtig werden zu lassen. Seine frühen Forschungsergebnisse haben die Vorarbeiten für die Fernsehserie und das Buch »Krieg der Bomber« erleichtert.

Beide, Buch und Serie, hätten jedoch nie entstehen können ohne die Mithilfe jener Menschen, die auf beiden Seiten der Fronten das Grauen der Bombennächte durchlebten, überlebten und nun bereit waren, Auskunft zu geben; ohne die Flieger, Feind oder Freund, die damals nichts anderes glaubten, als daß sie ihre Pflicht für ihr Vaterland taten, und die heute die Verpflichtung verspüren, durch ihre Aussage über jenes entsetzliche Geschehen die Jugend dieses Welt vor dem »Erlebnis« Krieg zu bewahren. Ihnen allen sei an dieser Stelle Dank gesagt.

J. v. L.

Nachfolgende Archive unterstützten den Autor bei seiner Arbeit: Bundesarchiv Koblenz und Kornelimünster; Bundesarchiv – Militärarchiv – Freiburg; Imperial War Museum, London; National Archives, Washington; Presse- und Informationszentrum, Berlin, DDR; Public Record Office, London.

Als Sachverständige stellten sich dem Autor zur Verfügung:

Manfred von Ardenne, Professor, Mitentwickler des Radar.

Don Bennett, Vice Marshal der RAF und Kommandeur der »Pfadfinder«.

Leonard Cheshire, Group Captain, Kommandeur von RAF-Bomber-Einheiten, Träger des Victoria Cross.

Dr. Noble Frankland, offizieller Historiker der RAF.

Adolf Galland, General und Kommandeur der deutschen Jägereinheiten, Träger hoher Tapferkeitsauszeichnungen.

Sir Arthur T. Harris, Marshal der RAF, Chef des Bomber Commands.

Haywood S. Hensell jr., General und Historiker der U.S.A.F.

Josef Kammhuber, General der Flieger.

Dr. Robert M. W. Kempner, Stellvertreter des amerikanischen Chefanklägers beim Internationalen Militärgerichtshof in Nürnberg.

Sir Harold Martin, Marshal der RAF, Pilot eines Bombers beim Einsatz an der Möhnetalsperre, späterer NATO-Kommandeur.

Curtis LeMay, General der U.S.A.F. des Schweinfurt-Einsatzes, späterer NATO-Befehlshaber.

Dr. Werner Naumann, Staatssekretär im Propagandaministerium.

James Parton, Colonel U.S.A.F.

Albert Speer, 1943–45 Reichsminister für Rüstung und Kriegsproduktion.

Johannes Steinhoff, General, Kommandeur einer deutschen Jägereinheit, Träger hoher Tapferkeitsauszeichnungen, später NATO-Befehlshaber.

Personenregister